Hubert Kirchner

Reformationsgeschichte von 1532–1555/1566

Festigung der Reformation

Calvin

Katholische Reform und Konzil von Trient

Kirchengeschichte
in Einzeldarstellungen

II/6

herausgegeben von
Gert Haendler, Kurt Meier
und Joachim Rogge

Hubert Kirchner

Reformationsgeschichte von 1532–1555/1566
Festigung der Reformation
Calvin
Katholische Reform und Konzil von Trient

Evangelische Verlagsanstalt
Berlin

CIP-Kurztitelaufnahme:

Kirchner, Hubert:
Reformationsgeschichte von 1532–1555/1566:
Festigung der Reformation, Calvin, katholische
Reform u. Konzil von Trient / Hubert Kirchner. –
Berlin: Evangelische Verlagsanstalt, 1988. –
177 S. – (Kirchengeschichte in Einzeldarstellungen;
2,6)
NE : GT

Kirchengeschichte in Einzeldarstellungen
ISBN 3-374-00017-0
Bd. II/6 ISBN 3-374-00016-9
Bisher erschienen:
Bd. I/1 ISBN 3-374-00295-1
Bd. I/3 ISBN 3-374-00297-8
Bd. I/5 ISBN 3-374-00015-0
Bd. I/6 ISBN 3-374-00298-6
Bd. I/7 ISBN 3-374-00299-4
Bd. II/3–4 ISBN 3-374-00300-1

1. Auflage
Lizenz 420.205-19-87 · LSV 6330 · H 5814
Schutzumschlag und Einband: Werner Sroka
Printed in the German Democratic Republic
Gesamtherstellung: Grafische Werke Zwickau
01200

Vorwort

In den letzten Jahren ist der zweiten Phase der Reformation zunehmende Aufmerksamkeit der Forschung zuteil geworden. Zumal die verstärkten Bemühungen im Zusammenhang mit dem „Lutherjahr" 1983, aber auch manches andere Forschungs- und Editionsprojekt haben gezeigt, daß eine vorschnelle Etikettierung der Zeit als Periode der Restauration, zumindest der unsachgemäßen Verhärtung, Erstarrung, einer genaueren Prüfung nicht standhalten kann.

Sicher traten mit der Erkenntnis, daß die reformatorische Bewegung nicht zu ihrem erklärten Ziel, der Reformation der Kirche als ganzer, „an Haupt und Gliedern", gelangt war, und mit der damit gegebenen Aufgabe einer (nunmehr partiellen) Durchführung und Gestaltung der Reformation dort, wo es möglich war, weitere Kriterien in den Vordergrund und andere als in der Phase des Aufbruches und der ersten stürmischen Bewegung. Sicher ließ es sich auch nicht vermeiden, daß Sprünge auftraten, daß sich Kräfte einschalteten, die noch wieder andere und durchaus spannungsvolle Akzente setzten. Gewiß scheiterte auch mancher reformatorische Impuls an persönlichen und auch an den objektiven Grenzen der Durchsetzbarkeit. Ja, eigentlich wurde erst in dem Moment, wo es um die verantwortliche praktische Gestaltung des Neuen ging, das ganze Ausmaß der Aufgabe wirklich deutlich, womit dann eigentlich auch erst die Diskussion unter allen so oder anders Beteiligten einsetzen konnte über den Weg und die einzelnen Schritte. Es ist eine ebenso aufschlußreiche wie bezeichnende Parallele, daß die moderne ökumenische Bewegung eines ihrer größten Hemmnisse dort erfährt, wo es darum geht, sich zu entscheiden, auf welchen Wegen das von allen grundsätzlich bejahte und angestrebte Ziel der Einheit der Kirche zu erreichen ist und welche konkreten Züge diese Einheit tragen soll.

So gibt es auch zwischen den beiden Etappen der Reformation eine grundsätzliche Kontinuität, nicht in dem Sinne, daß die Entwicklung unter allen Umständen und mit innerlicher Notwendigkeit einzig auf dieses eine Ergebnis zutrieb, so daß dann u. U. von diesem Ergebnis geradlinig wieder auf den Anfangsimpuls zurückgeschlossen werden könnte. Dieses sicher nicht. Es waren sehr wohl manche Variationen denkbar und sind ja auch versucht worden. Es waltet jedoch eine Kontinuität in dem Sinne, daß man auf je neuer Ebene und unter jeweils veränderter Fragestellung die vorlaufenden grundsätzlichen Entscheidungen neu zu bewähren hatte und dieses auch – und sei es gebrochen und mannigfach bedingt – vermochte.

Die Bearbeitung des Stoffes in einer Reihe selbständig stehender Einzeldarstellungen macht die Frage seines Anschlusses an den bzw. der Abgrenzung von dem vorhergehenden oder folgenden Zeitraum zu einem eigenen Problem.

Der Einsatz mit dem Nürnberger Anstand 1532 scheint insofern sinnvoll, als damit – nolens volens – erste Konsequenzen reichsrechtlicher Art aus der nun doch faktischen konfessionellen Spaltung der katholischen Kirche gezogen wurden. Für die Schweizer Reformation ist der Einschnitt mit dem Tode Zwinglis 1531 und der Berufung Bullingers nach Zürich im selben Jahre selbstverständlich gegeben. In den anderen europä-

ischen Ländern geschieht ohnehin zumeist erst jetzt der entscheidende Schritt, von ersten Anfängen im Sinne einer oft unterschwelligen Bewegung schon in den zwanziger Jahren abgesehen.
Sehr viel schwieriger ist es, einen Fixpunkt, vielleicht sogar eine Jahreszahl zu benennen, woraufhin sich die Betrachtung hier bewegen soll und darf. Hier muß stark differenziert werden. Die Jahreszahlen 1546 (Tod Luthers), 1555 (Augsburger Religionsfrieden), 1563 (Abschluß des Trienter Konzils) und 1566 (Confessio Helvetica Posterior) markieren je für sich besondere Einschnitte in den verschiedenen Strängen der großen Zeitbewegung. Anderes, wie die beginnende innerlutherische Auseinandersetzung, auch die innerreformatorische konfessionelle Verschiebung in Deutschland, hat zu dieser Zeit längst eingesetzt, führt dann aber doch schon zu weiterem und muß den folgenden Beiträgen vorbehalten bleiben, auch wenn dadurch gelegentlich die Vielfalt des zeitlichen und sachlichen Miteinanders verdünnt und eigentlich sehr eng Beieinanderliegendes auseinandergerissen erscheint.
Innerhalb dieser zeitlichen Grenzen ist der Stoff in verschiedene, mehr thematisch als chronologisch bestimmte Abschnitte gegliedert, die es ermöglichen sollen, sich rasch über die einzelnen Vorgänge und Kräfterichtungen zu orientieren. Auch das hat freilich seinen Preis: Auf diese Weise wird das chronologische Fortschreiten nicht immer sichtbar. Doch werden so wohl jene Stränge und die mannigfachen Probleme dieser Epoche der Reformation deutlich, die es in ihrer Bündelung und gegenseitigen Durchdringung bewirkten, daß der von so vielen begeistert begrüßte reformatorische Aufbruch zu solchen Ergebnissen führte, die eigentlich niemanden, der wirklich Einsicht besaß, bei aller Dankbarkeit für das Gewonnene richtig froh werden ließen.
„Wir sind Bettler, das ist wahr." So lauten die letzten Worte, die Martin Luther zwei Tage vor seinem Tod zu Papier brachte. Das war keine Resignation. Aus diesen Worten spricht vielmehr eine tiefe Einsicht in die Bedingtheit allen menschlichen Tuns vor dem Angesicht des ewigen Gottes und gerade auch seines eigenen Tuns in dem Ringen um die Reformation der Kirche, bei dem er sich doch so ganz in Gottes Auftrag wußte.
„Wir sind Bettler, das ist wahr." – als Bilanz der Reformation sicher kein Triumph, aber getrost in der Gewißheit, daß nur der Bettler aus Gottes Gnade und Gottes Gabe leben wird.

Inhaltsverzeichnis

Abkürzungsverzeichnis

AHC	Annuarium Historiae Conciliorum
ARC	Acta Reformationis Catholicae
ARG	Archiv für Reformationsgeschichte
BlWKG	Blätter für westfälische Kirchengeschichte
BML	Bornkamm, H.: Martin Luther in der Mitte seines Lebens
BSLK	Die Bekenntnisschriften der Evangelisch-Lutherischen Kirche
BSRK	Die Bekenntnisschriften der Reformierten Kirche
CAC	Confessio Augustana und Confutatio
Cath	Catholica
CR	Corpus Reformatorum
CT	Concilium Tridentinum
GKG	Gestalten der Kirchengeschichte, hg. v. M. Greschat
HEG	Handbuch der europäischen Geschichte, Bd. 3, hg. v. J. Engel
HZ	Historische Zeitschrift
JBrKG	Jahrbuch für brandenburgische Kirchengeschichte
JHKG	Jahrbuch für hessische Kirchengeschichte
KLK	Katholisches Leben und Kämpfen im Zeitalter der Glaubensspaltung. Vereinsschriften der Gesellschaft zur Herausgabe des Corpus Catholicorum
KTGO	Kirchen- und Theologiegeschichte in Quellen, hg. v. H. A. Oberman, A. M. Ritter und H. W. Krumwiede
KuD	Kerygma und Dogma
LuJ	Luther-Jahrbuch
Luther	Luther, Zeitschrift der Luther-Gesellschaft
LWML	Leben und Werk Martin Luthers, hg. v. H. Junghans
MThZ	Münchner Theologische Zeitschrift
NZSTh	Neue Zeitschrift für systematische Theologie
QFRG	Quellen und Forschungen zur Reformationsgeschichte
RiE	Reformation in Europa, hg. v. O. Thulin
RR	Die Religionsgespräche der Reformationszeit, hg. v. G. Müller
RST	Reformationsgeschichtliche Studien und Texte
StA	Martin Luther, Studienausgabe
SVRG	Schriften des Vereins für Reformationsgeschichte
ThLZ	Theologische Literaturzeitung
TRE	Theologische Realencyklopädie
WA	Luthers Werke. Kritische Gesamtausgabe (Weimarer Ausgabe)
WABr	– Reihe: Briefwechsel
WADB	– Reihe: Deutsche Bibel
WATR	– Reihe: Tischreden
WDR	Wirkungen der deutschen Reformation, hg. v. W. Hubatsch
WWdR	Weltwirkung der Reformation, hg. v. M. Steinmetz und G. Brendler
WZ	Wissenschaftliche Zeitschrift
ZBKG	Zeitschrift für bayerische Kirchengeschichte
ZKG	Zeitschrift für Kirchengeschichte
ZSavRGkan	Zeitschrift der Savigny-Stiftung für Rechtsgeschichte, Kanonistische Abteilung
ZThK	Zeitschrift für Theologie und Kirche

Literaturverzeichnis

1. Allgemeine Literatur
(ergänzend zu den Angaben in Band II/3 und 4, S. 8–11)

Quellen

Die Bekenntnisschriften der evangelisch-lutherischen Kirche, hg. im Gedenkjahr der Augsburgischen Konfession 1930, Göttingen [6]1967

Die Bekenntnisschriften der reformierten Kirche, hg. v. *E.F.K. Müller*, Leipzig 1903

Bekenntnisschriften und Kirchenordnungen der nach Gottes Wort reformierten Kirche, hg. v. *W. Niesel*, Zollikon/Zürich o. J. (3. Aufl.)

Reformierte Bekenntnisschriften und Kirchenordnungen in deutscher Übersetzung, hg. v. *P. Jacobs*, Neukirchen 1949

Kirchen- und Theologiegeschichte in Quellen, Bd. 3, Die Kirche im Zeitalter der Reformation, hg. v. *H.A. Oberman*, Neukirchen-Vluyn 1981

Die evangelischen Kirchenordnungen des XVI. Jahrhunderts, hg. v. *E. Sehling*, Leipzig, dann Tübingen 1902ff.

Die evangelischen Kirchenordnungen des 16. Jahrhunderts, hg. v. *A.L. Richter*, Bd. 1–2, Weimar 1846

Quellen zur Geschichte des Papsttums und des römischen Katholizismus, hg. v. *C. Mirbt*, 6. Aufl. bearb. v. *K. Aland*, Bd. 1, Tübingen 1967

Darstellungen

Tschackert, Paul: Die Entstehung der lutherischen und der reformierten Kirchenlehre samt ihren innerprotestantischen Gegensätzen, Göttingen 1979 (Neudruck d. Aufl. 1910)

Handbuch der Kirchengeschichte für Studierende, Bd. 3, Reformation und Gegenreformation, in Verb. mit *W. Maurer* neu bearb. v. *H. Hermelink*, Tübingen 1931

Seeberg, Reinhold: Lehrbuch der Dogmengeschichte, Bd. 4, 2, Graz [4]1954

Seppelt, Franz Xaver: Geschichte der Päpste von den Anfängen bis zur Mitte des 20. Jahrhunderts,
Bd. 4, Das Papsttum im Spätmittelalter und in der Renaissance. Von Bonifaz VIII. bis zu Klemens VII., neu bearb. v. *G. Schwaiger*, München [2]1957
Bd. 5, Das Papsttum im Kampf mit Staatsabsolutismus und Aufklärung. Von Paul III. bis zur Franz. Revolution, neu bearb. v. *G. Schwaiger*, München [2]1959

Wirkungen der deutschen Reformation bis 1555, hg. v. *W. Hubatsch*, Darmstadt 1967 = Wege der Forschung 203

Skalweit, Stephan: Reich und Reformation, Berlin 1967

Gebhardt, Bruno: Handbuch der deutschen Geschichte, hg. v. *H. Grundmann*, Bd. 2, Stuttgart [9]1970

Handbuch der europäischen Geschichte, hg. v. *Th. Schieder*, Bd. 3, Die Entstehung des neuzeitlichen Europa, hg. v. *J. Engel*, Stuttgart 1971

Weltgeschichte in Daten, hg. v. *A. Anderle* u. a., Berlin [2]1973

Deutsche Geschichte in drei Bänden, hg. v. *H.J. Bartmuss* u. a., Berlin [3]1974

Nipperdey, Thomas: Reformation, Revolution, Utopie. Studien zum 16. Jahrhundert, Göttingen 1975

Lutz, Heinrich: Reformation und Gegenreformation, München/Wien 1979 = Oldenbourg Grundriß der Geschichte 10
Confessio Augustana und Confutatio. Der Augsburger Reichstag 1530 und die Einheit der Kirche. Intern. Symposion der Gesellschaft zur Herausgabe des Corpus Catholicorum in Augsburg vom 3.–7. Sept. 1979, hg. v. *E. Iserloh*, Münster 1980 = RST 118
Klassiker der Theologie, Bd. 1, Von Irenäus bis Martin Luther, hg. v. *H. Fries* und *G. Kretschmar*, München 1981
Gestalten der Kirchengeschichte,
Bd. 5 und 6, Die Reformationszeit I und II,
Bd. 12, Das Papsttum II, Vom Großen Abendländischen Schisma bis zur Gegenwart,
hg. v. *M. Greschat*, Stuttgart/Berlin/Köln/Mainz 1981 und 1985
Elton, Geoffrey R.: Europa im Zeitalter der Reformation 1517–1559, München ²1982
Wohlfeil, Rainer: Einführung in die Geschichte der deutschen Reformation, München 1982 = Beck'sche Elementarbücher
Deutsche Geschichte in zwölf Bänden, hg. v. Zentralinstitut für Geschichte der Akademie der Wissenschaften in der DDR, Bd. 3, Die Epoche des Übergangs vom Feudalismus zum Kapitalismus von den siebziger Jahren des 15. Jahrhunderts bis 1789, Autorenkollektiv *A. Laube*, *G. Vogler* u. a., Berlin 1983
Moeller, Bernd: Deutschland im Zeitalter der Reformation, Göttingen ²1983 = Deutsche Geschichte, Bd. 4, hg. v. *J. Leuschner*, Kleine Vandenhoeck-Reihe 1432
Sonntag, Franz Peter: Ruhelose Zeit. Das Jahrhundert der Reformation und der Reform, Leipzig 1984
Stupperich, Robert: Reformatorenlexikon, Gütersloh 1984
Iserloh, Erwin: Die Päpste im Zeitalter der Reformation und des Konzils von Trient. In: GKG 12, 53–78

2. Zu den einzelnen Kapiteln

Kap. 1: Die politischen Kräfte und Gruppierungen

Friedensburg, Walter: Kaiser Karl V. und Papst Paul III. (1534–1549), Leipzig 1932 = SVRG 153
Die Schmalkaldischen Bundesabschiede 1533–1536, bearb. v. *E. Fabian*, Tübingen 1958 = Schriften zur Kirchen- und Rechtsgeschichte 8
Brandi, Karl: Kaiser Karl V. Werden und Schicksal einer Persönlichkeit und eines Weltreiches, München ⁶1961
Fabian, Ekkehart: Die Entstehung des Schmalkaldischen Bundes und seiner Verfassung, Tübingen ²1962 = Schriften zur Kirchen- und Rechtsgeschichte 1
Repgen, Konrad: Die römische Kurie und der Westfälische Friede. Idee und Wirklichkeit des Papsttums im 16. und 17. Jahrhundert. Bd. 1: Papst, Kaiser und Reich 1521–1644, Tübingen 1962 = Bibliothek des Deutschen Historischen Instituts in Rom 24
Ludolphy, Ingetraut: Die Voraussetzungen der Religionspolitik Karls V., Berlin 1965 = Aufsätze und Vorträge zur Theologie und Religionswissenschaft 32
Jansky, Herbert: Das Osmanische Reich in Südosteuropa von 1453 bis 1648, HEG 1170–1188
Wolgast, Eike: Die Wittenberger Theologie und die Politik der evangelischen Stände. Studien zu Luthers Gutachten in politischen Fragen, Gütersloh 1977 = QFRG XLVII
Reinhard, Wolfgang: Die kirchenpolitischen Vorstellungen Kaiser Karls V., ihre Grundlagen und ihr Wandel, CAC 62–100

Kap. 2: Die weitere Ausbreitung der Reformation in Deutschland

Moeller, Bernd: Reichsstadt und Reformation, Gütersloh 1962
Stadt und Kirche im 16. Jahrhundert, hg. v. *B. Moeller*, Gütersloh 1978

Moeller, Bernd: Luthers Stellung zur Reformation in deutschen Territorien und Städten außerhalb der sächsischen Herrschaften, in: LWML 573–589

Kap. 3: Die innere Struktur der reformatorischen Kirchentümer

Die evangelischen Kirchenordnungen des XVI. Jahrhunderts, hg. v. *E. Sehling*, Leipzig, dann Tübingen 1902ff.

Sehling, Emil: Geschichte der protestantischen Kirchenverfassung, Berlin ²1914 = Grundriß der Geschichtswissenschaft II, 8

Sohm, Rudolph: Kirchenrecht, Bd. 1, Berlin 1923, Nachdr. Berlin 1970

Holl, Karl: Luther und das landesherrliche Kirchenregiment, in: Gesammelte Aufsätze zur Kirchengeschichte 1, Luther, Tübingen ⁷1948, 326–380

Kap. 4: Das Ringen um die Einheit der Reformation Luthers – Die Wittenberger Konkordie

Stupperich, Robert: Der Humanismus und die Wiedervereinigung der Konfessionen, Leipzig 1936 = SVRG 160

Bizer, Ernst: Martin Bucer und der Abendmahlsstreit. Unbekannte und unveröffentlichte Aktenstücke zur Entstehungsgeschichte der Wittenberger Konkordie vom 29. Mai 1536, ARG 35, 1938, 203–237

Kantzenbach, Friedrich Wilhelm: Das Ringen um die Einheit der Kirche im Jahrhundert der Reformation, Stuttgart 1957

Bizer, Ernst: Studien zur Geschichte des Abendmahlsstreits im 16. Jahrhundert, Darmstadt ²1962

Köhler, Walter: Zwingli und Luther. Ihr Streit um das Abendmahl nach seinen politischen und religiösen Beziehungen. Bd. 2, Neudruck London 1971 = QFRG 7

Kittelson, J. M.: Martin Bucer and the Sacramentarian Controversy: The Origins of His Policy of Concord, ARG 64, 1973, 166–183

Kantzenbach, Friedrich Wilhelm: Einheitsbestrebungen im Wandel der Kirchengeschichte, Gütersloh 1979 = Studienbücher Theologie: Kirchen- und Dogmengeschichte

Brecht, Martin: Luthers Beziehungen zu den Oberdeutschen und Schweizern von 1530/1531 bis 1546. In: LWML 497–517

Kap. 5: Martin Luther auf der Höhe seines Lebens

(ergänzend zu den Angaben in Bd. II/3 und 4, S. 19ff., vgl. auch die zusammenfassenden Literaturberichte von *H. Junghans* und *K.-H. zur Mühlen*, ThLZ 110, 1985, 400–442; 491–514).

Althaus, Paul: Die Theologie Martin Luthers, Gütersloh 1962

Hermann, Rudolf: Luthers Theologie, hg. v. *H. Beintker*, Berlin 1967

Brandenburg, Albert: Martin Luther gegenwärtig. Katholische Lutherstudien, München/Paderborn/Wien 1969

Brosseder, Johannes: Martin Luther (1493–1546). In: Klassiker der Theologie 1, 283–313; 416–418; 432–434

Olivier, Daniel: Luthers Glaube. Die Sache des Evangeliums in der Kirche, Stuttgart 1982

Loewenich, Walther von: Martin Luther. Der Mann und das Werk, München 1982

Oberman, Heiko A.: Luther. Mensch zwischen Gott und Teufel, Berlin ²1983

Manns, Peter: Martin Luther, Basel/Wien/Lahr 1982

Pesch, Otto Hermann: Hinführung zu Luther, Mainz 1982

Rogge, Joachim: Martin Luther. Sein Leben – seine Zeit – seine Wirkungen, Berlin ²1984

Leben und Werk Martin Luthers von 1526–1546. Festgabe zu seinem 500. Geburtstag, hg. v. *H. Junghans*, Bd. 1–2, Berlin ²1985

Lohse, Bernhard: Martin Luther. Eine Einführung in sein Leben und sein Werk, München 1981/Berlin 1983

Brendler, Gerhard: Martin Luther. Theologie und Revolution, Berlin 1983

Herrmann, Horst: Martin Luther. Ketzer wider Willen, München 1983

Martin Luther. Leben, Werk, Wirkung, hg. v. *G. Vogler*, Berlin 1983
Wendelborn, Gert: Martin Luther. Leben und reformatorisches Werk, Berlin 1983
Zahrnt, Heinz: Martin Luther in seiner Zeit – für unsere Zeit, München 1983

Kap. 6: Das Täufertum

1. Quellen

Quellen zur Geschichte der Täufer (früher: ... der Wiedertäufer)
Bd. 1: Herzogtum Württemberg, hg. v. *G. Bossert*, Gütersloh 1930/repr. New York/London 1971
Bd. 2: Markgrafentum Brandenburg (Bayern I), hg. v. *K. Schornbaum*, 1934/1971
Bd. 3: Glaubenszeugnisse oberdeutscher Taufgesinnter I, hg. v. *L. Müller*, 1938/1971
Bd. 4: Baden-Pfalz, hg. v. *M. Krebs*, 1951/1971
Bd. 5: Bayern II, hg. v. *K. Schornbaum*, 1951/1971
Bd. 6: Denck, Hans: Schriften, 3 Teile, hg. v. *G. Baring*, 1955–1960
Bd. 7: Elsaß I, hg. v. *M. Krebs* u. *H. G. Rott*, 1959
Bd. 8: Elsaß II, hg. v. *M. Krebs* u. *H. G. Rott*, 1960
Bd. 9: Hubmaier, Balthasar, Schriften, hg. v. *G. Westin* u. *T. Bergsten*, 1962
Bd. 10: Bibliographie des Täufertums, 1520–1630, hg. v. *H. J. Hillerbrand*, 1962
Bd. 11: Österreich I, hg. v. *G. Mecenseffy*, 1964
Bd. 12: Glaubenszeugnisse oberdeutscher Taufgesinnter II, hg. v. *R. Friedmann*, 1967
Bd. 13: Österreich II, hg. v. *G. Mecenseffy*, 1972
Bd. 14: Österreich III, hg. v. *G. Mecenseffy*, 1983
= Quellen und Forschungen zur Reformationsgeschichte, Bd. 13, 16, 20, 22, 23, 24, 26, 27, 29, 30, 31, 34, 41, 50
Quellen zur Geschichte der Täufer in der Schweiz
Bd. 1: Zürich, hg. v. *L. v. Muralt* u. *W. Schmid*, Zürich 1952
Bd. 2: Ostschweiz, hg. v. *H. Fast*, Zürich 1973
Bd. 4: Drei Täufergespräche, hg. v. *M. Haas*, Zürich 1974
Urkundliche Quellen zur hessischen Reformationsgeschichte,
Bd. IV. Wiedertäuferakten 1527–1536, hg. v. *G. Franz*, Marburg 1951 = Veröffentlichungen der Historischen Kommission für Hessen und Waldeck 11, 1–4
Fast, Heinold: Der linke Flügel der Reformation. Glaubenszeugnisse der Täufer, Spiritualisten, Schwärmer und Antitrinitarier, Bremen 1962 = Klassiker des Protestantismus, Bd. IV = Sammlung Dieterich 269
Die Schriften der Münsterischen Täufer und ihrer Gegner.
I. Teil: Die Schriften Bernhard Rothmanns, II. Teil: Schriften von katholischer Seite gegen die Täufer, bearb. v. *R. Stupperich*, Münster 1970 und 1980 = Veröffentlichungen der Historischen Kommission Westfalens 32
Das Täuferreich zu Münster 1534–1535. Berichte und Dokumente, hg. v. *R. v. Dülmen*, München 1974

Bibliographisch ferner:

Hillerbrand, Hans Joachim, A bibliography of Anabaptism, 1520–1630. A sequel: 1962–1974, St. Louis 1975 = Sixteenth century bibliography I

2. Darstellungen

Cornelius, Carl: Geschichte des Münsterischen Aufruhrs, 2 Bde., Leipzig 1855/1860/repr. Ann Arbor (Mich.) 1980
Wappler, Paul: Die Stellung Kursachsens und des Landgrafen Philipp von Hessen zur Täuferbewegung, Münster 1910 = RST 13/14
Ders.: Die Täuferbewegung in Thüringen von 1526–1584, Jena 1913 = Beiträge zur neueren Geschichte Thüringens 2

Schraepler, H. W.: Die rechtliche Behandlung der Täufer in der deutschen Schweiz, Südwestdeutschland und Hessen 1525–1618, bearb. v. *E. Fabian*, Tübingen 1957 = Schriften zur Kirchen- und Rechtsgeschichte 4

Zschäbitz, Gerhard: Zur mitteldeutschen Wiedertäuferbewegung nach dem großen Bauernkrieg, Berlin 1958 = Leipziger Übersetzungen und Abhandlungen zum Mittelalter, Reihe B, Bd. 1

Stupperich, Robert: Das Münsterische Täufertum. Ergebnisse und Probleme der neueren Forschung, Münster 1958 = Schriften der Historischen Kommission für Westfalen 2

Kirchhoff, Karl Heinz: Die Belagerung und Eroberung Münsters 1534/35. Westfälische Zeitschrift 112, 1962, 17–170

Hershberger, Guy F.: Das Täufertum – Erbe und Verpflichtung, Stuttgart 1963 = Die Kirchen der Welt, Reihe B, Bd. 2

Brendler, Gerhard: Das Täuferreich zu Münster 1534/35, Berlin 1966 = Leipziger Übersetzungen und Abhandlungen zum Mittelalter, Reihe B, Bd. 2

Rammstedt, Otthein: Sekte und soziale Bewegung. Soziologische Analyse der Täufer in Münster (1534/35), Köln/Opladen 1966 = Dortmunder Schriften zur Sozialforschung 34

Lohse, Bernhard: Die Stellung der „Schwärmer" und Täufer in der Reformationsgeschichte, ARG 60 (1969), 5–26

Goertz, Hans-Jürgen: Die ökumenische Einweisung der Täuferforschung, NZSTh 13 (1971), 363–372

Ders.: Die Mennoniten, Stuttgart 1971 = Die Kirchen der Welt 8

Clasen, Claus-Peter: Anabaptism. A Social History, 1525–1618, Ithaca/London 1972

Plümper, Hans-Dieter: Die Gütergemeinschaft bei den Täufern des 16. Jahrhunderts, Göppingen 1972 = Göppinger akademische Beiträge 62

Kirchhoff, Karl Heinz: Die Täufer in Münster 1534/35. Untersuchungen zum Umfang und zur Sozialstruktur der Bewegung, Münster 1973 = Veröffentlichungen der Historischen Kommission Westfalens 22

List, Günther: Chiliastische Utopie und radikale Reformation. Die Erneuerung der Idee vom tausendjährigen Reich im 16. Jahrhundert, München 1973 = Humanistische Bibliothek, Abhandlungen und Texte. Reihe I: Abhandlungen XIV

Bornhäuser, Christoph: Leben und Lehre Menno Simons. Ein Kampf um das Fundament des Glaubens (etwa 1496–1561), Neukirchen-Vluyn 1973 = Beiträge zur Geschichte und Lehre der Reformierten Kirche XXXV

Umstrittenes Täufertum 1525–1975, hg. v. *H.-J. Goertz*, Göttingen 1975

Dülmen, Richard v.: Reformation und Revolution. Soziale Bewegung und religiöser Radikalismus in der deutschen Reformation, München 1977

Radikale Reformatoren, hg. v. *H.-J. Goertz*, München 1978

Deppermann, Klaus: Melchior Hoffman. Soziale Unruhen und apokalyptische Visionen im Zeitalter der Reformation, Göttingen 1979

Goertz, Hans-Jürgen: Die Täufer. Geschichte und Deutung, München 1980

Deppermann, Klaus: Melchior Hoffman, GKG 5, 323–334

Kap. 7: Die Ära der Religionsgespräche

Pastor, Ludwig: Die kirchlichen Reunionsbestrebungen während der Regierung Karls V., Freiburg 1879

Vetter, Paul: Die Religionsverhandlungen auf dem Reichstage zu Regensburg 1541, Jena 1889

Cardauns, Ludwig: Zur Geschichte der kirchlichen Unions- und Reformbestrebungen von 1538 bis 1542, Rom 1910 = Bibliothek des Kgl. Preussischen Histor. Instituts in Rom 5

Stupperich, Robert: Der Humanismus und die Wiedervereinigung der Konfessionen, Leipzig 1936 = SVRG 160

Kantzenbach, Friedrich Wilhelm: Das Ringen um die Einheit der Kirche im Jahrhundert der Reformation, Stuttgart 1957

Neuser, Wilhelm: Die Vorbereitung der Religionsgespräche von Worms und Regensburg 1540/41, Neukirchen 1974 = Texte zur Geschichte der evang. Theologie 4
Kantzenbach, Friedrich Wilhelm: Einheitsbestrebungen im Wandel der Kirchengeschichte, Gütersloh 1979 = Studienbücher Theologie: Kirchen- und Dogmengeschichte
Die Religionsgespräche der Reformationszeit, hg. v. *G. Müller*, Gütersloh 1980 = SVRG 191
Vogelsanger, Peter: Ökumenismus im 16. Jahrhundert. Zur Geschichte des Religionsgesprächs von Regensburg 1541, in: Unterwegs zur Einheit. Festschrift für H. Stirnimann, hg. v. *J. Brantschen* u. *P. Selvatico*, Freiburg (Schw.)/Freiburg (Br.)/Wien 1980, 631–648
Hollerbach, Marion: Das Religionsgespräch als Mittel der konfessionellen und politischen Auseinandersetzung im Deutschland des 16. Jahrhunderts, Frankfurt/Bern 1982 = Europäische Hochschulschriften III, 165
Luttenberger, Albrecht Pius: Glaubenseinheit und Reichsfriede. Konzeptionen und Wege konfessionsneutraler Reichspolitik 1530–1552 (Kurpfalz, Jülich, Kurbrandenburg), Göttingen 1982 = Schriftenreihe der Histor. Komm. bei der Bayer. Akademie d. Wiss. 20

Kap. 8: Vom Vorabend des Schmalkaldischen Krieges bis zum Augsburger Religionsfrieden

Hasenclever, Adolf: Die Politik der Schmalkaldener vor Ausbruch des Schmalkaldischen Krieges, Berlin 1901 = Historische Studien 23
Korte, August: Die Konzilspolitik Karls V. in den Jahren 1538–43, Halle 1905 = SVRG 85
Hartung, Fritz: Karl V. und die deutschen Reichsstände von 1546–1555, Halle 1910 = Historische Studien 1
Heidrich, Paul: Karl V. und die deutschen Protestanten am Vorabend des Schmalkaldischen Krieges, Bd. 1–2, Frankfurt 1911–1912 = Frankfurter Historische Forschungen 5–6
Friedensburg, Walter: Kaiser Karl V. und Papst Paul III. (1534–1549), Leipzig 1932 = SVRG 153
Repgen, Konrad: Die römische Kurie und der Westfälische Friede, Bd. 1,1: Papst, Kaiser und Reich 1521 bis 1644, Tübingen 1962 = Bibliothek des Deutschen Historischen Instituts in Rom 24
Lutz, Heinrich: Christianitas afflicta. Europa, das Reich und die päpstliche Politik im Niedergang der Hegemonie Kaiser Karls V. (1552–1556), Göttingen 1964
Rabe, Horst: Reichsbund und Interim. Die Verfassungs- und Religionspolitik Karls V. und der Reichstag von Augsburg 1547/48, Köln/Wien 1971
Luttenberger, Albrecht Pius: Glaubenseinheit und Reichsfriede. Konzeptionen und Wege konfessionsneutraler Reichspolitik 1530–1552 (Kurpfalz, Jülich, Kurbrandenburg), Göttingen 1982 = Schriftenreihe der Histor. Komm. bei der Bayer. Akademie d. Wiss. 20

Kap. 9: Der Fortgang der Reformation in der Schweiz. Zürich und Genf bis zur Confessio Helvetica Posterior

1. Allgemein

Pfister, Rudolf: Kirchengeschichte der Schweiz, Bd. II. Von der Reformation bis zum zweiten Villmerger Krieg, Zürich 1974
Locher, Gottfried W.: Die Zwinglische Reformation im Rahmen der europäischen Kirchengeschichte, Göttingen/Zürich 1979
Neuser, Wilhelm H.: Von Zwingli und Calvin bis zur Synode von Westminster, in: Handbuch der Dogmen- und Theologiegeschichte, Bd. 2, hg. v. *C. Andresen*, Göttingen 1980, 167 bis 306
Locher, Gottfried W.: Zwingli und die schweizerische Reformation, Göttingen 1982 = Die Kirche in ihrer Geschichte, hg. v. *B. Moeller*, Bd. 3, Lfg. J 1

2. *Heinrich Bullinger*

Bullinger, Heinrich, Werke, hg. v. *F. Büsser*, Zürich 1972ff. Bisher erschienen:
Abt. 1, Bibliographie, Bd. 1, Beschreibendes Verzeichnis der gedruckten Werke von Heinrich Bullinger, bearb. v. *J. Staedtke*, 1972
Abt. 1, Bd. 2, Beschreibendes Verzeichnis der Literatur über Heinrich Bullinger, bearb. v. *E. Herkenrath*, 1977
Abt. 2, Briefwechsel, Bd. 1, bearb. v. *U. Gäbler* und *E. Zsindely*, 1973

Staedtke, Joachim: Die Theologie des jungen Bullinger, Zürich 1962 = Studien zur Dogmengeschichte und zur systematischen Theologie 16

Bullinger-Tagung 1975, Vorträge, gehalten aus Anlaß von Bullingers 400. Todestag, hg. v. *U. Gäbler* und *E. Zsindely*, Zürich 1977

Heinrich Bullinger 1504–1575. Gesammelte Aufsätze zum 400. Todestage, hg. v. *U. Gäbler* und *E. Herkenrath*, Bd. 1–2, Zürich 1975 = Zürcher Beiträge zur Reformationsgeschichte 7 u. 8

Gäbler, Ulrich: Heinrich Bullinger, in: GKG 6, 197–209

3. *Johannes Calvin*

Quellenausgaben

Calvini Opera, Bd. 1–59, ed. *W. Baum*, *E. Cunitz* et *E. Reuß*, Braunschweig 1863–1900 = Corpus Reformatorum 29–87

Opera selecta, hg. v. *P. Barth* und *W. Niesel*, Bd. 1–5, München 1952–1963

Auslegung der Heiligen Schrift in deutscher Übersetzung, hg. v. *K. Müller*, Neukirchen 1909ff.

Auslegung der Heiligen Schrift, Neue Reihe, hg. v. *O. Weber*, Neukirchen 1937ff.

Supplementa Calviniana, ed. *E. Mühlhaupt*, Neukirchen 1961ff.

Correspondance des Réformateurs dans les pays de langue français, éd. *A. L. Herminjard*, Bd. 1–9, Genf 1866–1897

Johannes Calvins Lebenswerk in seinen Briefen. Auswahl von Briefen in deutscher Übersetzung v. *R. Schwarz*, Bd. 1–3, Neukirchen 1961

Unterricht in der christlichen Religion. Institutio christianae religionis, übers. u. bearb. v. *O. Weber*, Neukirchen ^{3}1963

Johannes Calvin und die Kirche. Ein Lesebuch mit Texten und Themen, eingel. und ausgew. v. *U. Smidt*, Stuttgart 1972

Bibliographie und Forschungsberichte:

Niesel, Wilhelm: Calvin-Bibliographie 1901–1959, München 1961 (Eine jährliche Bibliographie mit Neuerscheinungen und Nachträgen seit 1960 erscheint regelmäßig im Calvin Theological Journal.)

Scholl, Hans: Calvinus Catholicus. Die katholische Calvinforschung im 20. Jahrhundert, Freiburg/Br. 1974 = Ökumenische Forschungen I,7

Nauta, Doede: Stand der Calvinforschung, in: Calvinus Theologus, a. a. O., 71–84

Ganoczy, Alexandre: Zur gegenwärtigen Lage der Calvinforschung, in: Zur Lage der Lutherforschung heute, hg. v. *P. Manns*, Wiesbaden 1982, 59–70

Saxer, E.: Hauptprobleme der Calvinforschung, Forschungsbericht 1974–1982, in: Calvinus Ecclesiae Genevensis Custos, a. a. O., 93–111

Darstellungen:

Stickelberger, Emanuel: Calvin, Stuttgart 1950

Gloede, Günter: Calvin. Weg und Werk, Leipzig 1953

Niesel, Wilhelm: Die Theologie Calvins, München ^{2}1957 = Einführung in die evangelische Theologie 6

Pfisterer, Ernst: Calvins Wirken in Genf, Neukirchen 1957

Krusche, Werner: Das Wirken des Hl. Geistes nach Calvin, Göttingen 1957 = Forschungen zur Kirchen- und Dogmengeschichte 7
Cadier, Jean: Calvin, der Mann, den Gott bezwungen hat, Zollikon 1959
Calvin-Studien 1959, hg. v. *J. Moltmann*, Neukirchen 1960
Moltmann, Jürgen: Prädestination und Perseveranz. Geschichte und Bedeutung der reformierten Lehre „de perseverantia sanctorum", Neukirchen 1961 = Beiträge zur Geschichte und Lehre der reformierten Kirche 12
Johannes Calvin 1509–1564. Eine Gabe zu seinem 400. Todestag, hg. v. *J. Rogge*, Berlin 1963
Reuter, Karl: Das Grundverständnis der Theologie Calvins, Neukirchen 1963 = Beiträge zur Geschichte und Lehre der reformierten Kirche 15
Neuser, Wilhelm: Calvin, Gladbach 1964 = Kirchengeschichtl. Quellenhefte 14
Dankbaar, Willem F.: Calvin. Sein Weg und sein Werk, Neukirchen [2]1966
Ganoczy, Alexandre: Calvin im Urteil der Katholiken von heute, in: Theologisches Jahrbuch 1968, 394–400
Wendel, François: Calvin. Ursprung und Entwicklung seiner Theologie, Neukirchen 1968
Staedtke, Joachim: Johannes Calvin. Erkenntnis und Gestaltung, Göttingen/Zürich/Frankfurt 1969 = Persönlichkeit und Geschichte 48
Schützeichel, Heribert: Die Glaubenstheologie Calvins, München 1972 = Beiträge zur ökumenischen Theologie 9
Parker, T.H.L.: John Calvin, London 1975
Calvinus Theologus. Die Referate des Europäischen Kongresses für Calvinforschung vom 16. bis 19. September 1974 in Amsterdam, hg. v. *W.H. Neuser*, Neukirchen-Vluyn 1976
Schützeichel, Heribert: Katholische Calvin-Studien, Trier 1980 = Trierer Theologische Studien 37
Calvinus Ecclesiae Doctor. Die Referate des Internationalen Kongresses für Calvinforschung vom 25.–28. September 1978 in Amsterdam, hg. v. *W.H. Neuser*, Kampen 1980
Stauffer, Richard: Johannes Calvin, in: GKG 6, 211–240
Reuter, Karl: Vom Scholaren bis zum jungen Reformator. Studien zum Werdegang Johannes Calvins, Neukirchen 1981
Nijenhuis, Willem: Art. „Calvin" in TRE 8 (1981), 568–592 (Lit.)
Ganoczy, Alexandre: Jean Calvin (1509–1564). In: Klassiker der Theologie 1, 329–345; 419 bis 421
Calvinus Ecclesiae Genevensis Custos. Die Referate des Internationalen Kongresses für Calvinforschung vom 6.–9. September 1982 in Genf, hg. v. *W.H. Neuser*, Frankfurt (M.)/Bern/New York/Nancy 1984

4. *Confessio Helvetica Posterior*

Bullinger, Heinrich: Das Zweite Helvetische Bekenntnis, Confessio Helvetica Posterior, hg. v. *R. Zimmermann* und *W. Hildebrandt*, Zürich 1936 = Quellen und Studien zur Geschichte der helvetischen Kirche 3
Jacobs, Paul: Theologie reformierter Bekenntnisschriften in Grundzügen, Neukirchen 1959
Glauben und Bekennen. Vierhundert Jahre Confessio Helvetica Posterior. Beiträge zu ihrer Geschichte und Theologie, hg. v. *J. Staedtke*, Zürich 1966
Vierhundert Jahre Confessio Helvetica Posterior, Bern 1967 = Berner Universitätsschriften 16
Koch, Ernst: Die Theologie der Confessio Helvetica Posterior, Neukirchen 1968 = Beiträge zur Geschichte und Lehre der reformierten Kirche 27

Kap. 10: Die Ausbreitung der Reformation in Europa

1. *Die Reformation in den skandinavischen Ländern*

Murray, Robert: Die Schwedische Kirche. Geschichte und gegenwärtige Organisation, Stockholm 1961
Schwaiger, Georg: Die Reformation in den nordischen Ländern, München 1962

Gierow, Krister: Thron und Altar – Dänemark, Norwegen, Schweden, RiE 197–228
Pirinen, Kauko: Neues im alten Gefäß – Finnland, RiE 229–242
Schwaiger, Georg: Neue Forschungen zur nordischen Kirchengeschichte, MThZ 19 (1968), 121–132
Brandt, Ahasver v.: Die nordischen Länder von 1448–1654, HEG 961–1002
Kjöllerström, Sven: Bischöfe und Superintendenten in der Schwedischen Kirche, ThLZ 98 (1973), 325–332
Andren, Carl-Gustav: Die Reformation in den skandinavischen Ländern, in: Die evangelisch-lutherische Kirche. Vergangenheit und Gegenwart, hg. v. *V. Vajta*, Stuttgart 1977 = Die Kirchen der Welt 15, 64–77
Lindhardt, P. G.: Luther und Skandinavien, in: Luther und die Theologie der Gegenwart. Referate und Berichte des Fünften Internationalen Kongresses für Lutherforschung Lund, Schweden, 14.–20. August 1977, hg. v. *L. Grane* und *B. Lohse*, Göttingen 1980, 134–144
Schwarz Lausten, Martin: Art. „Dänemark", TRE 8 (1981), 300–317 (Lit.)
Göbell, Walter: Die Anfänge der Reformation in Dänemark und in den Herzogtümern Schleswig und Holstein unter Herzog und König Friedrich I., in: Schleswig-Holsteinische Kirchengeschichte, Bd. 3, Neumünster 1982, 9–34
Ders.: Das Vordringen der Reformation in Dänemark und in den Herzogtümern unter der Regierung Friedrichs I. 1523–1533, ebd., 35–113
Hoffmann, Erich: Der Sieg der Reformation in den Herzogtümern Schleswig und Holstein, ebd., 115–183
Lindhardt, Poul Georg: Skandinavische Kirchengeschichte seit dem 16. Jahrhundert, Göttingen 1982 = Die Kirche in ihrer Geschichte, Bd. 3, Lfg. M 3 (Lit.)
Ders.: Kirchengeschichte Skandinaviens, Berlin 1983 (Lit.)
Schwarz Lausten, Martin: Luthers Beziehungen zu Skandinavien, in: LWML 689–697
Haendler, Gert: Die Ausbreitung der Reformation in den Ostseeraum und Johannes Bugenhagen, in: Kyrkohistorisk årsskrift 1983, 30–41

2. *Die Reformation in Ungarn und Siebenbürgen*

Reinerth, Karl: Die Reformation der siebenbürgisch-sächsischen Kirche, Gütersloh 1956 = SVRG 173
Bucsay, Mihály: Geschichte des Protestantismus in Ungarn, Stuttgart 1959
Roth, Erich: Die Reformation in Siebenbürgen. Ihr Verhältnis zu Wittenberg und der Schweiz, Tl. 1–2, Köln/Graz 1962 und 1964 = Siebenbürgisches Archiv 2 und 4
Schlégl, István: Die Beziehungen Heinrich Bullingers zu Ungarn, WDR 351–394
Juhász, Stephan: Von Luther zu Bullinger. Der theologische Weg der Reformation in den protestantischen Kirchen in Rumänien, ZKG 81 (1970), 308–333
Rhode, Gotthold: Ungarn vom Ende der Verbindung mit Polen bis zum Ende der Türkenherrschaft (1444–1699), HEG 1061–1117
Bucsay, Mihály: Der Protestantismus in Ungarn 1521 bis 1978. = Ungarns Reformkirchen in Geschichte und Gegenwart. Tl. 1: Im Zeitalter der Reformation, Gegenreformation und katholischen Reform, Wien/Köln/Graz 1977
Binder, Ludwig: Die Reformation, in: Geschichte der Deutschen auf dem Gebiete Rumäniens, red. v. *C. Göllner*, 1, 122–137, Bukarest 1979
Reinerth, Karl: Die Gründung der evangelischen Kirchen in Siebenbürgen, Köln/Wien 1979 = Studia Transsylvanica 5
Binder, Ludwig: Die Augsburgische Konfession in der siebenbürgischen evangelischen Kirche, Zeitschrift f. bayer. KG 49 (1980), 54–85
Nussbächer, Gernot: Johannes Honterus, sein Leben und Werk im Bild, Bukarest [3]1981

3. *Die Entwicklung der Reformation in Polen*

Wotschke, Theodor: Geschichte der Reformation in Polen, Leizig 1911, Neudruck New York 1971 = Studien zur Kultur und Geschichte der Reformation 1

Völker, Karl: Kirchengeschichte Polens, Berlin/Leipzig 1930

Rhode, Gotthold: Die Reformation in Osteuropa. Ihre Stellung in der Weltgeschichte und ihre Darstellung in den „Weltgeschichten", in: Gestalten und Wege der Kirche im Osten (Festgabe für Arthur Rhode), hg. v. *H. Kruska*, Ulm 1958, 133–162

Schwarzenberg, Adam: Besonderheiten der Reformation in Polen, Kirche im Osten 1 (1958), 52–64, danach wieder abgedruckt in: WDR 396–410

Stasiewski, Bernhard: Reformation und Gegenreformation in Polen. Neue Forschungsergebnisse, Münster 1960 = KLK 18

Kneifel, Eduard: Geschichte der Evangelisch-Augsburgischen Kirche in Polen, Niedermarschacht (Selbstverlag) 1962

Bartel, Oskar: Martin Luther und Polen, in: Vierhundertfünfzig Jahre lutherische Reformation 1517–1967 (Festschrift für F. Lau zum 60. Geburtstag), Berlin 1967, 27–42

Schramm, Gottfried: Der polnische Adel und die Reformation 1548–1607, Wiesbaden 1967 = Veröffentlichungen des Instituts für europäische Geschichte Mainz 36

Starke, Arnold: Im Kampf um Glaubenseinheit, RiE 177–196

Ivinskis, Zenonas: Die Entwicklung der Reformation in Litauen bis zum Erscheinen der Jesuiten (1569), Forschungen zur osteuropäischen Geschichte 12 (1967), 7–45

Rhode, Gotthold: Polen-Litauen vom Ende der Verbindung mit Ungarn bis zum Ende der Vasas (1444–1669), HEG 1003–1060

Slaski, Kasimierz: Die Rolle Polens in der europäischen Reformationsgeschichte, Kirche im Osten 18 (1975), 46–56

Bartel, Oskar: Jan Laski. Leben und Werk des polnischen Reformators, Berlin 1981

4. *Der Weg der Reformation in Frankreich seit 1530*

Nürnberger, R.: Die Politisierung des französischen Protestantismus. Calvin und die Anfänge des protestantischen Radikalismus, Tübingen 1948

Strasser-Bertrand, Otto Erich: Die evangelische Kirche in Frankreich, Göttingen 1975 = Die Kirche in ihrer Geschichte, Bd. 3, Lfg. M 2

Bourde, André: Frankreich vom Ende des Hundertjährigen Krieges bis zum Beginn der Selbstherrschaft Ludwigs XIV. (1453–1661), HEG 714–850

5. *Der Fortgang der Reformation in den Niederlanden*

de Jong, Otto Jan: Niederländische Kirchengeschichte seit dem 16. Jahrhundert, Göttingen 1975 = Die Kirche in ihrer Geschichte, Bd. 3, Lfg. M 2, 193–233

Woltjer, Jan Juliaan: Der niederländische Bürgerkrieg und die Gründung der Republik der Vereinigten Niederlande (1555–1648), HEG 663–688

6. *Die Reformation in England und Schottland*

Prüser, Friedrich: England und die Schmalkaldener 1535–1540, Leipzig 1929 = QFRG 11

Hughes, Philip: The Reformation in England, London ^{5}1969

Tjernagel, N. S.: Henry VIII. and the Lutherans, St. Louis 1965

Dickens, A. G./Carr, D.: The Reformation in England to the Accession of Elizabeth I. Documents of Modern History, London 1967, repr. 1971

English Historical Documents, 1485–1558, ed. by *C. H. Williams*, London 1967

Schulin, Ernst: England und Schottland vom Ende des Hundertjährigen Krieges bis zum Protektorat Cromwells (1455–1660), HEG 902–960

Delius, Hans-Ulrich: Königlicher Supremat oder evangelische Reformation der Kirche. Heinrich VIII. von England und die Wittenberger 1531–1540, in: Wiss. Ztg. d. Ernst-Moritz-Arndt-Univ. Greifswald XX (1971), Gesellsch. u. sprachwiss. Reihe, H. 4/5, 283–291

Elton, G.R.: Policy and Police. The Enforcement of the Reformation in the Age of Thomas Cromwell, Cambridge 1972
Parker, T.M.: The English Reformation to 1558, London 1976
Elton, G.R.: Reform and Reformation. England 1509–1558, London 1977
Hackett, Francis: Heinrich der Achte, Frankfurt 1978
Gaßmann, Günther: Die Lehrentwicklung im Anglikanismus: Von Heinrich VIII. bis zu William Temple, in: Handbuch der Dogmen- und Theologiegeschichte 2, Göttingen 1980, 353–409

Kap. 11: Die katholische Reform und das Konzil von Trient

1. *Quellen*

Concilium Tridentinum. Diariorum, actorum, epistolarum, tractatuum nova collectio, ed. Societas Goerresiana, Friburgi 1901ff., ^{2}1963ff.
Acta reformationis catholicae ecclesiam Germaniae concernentia saeculi XVI, ed. *G. Pfeilschifter*, tom. 1–6, Regensburg 1959–1974
Conciliorum Oecumenicorum Decreta, hg. v. *J. Albigero* u. a., Bologna ^{3}1973

2. *Darstellungen*

Schreiber, Georg: Weltkonzil von Trient, Bd. 1–2, Freiburg 1951
Stupperich, Robert: Die Reformatoren und das Tridentinum, ARG 47 (1956), 20–63
Seppelt, Franz Xaver: Geschichte der Päpste, Bd. 5, bearb. v. *G. Schwaiger*, München ^{2}1959
Meinhold, Peter: Konzile der Kirche in evangelischer Sicht, Stuttgart 1962
Stürmer, Karl: Konzilien und ökumenische Kirchenversammlungen. Abriß ihrer Geschichte, Göttingen 1962 = Kirche und Konfession 2
Jedin, Hubert: Krisis und Abschluß des Trienter Konzils 1562/63. Ein Rückblick nach vier Jahrhunderten, Freiburg 1964 = Herder-Bücherei 177
Ders.: Kirche des Glaubens – Kirche der Geschichte. Ausgewählte Aufsätze und Vorträge, Bd. 2. Konzil und Kirchenreform, Freiburg/Basel/Wien 1966
Hasler, August: Luther in der katholischen Dogmatik, München 1967 = Beiträge zur ökumenischen Theologie 2
Gegenreformation, hg. v. *E. W. Zeeden*, Darmstadt 1973 = Wege der Forschung 311
Jedin, Hubert: Geschichte des Konzils von Trient, Bd. 1–4, Freiburg 1949–1975
Schmidt, Kurt Dietrich: Die katholische Reform und die Gegenreformation, Göttingen 1975 = Die Kirche in ihrer Geschichte, Bd. 3, Lfg. L 1
de la Brosse, O./Lecler, J./Holstein, H./Lefebvre, C.: Lateran V und Trient (Tl. 1), Mainz 1978 = Geschichte der ökumenischen Konzilien 10
Concilium Tridentinum, hg. v. *R. Bäumer*, Darmstadt 1979 = Wege der Forschung 313

3. *Zu Ignatius von Loyola und dem Jesuitenorden*

Monumenta historiae Societatis Jesu, Madrid 1894 ff.
Archivum historicum Societatis Jesu, Romae 1932 ff.
Ignatius von Loyola: Der Bericht des Pilgers, übers. und erl. v. *B. Schneider*, Freiburg 1956
Ders.: Geistliche Übungen und erläuternde Texte, übers. und erkl. v. *P. Knauer*, Leipzig 1978
Böhmer, Heinrich: Ignatius von Loyola, hg. v. *H. Leube*, Stuttgart 1941
Ders.: Die Jesuiten, hg. v. *K. D. Schmidt*, Stuttgart 1957
Rahner, Hugo: Ignatius von Loyola als Mensch und Theologe, Freiburg/Basel/Wien 1964
Imhof, Paul: Ignatius von Loyola, in: GKG 6, 29–58 (Lit.)
Lies, Lothar: Ignatius von Loyola. Theologie – Struktur – Dynamik der Exerzitien, Innsbruck 1982
Ebneter, Albert: Der Jesuitenorden, Leipzig 1985
Dalmases, Candido de: Pater Magister Ignatius. Zur Biographie des hl. Ignatius von Loyola, Leipzig 1985

Kapitel 1
Die politischen Kräfte und Gruppierungen

A ANSCHLÜSSE UND DURCHBLICKE

Das Jahr 1532 gilt als ein entscheidendes Jahr in der Reformationsgeschichte. Im Gefolge der Spannungen nach dem Augsburger Reichstag 1530 hatte sich der Schmalkaldische Bund gebildet. Nun erhielt er seine Verfassung. Damit hatte die reformatorische Bewegung auch ein politisches Instrument in der Hand gegenüber allen Erpressungsversuchen von seiten des Kaisers und der anderen katholischen Reichsstände. Die Gefahr eines neuen Vorstoßes des türkischen Sultans Suleiman I.. nach Ungarn konnte durch ein vereinigtes Heer unter dem Kaiser selber abgewendet werden. Dafür aber ließ eine erneute Annäherung des Papstes Clemens VII. an den französischen König Franz I. neue antihabsburgische Allianzen befürchten.

Der Regensburger Reichstag 1532 ist ein beredter Ausdruck dieser vielfältigen Spannungen. Das gilt vor allem von den Sonderverhandlungen in Nürnberg und dem dabei ausgehandelten sog. „Nürnberger Anstand“ oder auch „Nürnberger Religionsfrieden“. Freilich beruhte auch dieser „Friede“ nur auf einem kaiserlichen Erlaß, nicht auf einem reichsrechtlichen Beschluß. Dennoch beinhaltete er eine Reihe wesentlicher Konsequenzen; direkte Ergebnisse waren:

- Für die schmalkaldischen Bundesverwandten wurde die Religion (Confessio Augustana und Apologie) anerkannt.
- Alle Prozesse beim Reichskammergericht, die Religionssachen betreffend, wurden sistiert.
- Es wurde festgelegt, daß kein Reichsstand einen anderen um der Religion willen angreifen darf.

Indirekt erbrachte er jedoch noch weit mehr:

- Er ermöglichte ein nochmaliges geeintes Auftreten der deutschen Reichsstände nach außen (dem Sultan gegenüber).
- Die reformatorischen Stände wurden trotz aller Glaubensverurteilungen und des Ultimatums von Augsburg als gleichberechtigte Partner des Kaisers, quasi doch als Vertragspartner, anerkannt.
- Der Schmalkaldische Bund hatte seine erste Bewährungsprobe als ernst zu nehmender Faktor auf der politischen Bühne bestanden.
- Es war eine Tür geöffnet worden für eine Periode ruhiger und kontinuierlicher Entwicklung.

Der so gegebenen innenpolitischen Verschiebung der Kräfteverhältnisse korrespondierte jedoch auf außenpolitischem Gebiet eine ausgesprochene Kontinuität, die als solche jene Verschiebungen sogar erst ermöglichte. Nach wie vor standen dem deutschen Kaiser der französische König Franz I. und der türkische Sultan Suleiman I. als die ganz großen Gestalten der europäischen Politik in der ersten Hälfte des 16. Jahrhunderts gegenüber. Mit ihnen bildete Karl V. gleichsam ein politisches Kräftedreieck – bei freilich wechselnden Schwergewichten je nach dem Ausgang aktueller Entwicklungen und zeitweiligen Bündnissen untereinander bzw. auch der Einbeziehung weiterer Kräfte, wie z. B. des Papstes.

Der Nürnberger Anstand war ein Akt einsichtiger Realitätspolitik, die die eigenen Möglichkeiten nicht überbewertete und zugleich die entgegenstehenden Kräfte nicht unterschätzte. Zu diesen gehörte in erster Linie der Schmalkaldische Bund. Begünstigend auf seine Entwicklung gerade auch als machtpolitischer Faktor von ausschlaggebender Bedeutung wirkte sich eine ganze Reihe von Momenten aus:

Begünstigend wirkte die Bedrohung von außen durch den türkischen Sultan einerseits und den französischen König andererseits, die den Kaiser einfach auf alle Kräfte im Reich und also auch auf die der protestantischen Territorien angewiesen sein ließ.

Begünstigend wirkte die Tatsache, daß der Kaiser nach der Zurückdrängung der Türken 1532 sogleich wieder für einen längeren Zeitraum (fast zehn Jahre, von 1532 bis 1541) das Reich verließ und seine Kräfte in weiteren außenpolitischen Unternehmungen band. Das war einmal die wiederholte Konfrontation mit Frankreich (s. u.) sowie des weiteren die ständige Beunruhigung der Mittelmeerküste durch die Barbaresken in Nordafrika. Hier konnte Karl 1535 durch einen Feldzug von Spanien aus die Sicherheit wiederherstellen, während der dritte französische Krieg 1536–1538 nur zu einem vorübergehenden Waffenstillstand führte.

Begünstigend wirkte ferner die Uneinigkeit der katholischen Reichsstände, vor allem auf Grund einer weitverbreiteten antihabsburgischen Einstellung. Signifikant dafür ist die Position Bayerns. Zu keiner Zeit ließ man es hier an einem entschiedenen antireformatorischen Einsatz mangeln, wobei der Kanzler Leonhard v. Eck eine maßgebliche Rolle spielte. Versuche evangelischer Gemeindegründung wurden rigoros unterdrückt. Gleichzeitig jedoch war man durch ein formelles Bündnis mit den Schmalkaldenern alliiert und – eben in antihabsburgischem Interesse – an der Restitution Ulrichs von Württemberg[1] nicht unbeteiligt, obwohl Bayern dabei durchaus andere Ziele verfolgte als Hessen und gerade darüber dann auch die Allianz zerbrach.[2]

Begünstigend wirkte schließlich auch die Tatsache, daß sich nicht zuletzt, von ähnlichen antihabsburgischen Interessen geleitet, auch andere europäische Mächte dem Schmalkaldischen Bunde näherten. Frankreich und England traten in formelle Verhandlungen ein. Dänemark sympathisierte bereits seit längerer Zeit. 1538 wurde es Vollmitglied des Bundes.

So begann mit dem Nürnberger Anstand für die reformatorische Bewegung eine Phase der ruhigen Entwicklung und der Konsolidierung nach innen und außen. Denn wenn es auch im Wiener Vertrag von 1535 zwischen dem sächsischen Kurfürsten Johann Friedrich und König Ferdinand nicht gelungen war, den Nürnberger Anstand auf inzwischen neu für die Reformation gewonnene Reichsstände auszudehnen und eine neue Welle von Prozessen gegen Säkularisationen und Visitationen beim Reichskammergericht anhängig wurde, so wurden dennoch neue Mitglieder in den Bund aufgenommen. Der Bundestag von Schmalkalden 1535 verlängerte nicht nur den Bund um weitere zehn Jahre bis Februar 1547. Er bestätigte auch die Mitgliedschaft von Würt-

1 S. u. S. 27.
2 Siehe *H. Lutz*, Karl V. und Bayern. Umrisse einer Entscheidung, Zeitschrift für bayer. Landesgeschichte 22 (1959), 13–41; *W. P. Fuchs*, Bayern und Habsburg 1534–36, ARG 41 (1948), 1–32.

temberg, Pommern, Anhalt-Dessau sowie der Städte Hamburg, Kempten, Frankfurt/M., Hannover und Augsburg.[3]
Freilich waren auch in dieser Zeit der Erfolge innere Spannungen des Bundes nicht zu übersehen. Die beiden Bundeshauptleute, der sächsische Kurfürst und der Landgraf von Hessen, waren an Charakter und Wesen, aber auch in der Grundlegung ihres politischen Handelns wie nicht zuletzt im Ausmaß ihres persönlichen religiösen Ergriffenseins zu verschieden, als daß ein stets einmütiges politisches Handeln möglich gewesen wäre. Die württembergische Initiative Philipps von Hessen wurde von Sachsen kaum gebilligt, wenn auch dann in den anschließenden Verhandlungen mit getragen. Hinzu trat die schwierige, weil nie von allen Seiten mit gleicher Entschiedenheit vertretenen Überzeugung vom Recht des Widerstandes auch gegen den Kaiser. Und drittens war nicht zu übersehen, daß auch die positive Grundlegung des Bundes (Confessio Augustana als Bundesurkunde, definitiv seit 1535) nie ganz unangefochten war. Die alte Differenz zwischen den noch zwinglianisch beeinflußten oberdeutschen Städten und dem lutherisch bestimmten Sachsen und Hessen, die auch bei der Reformation Württembergs sofort für erhebliche Spannungen sorgte, erwies sich (z. B. in den Verhandlungen um die Aufnahme Augsburgs) als eine schwerwiegende innere Belastung, die sogar auch den äußeren Bestand des Bundes zu gefährden vermochte. Die Wittenberger Konkordie von 1536 vermochte es nicht, alle Probleme zu bewältigen. So waren schon jetzt die Risse sichtbar, an denen später der Bund zerbrechen sollte.
Umgekehrt mangelte es auch unter den katholischen Reichsständen an einer entsprechenden inneren Position. Ihr Streben, sich am Kirchengut schadlos zu halten, worin sie sich kaum von den protestantischen Fürsten unterschieden, ließ wenig Raum für einen entschiedenen Einsatz für Glaube und Kirche. Immerhin gelang aber in der Folgezeit dann doch eine erste, vorläufige und schwache Zusammenfassung der antireformatorischen politischen Kräfte:
Am 2. Juni 1536 war tatsächlich durch Papst Paul III. ein Konzil ausgeschrieben worden, das am 23. Mai 1537 in Mantua zusammentreten sollte. Freilich war dann der neue Krieg mit Frankreich dazwischengekommen, der auf der anderen Seite die Notwendigkeit der Verständigung mit den Protestanten noch unterstrich. Unter diesen Vorzeichen stand die Bundestagung der Schmalkaldener von 1537, die über die Haltung zu dem ausgeschriebenen Konzil befinden sollte. Luther schrieb dafür seine „Schmalkaldischen Artikel". Die Situation war eindeutig. Die Konzilsausschreibung fand seitens der reformatorischen Reichsstände eine klare Absage.
Eine Antwort auf diese Absage waren erneute Bündnisbemühungen seitens der katholischen Stände, deren erster Erfolg die am 10. Juni 1538 in Nürnberg geschlossene „christliche Einung" war. Inzwischen hatte sich jedoch angesichts der bleibenden Bedrohung des Reiches von Ost und West unter den katholischen Ständen eine bewußt vermittelnde Partei herausgebildet (Kurfürst Joachim II. von Brandenburg), die, beeinflußt durch erasmische Friedensideale, eine Vermittlung anstrebte, welcher wiederum von der anderen Seite z. B. die Haltung Melanchthons durchaus entgegenkam. Ausdruck dieser Bemühungen war der am 19. April 1539 unterzeichnete „Frankfurter Anstand" (oder „Frankfurter Rezeß")[4], der praktisch den Nürnberger Anstand von 1532 bestätigte.

3 S. den Abschied in: Die Schmalkaldischen Bundesabschiede, a. a. O., 66–74.
4 Vgl. *P. Fuchtel*, Der Frankfurter Anstand vom Jahre 1539, ARG 28 (1931), 145–206.

B DER PAPST UND DAS REICH

Nach den schlimmen Erfahrungen, die Karl V. mit Papst Clemens VII. (1523–1534) hatte machen müssen, setzte auch dessen Nachfolger auf dem Stuhle Petri, Paul III. (Farnese, 1534–1549, bei seiner Wahl bereits 66 Jahre alt), keine eindeutigen Zeichen für ein gemeinsames Vorgehen von Kaiser und Papst. Das Lavieren zwischen den Fronten blieb weiter eine ständige Versuchung. Als Franz I. von Frankreich 1536 zum dritten Male den Frieden brach und in Oberitalien einfiel, hielt Karl V., aus Afrika kommend und seine unteritalienischen Reichsteile besuchend, am Ostermontag eine flammende Rede an den Papst und die versammelten Kardinäle gegen die immer wieder neuen Vertragsbrüche und die gegen ihn gerichtete Bündnispolitik des Franzosen. Der Papst jedoch beharrte auf seinem Standpunkt der formalen Neutralität, vermittelte jedoch dann persönlich den neuen Waffenstillstand zwischen den rivalisierenden Monarchen.
Hinsichtlich der alten Konzilsforderung freilich zeigte Paul III. eine veränderte Einstellung. Bereits im Februar 1535 ergingen Gesandtschaften in die einzelnen europäischen Staaten, um den Plan des Papstes mitzuteilen und auch schon nähere Abmachungen über den Ort des künftigen Konzils zu treffen. In dem Zusammenhang kam es zu der berühmten Zusammenkunft Luthers mit dem päpstlichen Gesandten Paul Vergerio auf dem Wittenberger Schloß (7. November 1535). Im Frühjahr 1536 wurde dann die Einberufung des Konzils endgültig beschlossen. Die Ausfertigung der Einberufungsbulle erfolgte mit Datum vom 2. Juni 1536. Damit waren erstmals seit langer Zeit wieder klare Fronten geschaffen, und ein deutliches Ziel war gestellt, angesichts dessen auch die politischen Kräfte eindeutig Farbe zu bekennen hatten. Denn auch sie sollten an dem Konzil teilnehmen, wenn auch ohne Stimmrecht. Vor allem waren die sich politisch organisierenden religiösen Kräftegruppen vor die Entscheidungsfrage gestellt, der Schmalkaldische Bund ebenso wie Franz I. von Frankreich. Dies trug nicht unwesentlich zur Profilierung bei. Aber das Konzil kam nicht zustande. Vor allem durch die kriegerischen Auseinandersetzungen zwischen dem Kaiser und Franz I. mußte es insgesamt fünfmal vertagt werden, so daß der Papst erneut, und nicht nur bei Luther, in den Verdacht geriet, das Konzil in Wirklichkeit überhaupt nicht zu wollen.

C DIE AUSEINANDERSETZUNGEN MIT FRANKREICH

1529 hatte der sog. Damenfrieden von Cambrai (weil zustande gekommen unter der maßgeblichen Initiative der Mutter Franz' I., Louise von Savoyen, die mit ihrer Schwägerin, der Tante Karls V., Margarete von Österreich, in Cambrai verhandelte) den zweiten Krieg zwischen Karl V. und Franz I. von Frankreich formell beendet. Er wurde jedoch ebensowenig ernst genommen wie der erst drei Jahre zuvor geschlossene Friede von Madrid. Für Franz I. gab es praktisch kaum eine andere Wahl, sich der drohenden habsburgischen Umklammerung zu erwehren, als unter Ausnutzung der wechselnden politischen Situationen immer wieder neu zu versuchen, einen Keil zwischen die verschiedenen habsburgischen Reichsteile zu treiben und insofern vor allem seinen Einfluß auf Oberitalien auszudehnen. Von da aus erklären sich die Annäherungen Franz' I. an den Schmalkaldischen Bund einerseits wie an den türkischen Sultan andererseits. So wird das vielgeschmähte Bündnis mit dem Sultan von 1536 ebenso verstehbar wie sein nahezu gleichzeitiger Zug nach Oberitalien, um Mailand für seinen Sohn zu gewinnen, als Francesco II. Sforza gestorben war. Dieser dritte Krieg, von

Franz teilweise mit direkter Unterstützung der Türken geführt, endete freilich erneut mit einem Sieg des Kaisers. Der Friede von Nizza sah einen zehnjährigen Waffenstillstand vor, der jedoch wiederum den Frieden nicht zu sichern vermochte. Bereits 1542 nutzte Franz die für das Reich negativen Entwicklungen an der Front gegen die Türken zu einem vierten Versuch, die Verhältnisse zu seinen Gunsten doch noch zu verändern, aber auch jetzt vergeblich. Im Frieden von Crépy 1544 mußte er endgültig auf seine Ansprüche in Oberitalien verzichten wie auch darauf, in Deutschland irgendwelche Bündnisse einzugehen, vor allem nicht mit protestantischen Reichsständen. Ein geheimes Zusatzabkommen reihte ihn sogar direkt in die antiprotestantische Liga ein.
1547 starb Franz I., ohne daß er es vermocht hätte, die außenpolitische Situation seines Reiches wesentlich gegenüber der zur Zeit seines Regierungsantritts 1515 zu bessern. Erst seinem Sohn und Nachfolger auf dem Thron, Heinrich II., war es vergönnt, unter Ausnutzung der innenpolitischen Wirren in Deutschland während der sog. Fürstenrevolution 1552 zumindest Teilerfolge zu erzielen. Im Vertrag von Chambord wurden ihm für entsprechende Unterstützungen die bisher zum Reiche gehörigen Städte Metz, Toul, Verdun und Cambrai ausgeliefert.

D DIE GEFÄHRDUNG DURCH DIE OSMANISCHE EXPANSION

Das geeinte Aufgebot der deutschen Reichsstände 1532 hatte Suleiman I. elastisch zurückweichen lassen. Es kam zu keiner entscheidenden militärischen Begegnung. Der Kaiser konnte nicht als gefeierter Sieger zurückkehren. Und die trotzdem günstige Entwicklung hatte auch negative Aspekte für ihn: Venedig und Frankreich hatten schon vorher Frieden mit dem Sultan geschlossen, um einen für sie nicht unbedenklichen Sieg des Kaisers zu verhindern. Außerdem machte eine Meuterei im Heer eine Verfolgung des abziehenden türkischen Heeres unmöglich. 1533 kam es zu einem Friedensschluß zwischen Ferdinand und dem Sultan.
So war die Grenze zwar vorläufig erst einmal beruhigt, doch konnte diese Ruhe kaum von längerer Dauer sein. 1538 plante der Kaiser ernsthaft einen großen Feldzug gegen den Sultan und schloß ein dahingehendes Bündnis mit seinem Bruder Ferdinand, dem Papst und der Seemacht Venedig. Doch Venedig schloß seinerseits bald einen separaten Frieden. Der Feldzug fand nicht statt.
Das Jahr 1541 brachte dann eine entscheidende Wende: Nach dem Tode Johann Szapolyais von Ungarn (1540) wurde die erst 1538 im Frieden von Großwardein vereinbarte Erbfolge Ferdinands von Österreich für Ungarn durch die ungarischen Stände verhindert. Suleiman, der ohnehin schon einen Teil ungarischen Gebietes besetzt hielt, kam jenen zu Hilfe und besetzte weitere große Teile Ungarns. Zentralungarn wurde als Provinz Buda mit der Hauptstadt Ofen dem türkischen Reiche einverleibt. Siebenbürgen blieb als osmanischer Vasallenstaat unter dem unmündigen Sigismund Szapolyai erhalten. Der Gegenangriff eines deutschen Heeres 1542 endete erfolglos und führte sogar zu einer nochmaligen Vergrößerung des türkischen Herrschaftsbereiches sowie dazu, daß Ferdinand in einem 1544 geschlossenen Waffenstillstand faktisch die neue Situation als eine dauernde anerkennen mußte. Damit begann eine etwa 150jährige Besetzung Ungarns durch die Türken, die eine ständige Gefahr für die Südostgrenze des Reiches blieben.

Kapitel 2
Die weitere Ausbreitung der Reformation in Deutschland

Zu Beginn der dreißiger Jahre war die räumliche Ausdehnung der Reformation im Hinblick auf eindeutige Prägung geschlossener Gebiete mit entsprechenden inneren Veränderungen noch immer verhältnismäßig gering. Die Confessio Augustana hatten lediglich sieben Fürsten und zwei Städte unterzeichnet: Kurfürst Johann von Sachsen, Markgraf Georg von Brandenburg-Ansbach, Herzog Ernst von Lüneburg, Landgraf Philipp von Hessen, Herzog Johann Friedrich von Sachsen, Herzog Franz von Lüneburg, Fürst Wolfgang von Anhalt-Bernburg und die Städte Nürnberg und Reutlingen. Das war aufs Ganze gesehen ein sehr geringer Teil der Reichsstände. Als im Februar 1531 dann der Schmalkaldische Bund gegründet wurde, traten ihm bei: Kurfürst Johann von Sachsen, Herzog Philipp von Braunschweig-Grubenhagen, Herzog Ernst von Braunschweig-Lüneburg, Landgraf Philipp von Hessen, Fürst Wolfgang von Anhalt-Bernburg, die Grafen Gebhard und Albrecht von Mansfeld und nunmehr elf Städte: Straßburg, Ulm, Konstanz, Reutlingen, Memmingen, Lindau, Biberach, Isny, Lübeck, Magdeburg und Bremen. Ein Jahr später schlossen sich fünf weitere Städte an: Braunschweig, Göttingen, Esslingen, Goslar und Einbeck. Auch damit war freilich noch keineswegs die Gesamtheit der evangelischen Stände erfaßt. Von den Fürsten fehlte jetzt z. B. Brandenburg-Ansbach. Und es fehlte auch eine größere Anzahl von Städten, z. B. Nürnberg, das sich wegen innerer Bedenken abseits hielt. Ungeachtet dessen gilt aber auch für die Zeit des Nürnberger Anstandes noch immer dasselbe: Nur ein verhältnismäßig geringer Teil des deutschen Territoriums ist von der Reformation völlig erfaßt, so daß ihre Kirche neu gestaltet und ihre politisch Verantwortlichen bereit gewesen wären, den neu gewonnenen Glauben auch nach außen vor Kaiser und Reich zu vertreten.

Allerdings ist es geboten, von vornherein zu differenzieren. Auch hier war die Entwicklung noch keineswegs abgeschlossen, während sich andererseits dort, wo Fürsten oder Magistrate noch fest zur römischen Kirche standen und sich öffentlich gegen die reformatorische Bewegung stellten, oft manches regte, was den Übergang auf die andere Seite latent schon vorbereitete. Denn stets wirkten viele Kräfte zusammen, und stets bestimmten die örtlichen Voraussetzungen den jeweiligen Weg. Auf alle Fälle aber war die Frage der Zeit von wesentlicher Bedeutung, und aufgrund dessen wiederum bildete der Nürnberger Anstand und jedes im folgenden immer wieder neu ausgehandelte Friedensjahr einen Gewinn. Denn jedes Jahr verhieß die Möglichkeit innerer Festigung sowohl wie äußerer Ausbreitung.

Gute Beispiele für die schrittweise Festigung der Reformation geben eine Reihe von Reichsstädten: *Ulm*, schon 1529 unter den protestierenden Ständen und 1531 Mitbegründer des Schmalkaldischen Bundes, erhielt auch in diesem Jahre erst eine feste innere Ordnung.[1] *Augsburg*, seit langer Zeit in Gärung, in den zwanziger Jahren Mittelpunkt vor allem der täuferischen Bewegung und immer auch ein wenig zwischen den

1 *Richter*, Kirchenordnungen 1, 157–159; 159f.

innerreformatorischen Fronten stehend, führte doch erst 1534 die Reformation formell ein durch ein Reformationsmandat.[2] Auch *Bremen*, ebenfalls Gründungsmitglied des Schmalkaldischen Bundes, erhielt erst 1534 eine Kirchenordnung, die dem Rat die Rechte des Erzbischofs übertrug.[3] In *Hannover* fielen die Entscheidungen in demselben Jahr. Nachdem sich die Stadt am 31. Juli 1534 durch Zahlung einer beträchtlichen Geldsumme an den Herzog die Duldung der reformatorischen Predigt regelrecht erkauft hatte, brachte die von U. Rhegius geschaffene Kirchenordnung von 1536 die notwendige Festigung.[4]

Entscheidender jedoch für die weitere territoriale Ausbreitung der Reformation war die Tatsache, daß neue, teilweise bedeutende Fürstentümer gewonnen wurden. Das Jahrzehnt von 1532 bis 1542 ist die Zeit der großen territorialen Ausbreitung der Reformation.

Sie begann 1534 mit dem Herzogtum *Württemberg*.[5] Nach seiner widerrechtlichen Vertreibung 1519 lebte Herzog Ulrich von Württemberg in seiner Grafschaft Mömpelgard, wo er von der Schweiz aus für die Reformation gewonnen wurde, später auch am Hof des Landgrafen Philipp von Hessen. Sein Versuch, 1525 mit Hilfe der aufständischen Bauern sein Land wieder in Besitz zu nehmen, war freilich gescheitert, doch gewann er in Philipp einen starken Vertreter seiner Interessen, der nun, nach Auflösung des Schwäbischen Bundes (1533), ohne Billigung seitens des sächsischen Kurfürsten, aber doch mit der Rückendeckung des Schmalkaldischen Bundes und mit Hilfe französischen Geldes in raschem Vorstoß die österreichischen Truppen des Königs Ferdinand bei Lauffen a. N. (12. Mai 1534) besiegte und damit Ulrich den Weg in sein Land öffnete. Einen Monat später erhielt Ulrich im Vertrag von Kaaden (auf Vermittlung des sächsischen Kurfürsten Johann) auch formell sein Land wieder zugesprochen, wenn auch als österreichisches Afterlehen, einschließlich des Rechtes der Reformation, aber ausgenommen des Anschlusses an die Zwinglianer. Und so wurde auch sofort die Reformation des Landes in Angriff genommen. Zwei Männer unterschiedlicher Richtung wurden damit beauftragt: Ambrosius Blarer aus Konstanz,[6] ein Vertreter der oberdeutschen Richtung und Freund Bucers, und Erhard Schnepf aus Heilbronn, der entschieden lutherisch eingestellt war. Beide sollten je für einen Bezirk zuständig sein. Als Grundlage der Einigung in der besonders heiklen Abendmahlsfrage diente eine Formel, die noch ganz am Schluß des Marburger Gespräches 1529 von lutherischer Seite akzeptiert, von Zwingli jedoch damals abgelehnt worden war: „Wir

2 *F. Roth*, Augsburgs Reformationsgeschichte, Bd. 1–2, München 1974, Nachdruck der Ausgabe München 1901 bzw. 1904; *Sehling*, Kirchenordnungen 12, 44f., vgl. die Einleitung ebd. 17ff. (Lit.).

3 *B. Möller*, Die Reformation in Bremen, Jahrbuch der Wittheit zu Bremen 17 (1973), 51–73.

4 *H. W. Krumwiede*, Die Reformation in Niedersachsen. Politische, soziale und kirchlich-theologische Aspekte, Jahrb. d. Gesellschaft für Niedersächsische KG 65 (1967), 7–26; *R. Gerecke*, Studien zu Urbanus Rhegius' kirchenregimentlicher Tätigkeit in Norddeutschland, ebd., 74 (1976), 131–177; *Sehling*, Kirchenordnungen 6,2, (940) 944–1017.

5 *M. Brecht/E. Hermann*, Südwestdeutsche Reformationsgeschichte. Zur Einführung der Reformation im Herzogtum Württemberg 1534, Stuttgart 1984.

6 Der Konstanzer Reformator Ambrosius Blarer, 1492–1564. Gedenkschrift zu seinem 400. Todestag, hg. v. *B. Möller*, Konstanz/Stuttgart 1964, bes. 22–24, 152–171; *F. Held*, Die Tätigkeit des Ambrosius Blarer im Herzogtum Württemberg in den Jahren 1534–1538, dargestellt nach seinem Briefwechsel, BlWKG 65 (1965), 150–206.

bekennen, daß aus vermög dieser Wort ,Das ist mein Leib, das ist mein Blut' der Leib und das Blut Christi wahrhaftiglich (hoc est substantive et essentialiter, non autem quantitative vel qualitative vel localiter) im Nachtmahl gegenwärtig sei und gegeben werd."[7] Doch wurden dann die Pfarrer auf den Wortlaut der Confessio Augustana verpflichtet. 1536 erhielt das Land eine Kirchenordnung.[8] Unter Mithilfe von Melanchthon und auch Luther und später tatkräftiger Anteilnahme von Johannes Brenz konnte auch die Universität Tübingen reorganisiert werden.[9] Damit war erstmals ein großes süddeutsches Territorium gewonnen, einschließlich der württembergischen Grafschaft Mömpelgard links des Rheins. Und die süddeutschen Reichsstädte und anderen Gebiete hatten einen starken Rückhalt erhalten.[10]

Der größte Zuwachs erfolgte jedoch im Norden, wo ebenfalls jetzt die eigentlichen Entscheidungen fielen. Noch im selben Jahr 1534 wurde *Anhalt* als ganzes lutherisch. Wolfgang von Köthen-Bernburg hatte schon an der Protestation von Speyer teilgenommen und dann auch die Confessio Augustana mit unterzeichnet. Mit der Regierungsübernahme der drei Söhne des Fürsten Ernst, Georg, Johann und Joachim, (nach dem Tode ihrer Mutter Margarete 1530) öffnete sich auch die Linie Anhalt-Dessau. 1532 wurde Nikolaus Hausmann als Hofprediger nach Dessau gerufen, und am 2. April 1534 mit der ersten Abendmahlsfeier unter beiderlei Gestalt die Reformation offiziell eingeführt. Eine Visitation folgte. Eine von Hausmann schon 1532 entworfene Ordnung wurde allerdings nicht veröffentlicht; Luther selbst widerriet.[11] 1538 schrieb dann Justus Jonas eine umfassende Ordnung für die anhaltische Kirche.[12]

Auch in *Pommern* setzte sich schon in den zwanziger Jahren in vielen Städten die evangelische Predigt durch.[13] Die Herzöge – nach dem Tode Bogislaws X. 1523 regierten die beiden Söhne Georg I. und Barnim XI. das Land gemeinsam – hielten sich jedoch zurück und standen noch 1530 im katholischen Lager. Erst infolge des Todes Georgs, des Schwiegersohns von Kurfürst Joachim I. von Brandenburg, 1531 wurde die Bewegung allgemein, unter stillschweigender Duldung Barnims, der seit seinem Studium in Wittenberg dem Neuen sehr viel offener gegenüberstand als sein Bruder. Wo die evangelische Bewegung Fuß gefaßt hatte, zeigten sich auch bald gesellschaftliche und soziale Auswirkungen. Zur eigentlichen Entscheidung kam es aber erst, als die gegensätzliche Parteinahme der Städte und der Herzöge im Dänisch-Lübecker Krieg 1534[13a] eine

7 BSLK 65, Anm. 1.

8 *Richter*, Kirchenordnungen 1, 265–273.

9 *H. Volz*, Luthers und Melanchthons Beteiligung an der Tübinger Universitätsreform im Jahre 1538, in: Theologen und Theologie an der Universität Tübingen, hg. v. *M. Brecht*, Tübingen 1977, 65–95.

10 *H. Rückert*, Die Bedeutung der württembergischen Reformation für den Gang der deutschen Reformationsgeschichte, in: Vorträge und Aufsätze zur historischen Theologie, Tübingen 1972, 239–251.

11 *Sehling*, Kirchenordnungen 2, 540–543 und vgl. WA Br 7,45.

12 Ebd., 544–547.

13 *H. Heyden*, Kirchengeschichte Pommerns, Bd. 1–2, Köln 1957 = Osteuropa und der deutsche Osten 3,5; *ders.*, Geschichte der Reformation in Pommern, insonderheit politische Motive bei ihrer Einführung in den Jahren 1534/35, in: *ders.*, Neue Aufsätze zur Kirchengeschichte Pommerns, Köln/Graz 1965, 1–34; *H.-G. Leder/N. Buske*, Reform und Ordnung aus dem Wort. Joh. Bugenhagen und die Reformation im Herzogtum Pommern, Berlin 1985.

13a S. u. 126.

innenpolitische Krise heraufzubeschwören drohte, der die Herzöge nur dadurch begegnen konnten, daß sie selber die Führung der reformatorischen Bewegung in die Hand nahmen. Der von ihnen für Dezember 1534 nach Treptow a. R. einberufene Landtag faßte zwar keine formellen Beschlüsse. Die Landstände widersetzten sich jetzt dem Plan der Herzöge, die Reformation offiziell einzuführen, da sie dadurch eine Schwächung ihrer eigenen Position fürchteten. Trotzdem galt dann die Reformation als beschlossen, und Bugenhagen, der zu den Verhandlungen hinzugezogen worden war, wurde beauftragt, eine Kirchenordnung auszuarbeiten.[14] Der zuständige Kamminer Bischof, Hieronymus von Manteuffel, mußte die Entwicklung dulden, blieb aber bis zu seinem Tode 1544 Herr des Stiftsgebietes. Zu seinem Nachfolger wurde zunächst Bugenhagen gewählt; doch dieser lehnte nach anfänglichem Zögern dann doch ab. 1536 wurde Pommern auch Mitglied des Schmalkaldischen Bundes.

Mecklenburg bietet das Bild eines langsamen Fortschreitens der Bewegung, gefördert durch den Einfluß der Hansestädte Rostock und Wismar, die sich schon früh der Reformation geöffnet hatten, und unter dem entschiedenen Einsatz einzelner Prediger (M. Riebling). Auf die Einführung einer eigenen Kirchenordnung wurde verzichtet. Nach der Einigung der beiden regierenden Herzöge Heinrich IV. und Albrecht I. im Januar 1534, die auf eine gegenseitige Anerkennung der katholischen und der evangelischen Lehre hinauslief, wurde zunächst eine große Anzahl von Exemplaren der brandenburgisch-nürnbergischen Kirchenordnung von 1533[15] verteilt. 1540 erschien dann noch einmal eine eigene Ausgabe dieser Ordnung in der Fassung der niederdeutschen Ausgabe, Magdeburg 1534, nunmehr als mecklenburgische Kirchenordnung.

Die Reformation der beiden seit 1523 wiedervereinigten Herzogtümer *Schleswig* und *Holstein*[16] war eng mit der des benachbarten Königreichs Dänemark verknüpft, da die Herzöge – bis 1523 Christian II., dann Friedrich I. und Christian III. – zugleich auch zu Königen von Dänemark gewählt wurden und die Länder in Personalunion regierten. Die Entscheidung fiel in Dänemark 1536/1537 mit der Einführung der Ordinatio ecclesiastica. Diese wurde nach und nach dann auch in den Ämtern des Herzogtums eingeführt. Ein Landtag zu Rendsburg 1540 konnte zunächst aber nur eine inzwischen von König Christian III. mit Hilfe einer Synode in Gottorf 1538 erlassene Anordnung evangelischer Visitatoren legalisieren. Erst der Landtag 1542 nahm dann die von Bugenhagen noch einmal überarbeitete Kirchenordnung an und vollendete damit die Reformation des Landes.[17]

In *Schlesien*[18] brachte – nach dem allgemeinen Eindringen der reformatorischen Bewegung schon in den zwanziger Jahren – das vierte Jahrzehnt in allen Bereichen (Fürstentum und Stadt Breslau, Fürstentum Jägerndorf, die Fürstentümer Liegnitz, Brieg und

14 *Sehling*, Kirchenordnungen 4, (303) 328–344.

15 Ebd., 11, (113) 140–205; vgl. dazu *Th. R. Jungkuntz*, Die Brandenburg-Nürnbergische Kirchenordnung von 1533 und ihre Auswirkungen, Erlangen 1964. Zum Ganzen s. *K. Schmaltz*, Kirchengeschichte Mecklenburgs, Bd. 2, Schwerin 1936.

16 S. u. 125f., dort auch Literatur.

17 Die Schleswig-Holsteinische Kirchenordnung von 1542, hg. v. *E. Michelsen*, Kiel 1920 = Schriften des Vereins für Schleswig-Holsteinische KG 1,10.

18 *G. F. Buckisch*, Schlesische Religionsakten 1517 bis 1675, Teil 1, Einführung, Köln/Wien 1982 = Forschungen und Quellen zur Kirchen- und Kulturgeschichte Ostdeutschlands 17,1.

Wohlau) die Konsolidierung durch Einführung von Kirchenordnungen. In Jägerndorf, das unter der Herrschaft von Georg von Brandenburg-Ansbach stand, wurde ebenfalls die brandenburgisch-nürnbergische Kirchenordnung von 1533[19] eingeführt. Für Liegnitz und Brieg erging die erste große Kirchenordnung 1542.[20]

Die Reformation des Gesamtterritoriums der *Grafschaft Lippe* 1538 geschah in ziemlicher Abhängigkeit von Hessen, dem die Grafschaft seit 1517 lehensrechtlich verbunden war. Noch im selben Jahr wurde eine Kirchenordnung erlassen,[21] 1542 eine erste Visitation durchgeführt und eine wiederum von Hessen beeinflußte kirchliche Verwaltung errichtet.[22]

Von größter Bedeutung für die weitere Entfaltung der Reformation war die Entwicklung in *Kurbrandenburg* und der Gewinn des Herzogtums Sachsen. Kurfürst Joachim I. von Brandenburg[23] war einer der leidenschaftlichsten Gegner der Reformation und entschiedener Anhänger des Kaisers gewesen. Seine Ehe war darüber zerbrochen. Seine Gemahlin Elisabeth von Dänemark lebte seit 1528 unter schwierigen Verhältnissen im Kurfürstentum Sachsen. Seine beiden Söhne verpflichtete er testamentarisch und mit deren persönlichem Eid, beim alten Glauben zu bleiben. Nach Joachims Tod (1535) wurde das Land zwischen seinen beiden Söhnen geteilt. Markgraf Hans von Küstrin führte trotz jener Verpflichtung sehr bald in seinem Landesteil die Reformation durch. Ostern 1538 empfing er das Abendmahl unter beiderlei Gestalt und schloß sich dem Schmalkaldischen Bunde an. Anders verhielt sich sein älterer Bruder, Kurfürst Joachim II., der „weder römisch noch wittenbergisch, sondern katholisch sein wollte"[24]. Mit zumindest teilweiser Unterstützung durch die Bischöfe und mit Billigung des Kaisers suchte er einen Weg der Reformen, wodurch das Äußere der kultischen Formen sowenig wie möglich angetastet wurde, inhaltlich jedoch reformatorischen Elementen Eingang in die Kirche verschafft wurden. Das Ergebnis war eine Kirchenordnung, die im März 1540 von den Landständen angenommen wurde und auch Anerkennung durch den Kaiser fand.[25] Allerdings verpflichtete sich Joachim dafür

---

19 S. o. Anm. 15.

20 *Sehling*, Kirchenordnungen 3, 439–441.

21 Text bei *Richter*, Kirchenordnungen 2, 489–503.

22 Zum Ganzen s. *H. Schilling*, Konfessionskonflikt und Staatsbildung. Eine Fallstudie über das Verhältnis von religiösem und sozialem Wandel in der Frühneuzeit am Beispiel der Grafschaft Lippe, Gütersloh 1981 = QFRG 48.

23 *P. Steinmüller*, Einführung der Reformation in die Kurmark Brandenburg durch Joachim II., Halle 1903 = SVRG 76; *W. Delius*, Anfänge reformatorischer Bestrebungen in der Mark Brandenburg, JBrKG 40 (1965), 9–23; *ders.*, Die Kirchenpolitik des Kurfürsten Joachim II. von Brandenburg in den Jahren 1535–1541, ebd., 86–123; *H.-U. Delius*, Religionspolitik und kirchliche Ausgleichsbemühungen des Kurfürsten Joachim II. von Brandenburg, ebd., 52 (1980), 25–87.

24 *H.-U. Delius* (s. o. Anm. 23), 25.

25 *Sehling*, Kirchenordnungen 3, 39–90, danach auch in: *W. Gericke*, Glaubenszeugnisse und Konfessionspolitik der brandenburgischen Herrscher bis zur preußischen Union 1540 bis 1815, Bielefeld 1977 = Unio und Confessio 6, 103–107; vgl. auch 13–20 sowie Luthers Urteil über diese Ordnung in Briefen an Joachim II. und an Propst Buchholzer, WA Br 8, 620 bis 624, 624–626. S. auch *F. Weichert*, Die Anfänge des märkischen Summepiskopats. Eine Analyse der ersten reformatorischen Kirchen- und Visitationsordnung Brandenburgs, JBrKG 50 (1977), 79–124.

(Vertrag vom 24. Juni 1541), sich in der Religionsfrage mit niemandem zu verbünden (d. h. konkret: nicht Mitglied des Schmalkaldischen Bundes zu werden) und auch die Beschlüsse eines künftigen Konzils anzuerkennen. Wegen dieses Lavierens zwischen den Fronten ist seine Kirchenpolitik als „zwiespältig und unaufrichtig" beurteilt worden.[26] Auf der einen Seite war er wohl ehrlich bemüht, zwischen den Fronten zu vermitteln, und hat sich damit unbestreitbare Verdienste erworben. Der Frankfurter Anstand von 1539 ist zum großen Teil durch seinen Einsatz zustande gekommen. Andererseits aber wußte er doch auch wieder gut den äußeren katholischen Schein zu wahren bis hin zur zeitweisen Teilnahme am Trienter Konzil, zumal wenn es um Hausinteressen ging (Besetzung der Bischofsstühle von Halberstadt und Magdeburg mit einem seiner Söhne).

Nahezu gleichzeitig mit der Reformation in Brandenburg kam es auch im albertinischen *Herzogtum Sachsen* zum Frontenwechsel. Herzog Georg war am 17. April 1539 verstorben. Da seine beiden Söhne Johann und Friedrich noch vor ihm kinderlos verstorben waren (1537 und 1539), fiel das Herzogtum an seinen Bruder Heinrich, der bereits seit 1536 in seinen Ämtern Freiberg und Wolkenstein die Reformation eingeführt hatte[27] und ein Jahr später für diese Mitglied des Schmalkaldischen Bundes geworden war. Nun wurde mit der Huldigungsreise bei Antritt des Erbes sogleich auch die Reformation des Landes eingeführt. Zu Pfingsten 1539 wurde in Leipzig evangelischer Gottesdienst gehalten, wobei Luther in der Thomaskirche predigte.[28] Im September wurde eine neue Kirchenordnung erlassen, die die Ordnungen der Gottesdienste regelte.[29] Noch 1539 kurz hintereinander durchgeführte Visitationen sorgten für klare Verhältnisse.[30] Die Reformation der Leipziger Universität führte Caspar Borner durch.[31]

Drei Jahre später schließlich rundete die Reformation von *Braunschweig-Wolfenbüttel* das Bild ab, freilich auf eine Weise, die auch innerhalb des Schmalkaldischen Bundes gegensätzlich beurteilt wurde: mit militärischer Gewalt. Seit Jahren schon tobte zwischen den verfeindeten Fürsten, dem Herzog Heinrich von Braunschweig-Wolfenbüttel[32] einerseits und Kurfürst Johann Friedrich von Sachsen sowie Landgraf Phi-

26 *W. Delius*, Kurfürst Joachim II. von Brandenburg und das Konzil von Trient, in: Reformation und Humanismus, (Robert Stupperich zum 65. Geburtstag), hg. v. *M. Greschat* und *J. F. G. Goeters*, Witten 1969, 195–211, das Zitat 211.

27 S. die Texte zur Visitation 1537/1538 bei *Sehling*, Kirchenordnungen 1,1, 459–470; und vgl. *G. Wartenberg*, Die Confessio Augustana in der albertinischen Politik unter Herzog Heinrich von Sachsen, ZBKG 49 (1980), 44–53.

28 Nur seine Predigt vom Vortage auf der Pleißenburg ist erhalten: WA 47, (XXIIf.) 772–779.

29 *Sehling*, Kirchenordnungen 1,1, 264–281.

30 S. die Instruktion für die beiden Visitationen bei *Sehling*, ebd., 257–263 bzw. 281–284 sowie den Bericht der Visitatoren, ebd., 284–286.

31 Vgl. *G. Helbig*, Die Reformation der Universität Leipzig im 16. Jahrhundert, Gütersloh 1953 = SVRG 171; zuletzt *G. Wartenberg*, Die theologische Fakultät der Universität Leipzig während der Einführung der Reformation im herzoglichen Sachsen, WZ d. Karl-Marx-Universität Leipzig, Gesellschafts- u. sprachwiss. Reihe 30 (1981), 576–583; Alma mater Lipsiensis. Geschichte der Karl-Marx-Universität, hg. v. *L. Rathmann*, Leipzig 1984, 55–59.

32 *F. Petri*, Herzog Heinrich der Jüngere von Braunschweig-Wolfenbüttel. Ein niederdeutscher Territorialfürst im Zeitalter Luthers und Karls V., ARG 72 (1981), 122–158.

lipp von Hessen andererseits ein erbitterter Streitschriftenkrieg. 1540 erreichte es Heinrich, die Stadt Goslar, die Mitglied des Schmalkaldischen Bundes war und in seinem Territorium lag, durch das Reichskammergericht mit der Reichsacht belegen zu lassen.[33] Freilich konnten die Bündnispartner eine Suspendierung des Urteils durch den Kaiser erreichen. Doch der Streit währte fort, da Heinrich weiter auf die Durchführung durch ihn selbst drängte und die Zufahrtswege zur Stadt sperrte. So kam es, daß auch Luther noch mit seiner bösen Schrift „Wider Hans Worst" sich beteiligte.[34] Auch der Regensburger Reichstag 1541 konnte die Atmosphäre nicht reinigen. Da besetzten kurzerhand Sachsen und Hessen im Sommer 1542 das Land und sorgten dafür, daß sofort auch die Reformation eingeführt wurde (Bugenhagen, Corvinus, Visitation noch im November 1542, Kirchenordnung von 1543[35]). Damit war die letzte Stütze der römischen Kirche im Norden beseitigt.[36] Freilich stellte dann die Frage, was weiter mit dem Lande zu geschehen habe, ein Problem dar, das die Einheit der Schmalkaldener auf eine harte Probe stellte. Als es Heinrich 1545 mit französischer Unterstützung zurückerobern wollte, geriet er bei Northeim in die Gefangenschaft des Landgrafen. Und Luther selbst riet, ihn nicht wieder auf freien Fuß zu setzen, um die Leute vor ihm zu schützen und ihn nicht länger Gotteslästerungen vollbringen zu lassen.[37] Erst die Niederlage seiner Gegner im Schmalkaldischen Kriege gab ihm die Freiheit zurück.
Und weitere Territorien folgten: Am 22. Juni 1542 erließ Herzog Ottheinrich, der sich wenig zuvor von der römischen Kirche abgewendet hatte, in *Pfalz-Neuburg* ein Reformationsmandat, ein Jahr später folgte eine Kirchenordnung aus der Feder von Andreas Osiander.[38]
In der *Kurpfalz* verriet Kurfürst Friedrich II. (1544–1556)[39] zunächst nur gewisse reformatorische Tendenzen, indem er die Verbreitung der Bewegung nicht behinderte. 1546 bekannte er sich offen zur Reformation. Im Januar erließ er ein Edikt über das fakultative Reichen des Abendmahls unter beiden Gestalten, das Abhalten von Gottesdiensten und das Spenden der Sakramente in deutscher Sprache, die Aufhebung des Meßzwangs für die Pfarrer und die Freigabe der Priesterehe.[40] Wenig später folgten nach einer Versammlung der Landschaft Erlasse über den Gottesdienst in der Stiftskirche in Heidelberg und eine vorläufige Kirchenordnung.[41] Weitere kleinere Territo-

33 *G. Blume*, Goslar und der Schmalkaldische Bund 1527/31–1547, Goslar 1969 = Beiträge zur Geschichte der Stadt Goslar 26.
34 1541, WA 51, (461) 469–572.
35 *Sehling*, Kirchenordnungen 6,1, (3) 12–21 (Visitationsinstruktion); 22–80 (Kirchenordnung); vgl. *H. Reller*, Vorreformatorische und reformatorische Kirchenverfassung im Fürstentum Braunschweig-Wolfenbüttel, Göttingen 1959 = Studien zur Kirchengeschichte Niedersachsens 10.
36 Vgl. zur Einschätzung der Vorgänge zuletzt: *E. Wolgast*, Die Wittenberger Theologie und die Politik der evangelischen Stände, Gütersloh 1977 = QFRG 47, 275–284.
37 „Den Kurfürsten zu Sachsen und Landgrafen zu Hessen von dem gefangenen Herzog zu Braunschweig", 1545, WA 54, (374) 389–411.
38 *Sehling*, Kirchenordnungen 13, (17) 39f. (Reformationsmandat); 41–99 (Kirchenordnung).
39 *H. Rott*, Friedrich II. von der Pfalz und die Reformation, Nendeln/Lichtenstein 1976, Nachdruck der Ausgabe Heidelberg 1904; *J. Hartl*, Über die pfälzischen Kurfürsten und ihre Stellung zur Glaubenserneuerung in der Zeit von 1517–1559, Die Oberpfalz 61 (1973), 169–176; 193–200; 260–263; 296–301.
40 *Sehling*, Kirchenordnungen 14,90.
41 Ebd., 90–94 bzw. 94–102.

rien, Reichsstädte schlossen sich an, ebenfalls noch in der ersten Hälfte der vierziger Jahre u. a. Hildesheim (1542), Regensburg (1542)[42]; Rothenburg o. T. erklärte sich am 26. 8. 1544 für evangelisch.

Um die Mitte der vierziger Jahre war somit ungefähr die Hälfte des Reichsgebiets „evangelisch", d. h. von Obrigkeiten regiert, die sich zur Reformation bekannten und dies auch nach außen hin bekundeten. Und das kirchliche Leben war durch entsprechende Ordnungen neu gestaltet. Die Ausbreitung hatte innerhalb eines Jahrzehnts Ausmaße angenommen, die für das Reich wie besonders für die römische Kirche bedrohlich werden mußten. Die Umstände, die eine solche Entwicklung begünstigten, waren vielfältig:

- die lange Abwesenheit des Kaisers vom Reich (fast zehn Jahre, von 1532–1541);
- die immer neuen außenpolitischen Verwicklungen mit den Türken auf der einen und Franz I. von Frankreich auf der anderen Seite, die dem Kaiser Kompromißbereitschaft abnötigten;
- die zunehmende Stärke des Schmalkaldischen Bundes, der offen mit ausländischen Mächten, auch katholischen, konspirieren konnte, und durch die Tatsache, daß ihm keine geschlossene katholische Front gegenüberstand, nur noch an Gewicht gewann; der politische Gegensatz zwischen den religiösen Gegnern konnte sowohl politisch wie auch religiös ausgenutzt werden;
- die Tatsache, daß es trotz gegenteiliger Beschlüsse der Reichstage und entsprechender Prozesse des Reichskammergerichts nahezu kein Risiko bedeutete, sich mit seinem Territorium der Reformation zu öffnen;
- nicht zuletzt der Umstand, daß das schon immer lebendige Streben der Territorialherrschaften nach politischer Selbständigkeit gegenüber der Zentralgewalt hier einen Rückhalt fand.

Als letzte Bollwerke des römischen Kirchenwesens hielten sich in den von der Reformation erfaßten Räumen weithin eigentlich nur die geistlichen Territorien. Auch dies gilt allerdings nicht ohne Ausnahme. Die jeweilige Entwicklung geschah nicht losgelöst von den umliegenden weltlichen Territorien, mit denen die geistlichen oft durch viele Abhängigkeiten verbunden waren. So besiegelte der Tod Georgs von Sachsen faktisch auch das Geschick des *Hochstiftes Meißen*.[43] Und der sog. *Naumburger Bistumsstreit* gehört in denselben Rahmen,[44] denn er resultierte daraus, daß sich das Domkapitel als konservativer Faktor gegen den erklärten Willen des sächsischen Kurfürsten, der die weltliche Schutzherrschaft über das Bistum Naumburg-Zeitz innehat-

42 Ebd., 13, (363) 389ff.

43 S. *K. H. Kandler*, Die Reformation des Hochstifts Meißen bis zum Tode Herzog Heinrichs des Frommen 1541. Bericht über eine Dissertation zu diesem Thema, verf. v. *A. Lobeck*, in: Das Hochstift Meißen, Aufsätze zur sächsischen Kirchengeschichte, hg. v. *F. Lau*, Berlin 1973, 187–205; *P. Dittrich*, Die Meissener Diözese unter der Kirchenpolitik der Landesherren des 16. und 17. Jahrhunderts, Leipzig ^{2}1984 = Studien zur katholischen Bistums- und Klostergeschichte 1.

44 *P. Brunner*, Nikolaus von Amsdorf als Bischof von Naumburg, Gütersloh 1961 = SVRG 179; *H.-U. Delius*, Der Briefwechsel des Nikolaus von Amsdorf als Bischof von Naumburg-Zeitz (1542–46), Theol. Habil. schr., Leipzig 1968; *ders.*, Das bischoflose Jahr. Das Bistum Naumburg-Zeitz vor der Einsetzung Nikolaus von Amsdorfs durch Luther, Herbergen der Christenheit 1973/74, 65–95; *I. Höss*, Episcopus evangelicus. Versuche mit dem Bischofsamt im deutschen Luthertum des 16. Jahrhunderts, CAC 499–516, bes. 501–509.

te, durchzusetzen versuchte. Nach dem Tode des Bischofs Philipp von Freising (6. 1. 1541), der zugleich auch Administrator von Naumburg war, aber die Regierung im wesentlichen durch das Domkapitel wahrnehmen ließ, wählte dieses sofort einen Nachfolger, Georg Pflug, der als Propst zu Zeitz und später als Dechant von Meißen zugleich auch dem Naumburger Domkapitel angehörte. Dieser jedoch erbat sich Bedenkzeit. Erst im Januar 1542 entschloß er sich zur Annahme der Wahl. Inzwischen jedoch hatte Johann Friedrich schon gehandelt. Im Herbst 1541 setzte er einen Stiftshauptmann ein, der die weltlichen Regierungsgeschäfte ausüben sollte, und ließ, als das Kapitel von seiner Wahl nicht abrückte, den bisherigen Superintendenten von Magdeburg, Nikolaus von Amsdorf, als evangelischen Bischof von Naumburg einsetzen. Am 20. Januar 1542 wurde dieser von Luther im Naumburger Dom ordiniert. Pflug erhob Klage beim Speyerer Reichstag, der Kaiser stellte sich auf seine Seite und belehnte ihn 1545 formell mit dem Bistum. Aber erst 1546 konnte er im Gefolge der Ereignisse des Schmalkaldischen Krieges, die Amsdorf vertrieben, sein Bistum auch tatsächlich in Besitz nehmen. Die Bevölkerung des Stiftsgebiets und auch der Stadt Naumburg stand dann aber bereits mehrheitlich auf der Seite der Reformation.

Von ziemlichem historischem Gewicht waren ferner die Vorgänge im *Erzbistum Köln*, wo Erzbischof Hermann von Wied (1477–1552) versuchte, in seinem Stiftsgebiet die Reformation einzuführen,[45] vor allem auch aus dem Grunde, daß ein möglicher Anschluß des Erzbischofs und Kurfürsten an die Reformation die Mehrheitsverhältnisse im siebenköpfigen Kurfürstenrat zugunsten der Evangelischen verändert hätte. „Mit ihm wäre, nach menschlichem Ermessen, ganz Nordwestdeutschland der Reformation anheimgefallen, und selbst das ‚Heilige Römische Reich Deutscher Nation', dessen Ordnung und Verfassung seit Otto dem Großen auf dem geistlichen Fürstenstande beruhte, wäre in den Grundfesten erschüttert worden."[46] Schon im Zusammenhang mit den Ereignissen von Münster 1534 hatte der Erzbischof Ansätze zu einer Reform gemacht. Eine Provinzialsynode 1536, die als die bedeutendste vortridentinische Reformsynode Deutschlands gerühmt wird,[47] nahm einen Reformentwurf aus der Feder von Johannes Gropper (1503–1559) an, der schon seit 1526 einen der wichtigsten Posten im Erzstift bekleidete und sich nun als entschiedener Vertreter einer katholischen Reform profilierte.[48]

Zu wirklichen Konsequenzen kam es jedoch erst, als der Erzbischof im Februar 1542, nachdem der Regensburger Reichstag im Vorjahr auch die katholischen Stände dazu verpflichtet hatte, in ihren Gebieten „eyn christenliche ordnung und reformation für-

45 *A. Franzen*, Bischof und Reformation. Erzbischof Hermann von Wied in Köln vor der Entscheidung zwischen Reform und Reformation, Münster 1971 = KLK 31; *E. Mühlhaupt*, Die Kölner Reformation, Monatshefte für Evangelische Kirchengeschichte des Rheinlandes 11 (1962), 73–93.

46 *Franzen*, ebd., 3.

47 Ebd., die Akten der Provinzialsynode in ARC 2, (118), 122–318.

48 *W. Lipgens*, Kardinal Johannes Gropper (1503–1559) und die Anfänge der katholischen Reform in Deutschland, Münster 1951 = RST 75; *R. Braunisch*, Johannes Gropper zwischen Humanismus und Reformation. Zur Bestimmung seines geistigen Standorts bis 1543, Röm. Quartalschrift 69 (1974), 192–209; vgl. auch *ders.*, Die Theologie der Rechtfertigung im „Enchiridion" (1538) des Johannes Gropper. Sein kritischer Dialog mit Philipp Melanchthon, Münster 1974 = RST 109, sowie u. 79 und 152.

zunemen"[49], Martin Bucer zu Beratungen auch mit Gropper über eine Reform nach Köln rief. Unterstützt wurden die Bemühungen des Erzbischofs besonders durch die Landstände, die die Vorlage eines Reformentwurfs forderten. Als für diese Aufgabe im Herbst desselben Jahres wiederum Bucer gerufen wurde und im Bonner Münster evangelische Predigten und im Franziskanerkloster Vorlesungen hielt, kam es zu ernsthaftem Widerstand und bald auch zu einer deutlichen Frontenbildung: Während der Erzbischof also von den Landständen lebhaft unterstützt wurde, stellten sich der Kölner Rat, die Universität, die Mehrheit des Domkapitels und jetzt auch Gropper, der zum geistigen Führer des Widerstands wurde, gegen seine Reformvorstellungen. Ein Programm Groppers verfiel der Ablehnung, woraufhin Bucer mit der Abfassung einer Reformationsordnung beauftragt wurde, an deren endgültiger Fassung dann auch noch andere (Melanchthon) mitwirkten. So entstand das „Einfältige Bedenken", das seitens der weltlichen Stände des Landtages am 26. Juli 1543 gebilligt wurde.[50] Das Kapitel verweigerte seine Zustimmung. Bald schalteten sich jedoch höhere Autoritäten ein.

Schon im Februar 1543 mahnte der Papst Domkapitel und Klerus von Köln, beim katholischen Glauben zu bleiben. Im Sommer desselben Jahres rief ein päpstliches Breve den Erzbischof in den Schoß der Kirche zurück. Der Kaiser verlangte den Aufschub aller Neuerungen bis zum Konzil. Ein regelrechter Streitschriftenkrieg entbrannte. Im Sommer appellierten die Kölner an den Papst und an den Kaiser gegen ihren Kurfürsten und Erzbischof, der seinerseits wieder dagegen protestierte. Auf dem Wormser Reichstag 1545 stellte der Kaiser den Kölnern einen Schirm- und Schutzbrief aus, was der Kurfürst mit einer Appellation an ein freies, christliches Konzil beantwortete. Noch im Sommer wurde Hermann von Wied dann nach Rom vorgeladen, und auch am kaiserlichen Hofgericht wurde ein Prozeß gegen ihn eröffnet. Damit waren die Entscheidungen gefallen. Am 16. April 1546 wurde der Erzbischof exkommuniziert. Die Verwaltung des Erzstiftes wurde dem Koadjutor Adolf von Schaumburg übertragen. Die Übergabe erfolgte im Januar 1547 mit kaiserlicher Unterstützung. Die Landstände unterwarfen sich, und Hermann von Wied resignierte. Bei den Schmalkaldenern jedoch hatte er nur verbale und halbherzige Unterstützung gefunden. Luther selbst zollte dem von Bucer und Melanchthon ausgearbeiteten Reformationsentwurf wenig Beifall. Zumal die Abendmahlslehre schien ihm schwärmerisch.[51]

So bleibt das Bild trotz aller äußeren Erfolge der reformatorischen Bewegung doch zwiespältig. Dem äußeren Zuwachs an Einfluß und Gewicht entsprach die innere Situation keineswegs. Es gab keinen entsprechenden Zuwachs auch an innerer Geschlossenheit und Festigkeit. Schon in jener Anfangsperiode war das Bild der einzel-

---

49 Der Text des Abschieds vom 29. Juli 1541 in CR 4, 625–630; vgl. auch ARC 4,1 Anm. 1 sowie zum Regensburger Reichstag u. 80f.

50 In der Ausgabe der deutschen Schriften Martin Bucers noch nicht erschienen, doch s. *H. v. Wied*, Einfältiges Bedenken. Reformationsentwurf für das Erzstift Köln von 1543, übersetzt und hg. von *H. Gerhards* u. *W. Borth*, Düsseldorf 1972 = Schriftenreihe des Vereins für rheinische Kirchengeschichte 43. Vgl. auch *M. Köhn*, Martin Bucers Entwurf einer Reformation des Erzstiftes Köln. Untersuchungen der Entstehungsgeschichte und der Theologie des „Einfaltigen Bedenckens" von 1543, Witten 1966 = Untersuchungen zur KG 2.

51 Vgl. WA Br 10, (614) 617f.

nen sich bildenden Kirchentümer vielgestaltig und bunt, äußerlich und innerlich. Und gelang es einerseits auch, Extremen zu wehren, so konnten andererseits durch Kompromisse doch die z. T. erheblichen Differenzen nicht ausgeräumt und Spannungen nicht von vornherein vermieden werden. Außerdem verhinderte es das ebenfalls von Anfang an mit einfließende politisch-religiöse Kalkül territorialen Eigeninteresses, eine größere innere Geschlossenheit zu finden, die nötig gewesen wäre, den gewonnenen Bestand bleibend zu sichern oder weiter fortschreitend auszubauen.

Kapitel 3
Die innere Struktur der reformatorischen Kirchentümer

Es hat eine ziemliche Zeit gedauert, bis die reformatorischen Kirchen auch nach außen hin zu gewissen Formen fanden, d. h. auch im institutionellen Sinne wirkliche Kirchen wurden, oder noch anders, bis die ursprüngliche reformatorische Bewegung in der römisch-katholischen Kirche sich in neuen reformatorischen Kirchen neben der katholischen Kirche etablierte. Denn da es ja eigentlich nicht um die Gründung einer neuen Kirche ging, sondern um die Reformation der einen katholischen Kirche als ganzer, standen organisatorische Fragen zunächst nicht zur Debatte. Außerdem war Luther auch alles andere als ein Organisator. Er „zweifelte in seiner großen Gewissenhaftigkeit an seiner Berufung, die neue Kirche aufzubauen"[1]. Andere Reformatoren, Zwingli z. B. und später dann Calvin, übertrafen ihn auf diesem Gebiet durchaus. Mit fortschreitender Dauer jedoch, mit dem Wachsen der Erkenntnis, daß sich das große Ziel der Reformation der Kirche als ganzer nicht verwirklichen ließ, wuchs auch die Notwendigkeit, dort, wo die Reformation der Verkündigung, des Gottesdienstes, der Klöster usw. durchgeführt werden konnte, auch neue, größere Strukturen zu finden, die den neuen Erkenntnissen über das Wesen der Kirche und der Gemeinde entsprachen. Und das hieß primär: frei von der Herrschaft des römischen Papstes und der mit ihm verbundenen Hierarchie, frei von einer geistlichen Herrschaft über das gesamte Leben bei gleichzeitiger Aufhebung der prinzipiellen Trennung zwischen einem sakramental verstandenen geistlichen Stande einerseits und der Menge der Laien andererseits. Dabei ging es in gleicher Weise um die Neuordnung der einzelnen Gemeinde wie um die der Kirche überhaupt in den Räumen, die der Reformation offenstanden.

Allerdings muß gesehen werden, daß mit dem Übergang zu neuen, eigenen Strukturen noch keineswegs und gleichsam automatisch auch die Spaltung der Kirche akzeptiert und der Gedanke der Einheit der Kirche aufgegeben wurde. Dieser brach vielmehr immer wieder durch, so daß man noch sehr viel später dem Papst Gehorsam zu versprechen bereit war, sofern dieser sich bereit zeigen würde, den grundlegenden reformatorischen Erkenntnissen und praktischen Maßnahmen Raum zu geben.

Schon in der zweiten Hälfte der zwanziger Jahre hatten die Visitationen im Kurfürstentum Sachsen ein erstes Instrumentarium entwickelt, das dann auch in anderen Territorien mit Erfolg angewendet werden konnte. Davon nicht zu trennen ist das Entstehen von Kirchenordnungen. Bahnbrechend wirkte hier besonders Johannes Bugenhagen – seit 1533 „Ober-Superattendent" von Wittenberg –, aus dessen Feder die Kirchenordnungen von Braunschweig (1528), Hamburg (1529), Lübeck (1531), Pommern (1534), Dänemark (1537), Holstein (1542), Braunschweig-Wolfenbüttel (1543) und Hildesheim (1544) stammen.[2] Aber auch Brenz, Jonas, Osiander, Rhegius u. a.

1 *H. Bornkamm*, Das Jahrhundert der Reformation, Göttingen 1961, 217.

2 *A. Sprenger-Ruppenthal*, Bugenhagen und das protestantische Kirchenrecht, ZSavRGkan 88 (1971), 196–233; Johannes Bugenhagen – Gestalt und Wirkung. Beiträge zur Bugenhagenforschung. Aus Anlaß des 500. Geburtstages des Doctor Pomeranus, hg. v. *H. G. Leder*,

verfaßten für weitere Gebiete vergleichbare Ordnungen. Die Verantwortung für beides, für diese Visitationen wie für die Einführung neuer Kirchenordnungen, lag beim Landesfürsten (bzw. den Behörden der Stadt), bedingt durch mehrere und durchaus unterschiedliche Umstände:

- Schon vor der Reformation hatte die territoriale kirchliche Entwicklung ein eigenes Gewicht bekommen und stellte jetzt einen legitimen Anknüpfungspunkt dar.
- Schon das Mittelalter hatte eine Art Notrechtslehre entwickelt, wonach (unter der Voraussetzung eines einheitlichen Corpus Christianum) sowohl die weltliche wie die geistliche Gewalt im Falle eines Notstandes in den Rechtsbereich der anderen Gewalt eingreifen konnte.
- Die kirchliche und damit verbunden die allgemein sittliche Situation in den Territorien ließ sich nicht von der gesamtgesellschaftlichen Situation trennen.
- Je länger, um so mehr war es der Landesherr, der den Bestand der Reformation garantierte und die weitere Ausbreitung der reformatorischen Bewegung ermöglichte.
- Der Reichstagsabschied von Speyer 1526 (jeder Stand solle „mit seinen Untertanen in Sachen, so das Wormser Edikt belangen möchten, für sich also leben, regieren und halten, wie er das gegen Gott und kaiserliche Majestät hoffe und vertraue zu verantworten") gab den protestantischen Reichsständen die Möglichkeit, die kirchlichen Angelegenheiten in ihren Territorien selbständig in die Hand zu nehmen. Das Augsburger Bekenntnis von 1530 aber stärkte auf seine Weise noch einmal das Selbstbewußtsein der Stände und schuf eine innerprotestantische Grundlage für weiteres Handeln.

Ein besonders deutliches Beispiel für die damit gegebene Situation ist die Tatsache, daß sich Kurfürst Johann von Sachsen und Herzog Philipp von Hessen mit Vertrag vom 11. 6. 1528 durch den Erzbischof Albrecht von Mainz formell die geistliche Jurisdiktion in ihren Territorien bis zu einem Konzil, d. h. unmittelbare bischöfliche Funktionen, übertragen ließen.[3] Und der „Nürnberger Anstand" von 1532 bestätigte diese Entwicklung praktisch noch einmal und auf seine Weise, indem er festlegte, daß kein Reichsstand einen anderen um des Glaubens willen bekriegen dürfe, wodurch also indirekt wiederum die Verantwortung der Landesherren für die kirchliche Entwicklung in ihren Territorien unterstrichen wurde.

Das Ergebnis war durchaus zwiespältig: Einerseits war damit eine Entwicklung eingeleitet, an deren Endpunkt dann der sog. landesherrliche Summepiskopat stand. Die von Luther nur als „Notbischöfe"[4] anerkannten Landesherren entwickelten sich zu bleibenden monarchischen Spitzen auch der Kirche, die sich die letzten Entscheidungen allemal vorbehielten, wie sie ja auch allein über die notwendige Autorität verfügten. Aber sie blieben in erster Linie doch Landesherren, und das bedeutet, daß Staat und Kirche in ein neues enges Verhältnis zueinander traten.

Berlin 1984; Kirchenreform als Gottesdienst. Der Reformator Johannes Bugenhagen 1485 bis 1558, hg. v. *K. Stoll*, Hannover 1985.

3 Der Text des Vertrags im Auszug bei *C. Ph. Kopp*, Ausführliche Nachricht von der ältern und neuern Verfassung der Geistlichen und Civil-Gerichten in den Fürstlich-Hessen-Casselschen Landen I, 1769, Beilage 46, 107f. sowie auch in: Urkundliche Quellen zur hessischen Reformationsgeschichte 2, bearb. v. *G. Franz*, Marburg 1954 = Veröffentlichungen der Histor. Komm. für Hessen und Waldeck 11,2, 69f.

4 WA 53, 255, 5; WA Br 8, 395, 15; 396, 14.

Andererseits wurden – davon wohl zu unterscheiden, wenn auch kaum scharf zu trennen – auf den verschiedenen Ebenen verschiedene Organe geschaffen, die durchaus geeignet gewesen wären, die kirchliche Eigenverantwortung zu befördern (gleichsam in Fortsetzung der Linie, die Luther in seiner Schrift von 1523, „Daß eine christliche Versammlung oder Gemeine Recht und Macht habe, alle Lehre zu beurteilen und Lehrer zu berufen, ein- und abzusetzen“[5] angedeutet hatte), sei es, daß wiederum einzelne Personen herausgestellt und mit quasi episkopalen Funktionen ausgestattet wurden, oder sei es, daß entsprechende Gremien gebildet wurden.

Schon durch die kurfürstliche „Instruktion und befelch dorauf die visitatores abgefertigt sein“ vom 16. 6. 1527 und dann den „Unterricht der visitatoren an die pfarrherrn im kurfürstenthum zu Sachsen“ von 1528[6] wurde dort die Installierung von *Superintendenten* vorgesehen,[7] die (superintendens = episcopos) das „Bischofs- und Besuchamt“ wahrzunehmen hatten (Aufsicht über die Reinheit von Lehre und Predigt, die Spendung der Sakramente und den Lebenswandel der Prediger, Prüfungen). Als ordinierte Pfarrer und mit geistlichen Aufgaben Betraute standen sie der landesherrlichen Leitung verhältnismäßig selbständig gegenüber. Andererseits waren sie aber als Vertrauenspersonen des Landesherrn und diesem Verantwortliche doch Exponenten gerade auch dieser Leitung. Und die Tatsache, daß sich die neu eingerichteten Superintendenturen nicht an den herkömmlichen Archipresbyteraten bzw. Archidiakonaten orientierten, sondern an den Ämtern, also an weltlichen Strukturen, unterstreicht auf ihre Weise noch einmal den Zwittercharakter des neuen Amtes.

Auch die *bischöfliche Verfassung* war noch nicht ganz aufgegeben. Luther hätte sie gern auch in den reformatorischen Territorien wiederaufgerichtet gesehen.[8] In den Visitatoren hatte er quasi eine erste Realisationsform eines neuen Bischofsamtes, d. h. Besuchs- und Aufsichtsamtes, gefunden: „Nos visitatores h. e. episcopi sumus“ schrieb er am 1. 11. 1528.[9] Gelegentlich wurde überhaupt, sofern es sich ermöglichen ließ, die bischöfliche Verfassung zumindest im Prinzip beibehalten: Die Bischöfe von Samland, Georg von Polentz, und von Pomesanien, Eberhard von Queiß, in Preußen legten zwar ihre weltlichen Funktionen in die Hand des Landesherrn, behielten aber

5 WA 11, (401) 408–416; StA 3, (72) 75–84.

6 *Sehling*, Kirchenordnungen 1,1,142–148 bzw. 149–174, der Unterricht der Visitatoren auch WA 26, (175) 195–240 sowie StA 3, (402) 406–462 (Lit.).

7 Siehe *Sehling*, ebd., 146f. bzw. 171.

8 WA 26, 197, 12ff.: „Dem nach, so uns itzt das Euangelion durch unaussprechliche gnade Gottes barmhertziglich widder komen odder wol auch zu erst auffgangen ist, dadurch wir gesehen, wie elend die Christenheit verwirret, zurstrewet und zu rissen ist, hetten wir auch dasselbige recht Bischoflich und besucheampt alls auffs höhest von nöten gerne widder angericht gesehen, Aber weil unser keiner dazu beruffen odder gewissen befelh hatte, und S. Peter nicht wil ynn der Christenheit etwas schaffen lassen, man sey denn gewis, das Gottes gescheffe sey, hat sichs keiner für dem andern thüren unterwinden ...“ Vgl. auch die Aussagen der CA, Art. 28, BSLK 120–133, Apol., Art. 14, ebd., 296f. und Schmalk. Art. 10, ebd., 457f. Dazu zuletzt *B. Lohse*, Die Stellung zum Bischofsamt in der Confessio Augustana, in: Evangelium – Sakramente – Amt und die Einheit der Kirche: Die ökumenische Tragweite der Confessio Augustana, hg. v. *K. Lehmann* und *E. Schlink*, Freiburg/Göttingen 1982, 80 bis 108.

9 WA Br 4, 597, 5f.; vgl. die weiteren ähnlichen Stellen bei *Holl*, Luther und das landesherrliche Kirchenregiment, a. a. O., 376 Anm. 2.

das Visitations- und Ordinationsrecht, also ihre geistlichen Befugnisse. Der Nachfolger von Queiß war kraft landesherrlicher Ernennung Paul Speratus, der dann in Preußen auch eine „bischöfliche Kirchenordnung" einführte. Bugenhagen wurde mehrfach gebeten, ein Bischofsamt anzunehmen (in Schleswig-Holstein und in Pommern), lehnte jedoch beide Male ab. Die deutlichsten Zeichen aber für den Willen, wenn möglich, bei der bischöflichen Verfassung der Kirche zu bleiben, waren das Naumburger Experiment von 1542, mit Nikolaus von Amsdorf dort einen evangelischen Bischof einzusetzen,[10] sowie wenig später, 1544, die Neuorganisierung des Bistums Merseburg mit Herzog August von Sachsen als weltlichem Administrator und Fürst Georg von Anhalt als geistlichem Koadjutor. Aber alle Versuche erwiesen sich schlicht als nicht durchführbar. Die rechtliche Stellung und wohl auch die geistliche Kompetenz der eventuellen neuen Bischöfe, und zwar sowohl gegenüber den Landesherren wie gegenüber den Pfarrern, erwies sich als zuwenig geklärt, als daß jetzt bereits ein evangelisches Bischofsamt hätte entstehen können. Dabei spielte der Aspekt der kanonischen Weihe und damit verbunden der apostolischen Sukzession keine entscheidende Rolle. So konnte Luther 1535 dem päpstlichen Legaten Vergerio gegenüber unbefangen Bugenhagen als „episcopus ordinatus" bezeichnen.[10a]

Ein durchaus zwiespältiges Gesicht trugen die Ende der dreißiger Jahre zuerst wieder in Kursachsen, später auch in anderen Territorien (Herzogtum Sachsen, Kurbrandenburg) eingerichteten *Konsistorien*.[11] Einerseits stellten sie den Ansatzpunkt für eine zentrale kirchliche Behörde dar, eingesetzt wiederum durch den Landesherrn und eigentlich dazu gedacht, rechtliche Fragen und andere weltliche Belange der Kirche, d. h. vor allem der Kirchenzucht, zu erledigen, welche die Superintendenten nicht selber zu regeln vermochten. Insofern traten sie an die Stelle der bisherigen bischöflichen Gerichte, der Offizialate. Luther hat sich entschieden dafür ausgesprochen, ihre Zuständigkeit auf diese Funktionen zu beschränken. Mehr und mehr traten sie dann aber doch als eine ständige Instanz in Konkurrenz zu den geistlichen Visitatoren, die nur von Zeit zu Zeit in Aktion traten, und verdrängten sie dann auch.

Auf der anderen Seite jedoch ließen sich mit der Konsistorial-Konzeption auch noch andere Ansätze verbinden. Als es darum ging, nach Einführung der Reformation im Herzogtum Sachsen durch Herzog Heinrich der Kirche eine neue Verfassung zu geben, legte eine theologische Konferenz in Leipzig (23. März 1544, die sog. „Lätare-Konferenz") ein Gutachten vor,[12] wonach das Konsistorium keine Verwaltungsbe-

---

10 S. o. 33f.

10a WATR 5, 634, 35f. Vgl. auch die späteren Dokumente dazu, vor allem das Wittenberger Gutachten zur Naumburger Bischofswahl WA Br 9, (310) 317f. sowie Luthers „Exempel, einen rechten christlichen Bischof zu weihen", WA 53, (219) 231–260.

11 Siehe *K. Müller*, Die Anfänge der Konsistorialverfassung im lutherischen Deutschland, HZ 102 (1908), 1–30; *H. Herzog*, Das Meißner Konsistorium und die Anfänge des sächsischen Konsistorialwesens, in: Das Hochstift Meißen. Aufsätze z. sächs. KG, hg. v. *F. Lau*, Berlin 1973, 269–300; *C. W. H. Schoß*, Die rechtliche Stellung, Struktur und Funktion der frühen evangelischen Konsistorien nach den evangelischen Kirchenordnungen des 16. Jahrhunderts, Diss. jur., Heidelberg 1980.

12 Siehe *E. Sehling*, Die Kirchengesetzgebung unter Moritz von Sachsen 1544–1549 und Georg von Anhalt, Leipzig 1899, 1–13, die Beschlüsse ebd., 121–157; *H. Bornkamm*, Das Ringen der Motive in den Anfängen der reformatorischen Kirchenverfassung, in: *ders.*, Das Jahrhundert der Reformation, Göttingen 1961, 202–219.

hörde, aber auch kein reines Ehegericht sein sollte, sondern eine kirchlich-seelsorgerliche Institution von durchaus geistlichem Charakter, die sowohl über die reine Lehre, die rechte Ordnung und das reine Leben zu wachen hatte als auch für die geistliche Verwaltung (Prüfung der zu ordinierenden Prediger, Bestätigung der Superintendenten) zuständig sein sollte. Das Modell wurde nicht verwirklicht. Es unterlag – tragischerweise – dem Versuch, mit Georg von Anhalt die bischöfliche Verfassung wieder einzuführen. Es unterstreicht jedoch auf seine Weise die Möglichkeit des Ansatzes bei der Selbstverantwortung der Kirche.

Und ganz auf derselben Linie lagen zwei weitere Ansätze, die freilich ebensowenig praktische Bedeutung erlangt haben. Die eine ist die Einrichtung von *„Synoden"*.[13] Es haben an verschiedenen Orten sog. „Synoden" stattgefunden. Besonders bekannt ist die Synode von Homburg vom Herbst 1526, die über die Reformation in Hessen entschied, oder auch der um einiges später (nach 1553) eingerichtete „Synodus" in Württemberg. Die Homburger Synode war freilich nicht viel mehr als eine Art allgemeiner Landtag und eine einmalige Veranstaltung.[14] Die von ihr erarbeitete Reformationsordnung[15] (die nicht in Kraft gesetzt wurde) enthielt aber deutliche Ansätze zu einer Synodalverfassung.[16] Und in der „synodalen Superintendentenverfassung", nach der seit 1531 die reformatorische Kirche in Hessen geleitet wurde,[17] deutete es sich zumindest an, daß auch dieses Element nicht unrealistisch war: Jährlich berief der Landesherr die Superintendenten und dazu je einen gewählten Pfarrer zur synodalen Beratung zusammen. Ihre Beschlüsse erhielten durch die Veröffentlichung seitens des Landesherrn Rechtskraft. Der württembergische „Synodus" stellte demgegenüber ein vom „Kirchenrat" (als ständige Visitationskommission) und den Generalsuperintendenten gebildetes Beratungsgremium dar.

Der zweite Ansatz war die Einrichtung von *Kirchenräten*. Das Gutachten der Leipziger Lätare-Konferenz sah, offenbar nach hessischen Vorbildern[18] und wohl auch in Hinblick auf Luthers deutliche Meinung[19], eine solche Einrichtung in den Stadtgemeinden vor zur Übernahme der konsistorialen Aufgaben für diesen Bereich. Sie sollten wie die Konsistorien rein seelsorgerliche Aufgaben erfüllen sowie zusammen mit Obrigkeit, Rat und Pfarrerschaft über das Kirchenvermögen wachen.[20] „Der Vor-

13 Vgl. *W. Maurer*, Typen und Formen aus der Geschichte der Synode, in: Schriften des Theologischen Konvents augsburgischen Bekenntnisses 9, Berlin 1955, 78–99, wieder abgedruckt in: *ders.*, Die Kirche und ihr Recht. Ges. Aufsätze zum evang. Kirchenrecht, hg. v. *G. Müller* und *G. Seebass*, Tübingen 1976 = Ius ecclesiasticum 23, 76–98.

14 Vgl. zuletzt *G. Müller*, Die Synode als Fundament der evangelischen Kirche in Hessen. Homburg 1526–1976, JHKG 27 (1976), 129–146.

15 *Sehling*, Kirchenordnungen 8, 43–65.

16 Vgl. ebd., 56–58.

17 Ebd., 71–74. 1537 folgte eine zweite analoge Ordnung, die noch deutlichere Akzente setzte, ebd., 92–100.

18 S. die „Ordnung der Christlichen Kirchenzucht", die sog. Ziegenhainer Zuchtordnung von 1539, bei *Sehling*, Kirchenordnungen 8, 101–112, auch in: M. Bucer, Deutsche Schriften, Bd. 7, Gütersloh 1964, (249) 260–278.

19 Vgl. Luthers Brief an A. Lauterbach, 2.4.1543, WA Br 10, 284, 17f.

20 Vgl. *E. Sehling*, Die Kirchengesetzgebung (o. Anm. 12), 126–140. Von besonderem Interesse ist in dem Zusammenhang die von Bugenhagen verfaßte Lübecker Kirchenordnung von 1531, *Sehling*, Kirchenordnungen 5, (327) 334–368, die eine starke Beteiligung der Gemein-

schlag dieses senatus ecclesiasticus bedeutet einen bemerkenswerten Vorstoß zur Aktivierung der Gemeinden und zur Schaffung eines Laienamtes in einer lutherischen Landeskirche."[21] Verwirklicht werden konnte aber dieser Vorschlag ebensowenig wie ein entsprechendes Konsistorium für die gesamte Landeskirche.

So bleibt aufs Ganze gesehen festzuhalten: der Weg der lutherischen und reformatorischen Kirchen verlief keineswegs geradlinig hin zum landesherrlichen Kirchenregiment. Es standen eine ganze Reihe von Wegen offen und wurden auch auf ihre Gangbarkeit hin überprüft. Es wirkten verschiedene Kräfte, aber sie wirkten keineswegs in ein und dieselbe Richtung, sondern schalteten sich z. T. sogar gegenseitig aus. Und manches blieb überhaupt bloße Theorie. Praktisch wohl begründet, staatsrechtlich abgesichert und in den Ansätzen ja auch theologisch gerechtfertigt, lief die Entwicklung doch in Richtung des landesherrlichen Kirchenregiments, das durch die Superintendenten und durch Konsistorien die Kirche regierte, und das bedeutet auf der anderen Seite auch: in Richtung auf die Landeskirche als die Größe, in der sich der ja immer noch festgehaltene Einheitsgedanke zu realisieren vermochte. Und selbst begrifflich kündigte sich diese Entwicklung bereits an: Das Gutachten der Leipziger Lätare-Konferenz von 1544 sprach von der „kirchen diser Lande".[22]

Luther war sich der Problematik der damit gegebenen Situation offenbar ziemlich bewußt. In einem Brief an den Dresdener Superintendenten Daniel Greiser vom 22. 10. 1543 kleidete er seine großen Befürchtungen in die Worte: „Sub Papa miscuit (scil. Satan) ecclesiam politiae, sub nostro tempore uult miscere politiam ecclesiae."[23]

---

de an der Organisation des Kirchenwesens vorsah (20 „Kirchväter", S. 364f.), aber trotz formeller Geltung prompt gerade in diesem Punkte vom Rate hintertrieben wurde.

21 *H. Bornkamm*, Das Ringen der Motive (o. Anm. 12), 207.

22 *E. Sehling*, Die Kirchengesetzgebung (o. Anm. 12), 144.

23 WA Br 10, 436, 13–15.

Kapitel 4
Das Ringen um die Einheit der Reformation Luthers – Die Wittenberger Konkordie

Das Marburger Gespräch zwischen Zwingli und Luther 1529[1] hatte zwar in einer ganzen Reihe von Einzelfragen zu einer Verständigung geführt, letztlich war es aber doch gescheitert. In der besonders strittigen Abendmahlsfrage konnte man sich nicht einigen. Und am Ende stand Luthers Weigerung, den Schweizern die Bruderhand zu reichen,[2] und das vielsagende Wort Luthers von dem „anderen Geist", gerichtet an Bucer.[3] Der Augsburger Reichstag im folgenden Jahre machte diese innerreformatorische Situation gleichsam reichsöffentlich. Er erlebte das traurige Schauspiel, daß die Protestanten drei verschiedene Bekenntnisse vorlegten, in denen sie sich deutlich voneinander absetzten. Die Anhänger der lutherischen Reformation reichten die Confessio Augustana ein, Zwingli schickte seine Fidei ratio und seitens der vier oberdeutschen Städte Straßburg, Konstanz, Memmingen und Lindau wurde die Confessio Tetrapolitana präsentiert, die die Straßburger Prediger Bucer und Capito verfaßt hatten.[4]
Immerhin waren aber schon in Marburg und dann auch in Augsburg gewisse Weichen gestellt und Tendenzen sichtbar geworden: In Martin Bucer (1491–1551),[5] seit 1523 in Straßburg, erwuchs der lutherischen Reformation ein unermüdlicher Vorkämpfer für die innere Einheit, sekundiert dabei durch den hessischen Landgrafen, dem es vor allem um die politische Einigung der reformatorischen Reichsstände ging, und später dann auch unterstützt durch Melanchthon. In Marburg stand Bucer noch im Gefolge von Zwingli. Er hielt sich jedoch zurück, denn schon damals nahm er eine Mittelposition ein, wie auch seine Schrift „Vergleichung D. Luthers und seins gegentheyls vom Abentmal Christi. Dialogus, Das ist eyn freündtlich gesprech" (1528) zeigt.[6] Er war davon überzeugt, daß sich Luther und die Schweizer im wesentlichen doch einig seien. Erste Ausgleichsversuche in der letzten Phase des Marburger Gesprächs schlugen freilich noch fehl und konnten Luthers distanzierendes Urteil (s. o.) nicht verhindern.

1 Siehe *W. Köhler*, Zwingli und Luther, a. a. O., 2, 66–163.
2 Ebd., 118; 139f.; WA Br 5, 154, 9f.: „in fratrum et Christi membrorum numero a nobis censeri non posse."
3 *Köhler*, ebd., 113.
4 Zwinglis Fidei Ratio in: CR 93, 2, Opp. Zwingli 6, 2, (753) 790–817; ferner in BSRK 79–94; die Confessio Tetrapolitana zuletzt in: M. Buceri Opera Omnia (s. u. Anm. 5) 1, 3, (13) 35 bis 185.
5 *R. Stupperich*, Art. „Bucer, Martin", TRE 7 (1981), 258–270 (Lit.); *M. Greschat*, Martin Bucer, GKG 6 (1981), 7–28; Bucer und seine Zeit. Forschungsbeiträge und Bibliographie, hg. v. *M. d. Kronn* und *F. Krüger*, Wiesbaden 1976 = Veröffentlichungen des Instituts für europ. Geschichte Mainz 80; *R. Stupperich*, Bibliographia Bucerana, Gütersloh 1952 = SVRG 169; Martini Buceri Opera Omnia, Abt. I, Deutsche Schriften, Gütersloh 1960ff., bisher erschienen die Bände 1–5. 7. 17, Abt. II, Opera latina, Paris 1955, Bd. 15, Abt. III, Correspondence de Martin Bucer, Leiden 1978, Bd. 1.
6 Op. omn. 1, 2, (295) 305–383.

Doch ließ sich Bucer dadurch nicht entmutigen. Von Augsburg aus wurde ein neuer Anlauf gesucht.
Ende September 1530 besuchte Bucer Luther auf der Coburg und verhandelte zwei Tage lang mit ihm. Am Schluß versprach Bucer die Aufstellung eines neuen Bekenntnisses, und auch Luther schien nun eine Einigung nicht länger unmöglich zu sein.[7] Die Ausarbeitung Bucers fand dann allerdings bei Zwingli keinerlei Zustimmung, und auch Luther machte Einwände geltend, „die der Konkordie das kommende Programm" stellten: „Es geht nicht mehr um die Anwesenheit des Leibes als solche, sondern um die manducatio oralis von Gottlosen und Gläubigen."[8] So konnte auch diesmal Wesentliches noch nicht gewonnen werden. Der Ablösungsprozeß Bucers von Zwingli bei gleichzeitiger vorsichtiger Orientierung in Richtung auf Luther war jedoch offensichtlich und zog allmählich – zumal nach dem Tod Zwinglis im zweiten Kappeler Krieg 1531 – die süddeutschen Städte mit ihren Predigern mit. Denn mit Zwingli entfiel für sie ein wichtiger theologischer und auch politischer Orientierungspunkt.
Es bedurfte aber offenbar noch eines neuen Anstoßes von außen, um die Fronten wirklich in Bewegung zu bringen. Dieser ergab sich in der Württemberger Reformation mit dem Konsens von Stuttgart,[9] „der Oberländer und Lutheraner nahegebracht und unter die Einheit der Augustana gestellt hatte"[10]. Nach einer Vorkonferenz der Prediger der oberdeutschen Städte in Konstanz, deren Ergebnis (nach *Köhler*) eine „Kapitulation" vor der lutherischen Position und offenkundige Trennung von den Schweizern bedeutete,[11] begegneten sich in den letzten Tagen des Jahres 1534 Bucer und Melanchthon (wieder unter Vermittlung des Landgrafen Philipp von Hessen) zu einer Konferenz in Kassel und beschlossen einen Vergleichungsvertrag.[12]

Darin wird zuerst angeknüpft an Gespräche Bucers in Augsburg und bestätigt, daß die Augsburger Prediger zugesagt haben, „vom Sacrament vnd andern artikeln ‚der Confessio vnd Apologia gemes zu leren'". Dann aber heißt es zur umstrittenen Frage der Realpräsenz im Abendmahl: „das der leib christi wesentlich vnd wahrhafftiglich empfangen werde, so wir das sacrament empfahen, vnd das brott vnd wein zeichen sind, signa exhibitiua, welche so man reicht vnd empfahet, werde zu gleich gereicht vnd empfangen der leib christi, vnd halden also, das das brot vnd der leib also bey ein sind, nit mit vermischung yhres wesens, sondern als Sacrament, vnd das Jenig, so sampt dem Sacrament gegeben wirt, quo posito aliud ponitur. Denn dweil man vff beiden teilen heltt, das brot vnd wein bleiben, halden sie solche Sacramentalem coniunctionem."[13]

Zugleich schrieb Bucer einen Brief an Luther[14] mit Stellungnahmen zu dessen Instruktion, die Melanchthon mit nach Kassel gebracht hatte.[15] Luthers erste Reaktion war

7 Siehe WA Br 5, 678, 32–35.
8 *W. Köhler*, Zwingli und Luther, a. a. O., 2, 254, vgl. Luthers Brief an Bucer, 22.1.1531, WA Br 6, (24) 25f.
9 S. o. S. 27f.
10 *W. Köhler*, Zwingli und Luther, a. a. O., 2, 358.
11 Ebd., 375.
12 S. ARG 35 (1938), 217–229.
13 WA Br 12, 167f.
14 Ebd., 164–166.
15 Ebd., (156) 158–160 (163).

dann auch durchaus positiv.[16] Der Durchbruch schien schon erreicht. Denn im allgemeinen waren auch die Reaktionen der anderen lutherischen und oberdeutschen Prediger zustimmend. Luther hatte von vornherein deren Beipflichtung zur Bedingung gemacht.[17] Doch gab es auch jetzt noch Komplikationen, besonders im Zusammenhang mit dem Antrag Augsburgs, das als zwinglianisch galt, auf Aufnahme in den Schmalkaldischen Bund. Nachdem diese aber mit einem neuen Bekenntnis der Augsburger Prediger abgestellt werden konnte, schien der Weg zu einer generalis concordia geebnet, aber freilich unter Ausschluß der Schweizer (Bullinger), die trotz aller Bemühungen Bucers mit einem Bekenntnis von Aarau (Dezember 1535) und dem „Ersten Helvetischen Bekenntnis", dem Ergebnis einer Zusammenkunft in Basel (30. 1. bis 4. 2. 1536), einen eigenen Weg formulierten[18] und damit im Endeffekt aus dem Konkordienwerk ausschieden.
Am 27. Januar 1536 bestimmte der Kurfürst Johann Friedrich Eisenach als Ort für eine allgemeine Begegnung,[19] Ende März erfolgte die Einladung für den 4. Sonntag nach Ostern, den 14. Mai.[20] Auch die Schweizer waren eingeladen, sie ließen sich aber – um der Kürze der Zeit willen, wie es hieß – entschuldigen. So reiste nur eine namhafte Vertretung der oberdeutschen Prediger zu den Verhandlungen mit den Wittenbergern an. Aber Luther erkrankte. Deshalb wurden die Gespräche direkt nach Wittenberg verlegt und begannen mit einwöchiger Verspätung am 22. Mai in einer nicht sehr hoffnungsvollen Stimmung, denn soeben waren Zwinglis Expositio fidei mit einer Vorrede Bullingers und sein Briefwechsel mit Ökolampad mit einem einführenden Brief Bucers erschienen und hatten die alten Wunden neu schmerzhaft aufbrechen lassen. Insgesamt verhandelte man länger als eine Woche, bis Montag, 29. Mai. Eine formelle Einigung über die Abendmahlsfrage war aber bereits am zweiten Tage tatsächlich erreicht worden. Schon am Dienstag (23. Mai) wurde Melanchthon mit der Abfassung einer Eintrachtsformel beauftragt. Es schlossen sich dann aber noch Gespräche über die Taufe, die Schlüsselgewalt und die Gewalt der Obrigkeit an. Am Sonntag (28. Mai) predigte u. a. Bucer auch über das Abendmahl und kommunizierte zusammen mit Bugenhagen. Am folgenden Montag wurden schließlich die Einigungsartikel von allen Anwesenden unterzeichnet.

Der Form nach ist diese „Wittenberger Konkordie"[21] eigentlich ein Referat seitens der Wittenberger über die Lehre der oberdeutschen Prediger („Wir haben gehört ...", „Sie bekennen ..."), insofern diese sich also der Lehre Luthers anschließen, die als solche direkt vorausgesetzt wird. Zur Realpräsenz wird ausgeführt, „das mit dem brot vnd wein warhafftig vnd wesentlich zugegen sey vnd dargereicht vnd empfangen werde der leib vnd das blut Christi", „durch Sacramentliche einigkeit".[22] In einem zweiten Abschnitt wird sodann von der Wirkung des Sakraments kraft der Einsetzung durch Christus gehandelt und in diesem Sinne auch die manducatio in-

16 Ebd., (167) 169f.
17 Ebd.
18 S. den Text der „Confessio Helvetica Prior" in BSRK 101–109 und vgl. u. 100.
19 WA Br 7, 355.
20 Ebd., 378.
21 Text s. WA Br 12, (200) 206–209 (deutsch), 209–211 (lat.); *E. Bizer*, Studien, a. a. O., 117 bis 119; KTGQ 3, 185–187 (deutsch); BSLK 65 (lat., ohne Einführung, Schluß und Unterschriften).
22 WA Br 12, 206, 5–7. 11.

dignorum betont. Aber diese indigni werden zugleich als impii interpretiert. Schließlich wird betont, daß zu einem allgemeinen Beschluß auch die Zustimmung der anderen Prediger und der zuständigen Obrigkeiten einzuholen sei, zugleich aber bekannt, daß „alle bekennen, das sie inn allen Artikeln der Confession vnd Apologia der Euangelischen fursten gemeß vnd gleich halten vnd leren wollen" und deshalb „wolten wir gern vnd begeren auffs hochst, das eine Concordia auffgericht wurde. Vnd wo die andern beider seits inen diesen Artikel auch gefallen lassen, haben wir gute hoffnung, das ein bestendige Concordia vnter vns auffgericht werde."[23]

Im Verlauf des Jahres 1536 wurde die Konkordie dann auch von allen wichtigen oberdeutschen Städten – außer Konstanz – angenommen. Daß auch hierbei wieder eine politische Nötigung mithalf, steht außer Frage. Denn wirklich ausgeräumt waren die Differenzen keineswegs, weil man unter den „Unwürdigen" doch wohl nicht dasselbe verstand. Da aber hier auf allerletzte Entscheidungen verzichtet wurde, besonders seitens Luthers, gelang es, sich auf dieser Ebene zu verständigen, d. h. zueinanderzufinden. Praktisch bedeutete dies den Anschluß Oberdeutschlands an das Luthertum bei gleichzeitiger Trennung von den Schweizern. Denn diese vermochten es nicht, sich im nachhinein dieser Konkordie anzuschließen.[24]

23 Ebd., 207, 33–38.
24 Vgl. Capito und Bucer an Luther, 19. 1. 1537, mit dem Ergebnis der Unterschriftenaktion, WA Br 8, (12) 13–18.

Kapitel 5
Martin Luther auf der Höhe seines Lebens

Für Luther und sein Wirken begann mit den dreißiger Jahren eine neue Phase insofern, als die weitere Entwicklung der reformatorischen Bewegung sich mehr und mehr von seiner Person ablöste. Sicher blieb er die anerkannte theologische Autorität. Sein Rat galt. Seine Schriften, Briefe und Gutachten zeigen ihn mit allen aktuellen Fragestellungen beschäftigt. Nach wie vor stand er im Brennpunkt der verschiedenfachen Auseinandersetzungen. Und doch veränderte sich die Situation. Die Ausbreitung der Bewegung sorgte für eine ständig fortschreitende Differenzierung. Die einzelnen Territorien gingen Wege, auf die Wittenberg nicht in jedem Fall Einfluß hatte, gerade auch theologisch nicht. Andere Männer traten in den Vordergrund, die neue Akzente setzten, die nicht durchweg Luthers Unterstützung fanden. Eine zweite Generation schickte sich an, Verantwortung zu übernehmen. Das zunehmende Schwergewicht gerade auch politischer Gesichtspunkte setzte Entscheidungsprozesse in Gang, an denen Luther zwar beteiligt war, keineswegs aber immer die ausschlaggebende Stimme hatte. Zugleich sorgte die veränderte allgemeine Situation der reformatorischen Bewegung für eine Verlagerung auch der Schwerpunkte seines Wirkens. Der Streit nach außen trat zurück zugunsten der inneren Konsolidierung.

Für Luther bedeutete das ein Mehrfaches: Hatte ihn schon der Tod seines Vaters am 29. Mai 1530 – seine Mutter verstarb ein Jahr später – zu Überlegungen veranlaßt, nun selber „der alte Luther“ und damit dem Tode einen entscheidenden Schritt näher gekommen zu sein,[1] und gaben ihm auch die körperlichen Beschwerden verschiedener Art zunehmend Grund, an seine „Jahre“ zu denken,[2] so wuchsen vor allem die Sorgen um die weitere Entwicklung der Reformation. Die Verhärtung, die in vielen Bereichen deutlich in Erscheinung trat, wurde „bestimmt von der Sorge und Trauer um die Sache des Evangeliums in einem Land, das nachweislich dabei ist, schon wieder zu vergessen, aus welcher elenden Gefangenschaft Gott am Werke ist, sein Volk zu retten. Das Evangelium der Freiheit wird zum Freibrief, das Gemeinwohl zu mißachten. ... Fürsten machen mit dem Evangelium Politik, und evangelische Theologen wollen gescheiter sein als die Schrift. Die erwartete Gegenreformation hat offenbar eingesetzt. So sicher auch vorausgewußt im Glauben, so tief trifft doch der Erfolg des Teufels.“[3]

a) Unter den Werken Luthers in dieser späteren Periode seines Schaffens, die besonders erwähnt zu werden verdienen, nimmt der *Abschluß der Bibelübersetzung* unstrittig den ersten Platz ein.[4] Zehn Jahre nach der Übersetzung des Neuen Testaments er-

1 WA Br 5, 351, 29f.
2 S. ebd., 316,17 und vgl. u. 63f.
3 *H. A. Oberman*, Wurzeln des Antisemitismus, Berlin 1981, 153.
4 Siehe *H. Volz*, Martin Luthers deutsche Bibel, Berlin/Altenburg 1981, *B. Stolt*, Luthers Übersetzungstheorie und Übersetzungspraxis, LWML 241–252; *S. Raeder*, Luther als Ausleger und Übersetzer der Heiligen Schrift, ebd., 253–278. Vgl. auch: *H. Wolf*, Martin Luther. Eine Einführung in germanistische Lutherstudien, Berlin 1983.

schien 1532 mit den „Propheten alle deutsch" der letzte Teil auch des Alten Testaments.[5] Zwei Jahre später, 1534, lag dann die erste vollständige deutsche Bibel der Reformation vor, die nun auch die Apokryphen enthielt.[6] Die schon früher übersetzten Teile waren inzwischen bereits revidiert worden. Für diese Revision hatte Luther einen eigenen Arbeitskreis gebildet, dem Melanchthon, Cruciger, Bugenhagen, Jonas und der Hebraist Aurogallus angehörten. Als Sekretär fungierte Georg Rörer, der ab 1537 ständig Luther als Mitarbeiter zur Verfügung stand. Schon 1531 war die Psalmenübersetzung gründlich überarbeitet worden.[7] 1539–1541 wurde das gesamte Alte Testament revidiert,[8] 1541 auch noch einmal das Neue Testament, das drei Jahre später noch ein weiteres Mal überarbeitet wurde.[9] Bis zu Luthers Tod sind in Deutschland 253 Ausgaben der Bibel oder von Bibelteilen in Luthers Übersetzung nachweisbar.[10] Kein anderes seiner Werke erlangte eine solche Verbreitung. Mit keinem anderen wirkte er derart tiefgreifend. Mit seiner Bibelübersetzung hatte er sein reformatorisches Werk gekrönt. Mochten vor und neben der Lutherbibel in der römischen Kirche, in der Schweizer Reformation sowie in den Kreisen der Täufer auch noch weitere Übersetzungen erscheinen, an Glaubenswirkung und Sprachgewalt vermochte sich keine mit dieser zu messen. Und daß sie zur Grundlage für die Herausbildung einer einheitlichen deutschen Schriftsprache werden konnte, war ein zusätzlicher Beweis ihrer Gediegenheit.

Eng damit verbunden steht Luthers bleibendes Bemühen, ständig tiefer in die Glaubenswahrheit der Heiligen Schrift einzudringen und seine Erkenntnisse den Studenten und allen, die Anteil nehmen wollten, zu vermitteln. Bis zu seinem Lebensende blieb Luther seinem akademischen Lehramt treu und hat es auch über das Maß des von ihm Erwarteten hinaus wahrgenommen. Im Zusammenhang mit der Neufundation der Wittenberger Universität 1536 wurde sein Einkommen auf jährlich 300 Gulden erhöht (bisher 200)[11] sowie gleichzeitig verfügt, er solle „zu keiner lection nach burde der universitet verbunden sein"[12], was soviel hieß wie, daß er nur zu leisten habe, „sovil er selbst gutwillig thun kan und will"[13]. Davon machte Luther jedoch so gut wie keinen Gebrauch. Im Gegenteil: Seit 1535 bekleidete er bis zu seinem Tode beständig das Amt des Dekans der theologischen Fakultät, durchaus gegen seinen Willen, wie er selber ins Dekanatsbuch eintrug.[14]

An erster Stelle unter den *Vorlesungen* Luthers in dieser Zeit steht die neuerliche Auslegung des Galaterbriefes im Wintersemester 1531. Aufgrund von Nachschriften stellte Rörer im Anschluß daran den „großen" Galaterkommentar Luthers zusammen, er-

5 WA DB 11 I und II.
6 WA DB 12, 1–533.
7 WA DB 3, 1–166.
8 Siehe WA DB 3 und 4 die Protokolle sowie Luthers Eintragungen in sein Handexemplar.
9 Siehe WA DB 4, XLIII–LVIII.
10 S. die Bibliographie der Drucke der Lutherbibel 1522–1546, WA DB 2, 201–708.
11 Zu Luthers Einkommen s. WA Br 12, 423–427.
12 Urkundenbuch der Universität Wittenberg, Teil 1, hg. v. d. Historischen Kommission für die Provinz Sachsen und für Anhalt, bearb. v. *W. Friedensburg*, Magdeburg 1926, 167.
13 Ebd., 203.
14 Siehe Liber Decanorum Facultatis Theologicae Academiae Vitebergensis, ed. *C. E. Foerstemann*, Lipsiae 1838, 31–34; WA Br 12, 440–444.

schienen 1535,[15] „die wichtigste Quelle für die Theologie des alten Luther, insbesondere für seine Rechtfertigungslehre" (*Bizer*). Im selben Jahre, 1535, begann Luther dann seine Vorlesung über die Genesis, die ihn wie keine andere Lehrveranstaltung beanspruchen sollte. Fast zehn Jahre lang, bis November 1545, hat er daran gearbeitet, freilich mit häufigen und auch längeren Unterbrechungen.[16] Von der Druckausgabe erlebte Luther selbst nur noch das Erscheinen des ersten Bandes (1544), zu dem er ein Vorwort schrieb. Drei weitere Bände erschienen erst sehr viel später 1550–1554. Eine weitere alttestamentliche exegetische Arbeit legte Luther 1543 vor mit der Erklärung der „letzten Worte Davids" (2Sam 23,1–7)[17], einer Arbeit, die besonders für Luthers christologische bzw. trinitarische Auslegung des Alten Testaments von Bedeutung ist.[18] Daneben stehen Arbeiten über ausgewählte Psalmen[19] sowie Vorlesungen über zwei besonders relevante Kapitel des Propheten Jesaja (Kap. 9 und 53)[20].

Allerdings trugen diese exegetischen Arbeiten jetzt ebenfalls eine besondere Note: Nicht mehr Luther selbst führte sie zum Druck in eigener letzter Bearbeitung, sondern andere traten an seine Stelle, u. a. besonders Veit Dietrich, Caspar Cruciger und vor allem Georg Rörer, die Luthers Kollegs mitschrieben und aufgrund solcher Nachschriften dann einen glatten Text konzipierten und herausgaben. Mochte Luther sich nun durchaus zu diesen Arbeiten bekennen, so entstand doch ein ziemliches Problem, das für die Lutherforschung bis heute von Belang ist, wie weit nämlich alle diese Schriften tatsächlich als Quelle für die Theologie des späten Luther herangezogen werden dürfen. Denn mochten auch die Nachschreiber und Bearbeiter noch so sorgfältig mit den Worten und Gedanken Luthers umgehen, so flossen doch bewußt oder unbewußt eigene Gedanken und Elemente eigener Erkenntnisse sowie die ihrer anderen Lehrer (Melanchthon!) mit ein, so daß es angeraten scheint, die Texte nur unter gewissen Vorbehalten zu verwenden.

Ein besonders bemerkenswertes Element der akademischen Tätigkeit Luthers in diesen Jahren waren die *Disputationen*[21]. Zwar ein alter akademischer Brauch, war man doch im Laufe der Zeit davon abgekommen. Erst durch die neuen Statuten der Wittenberger theologischen Fakultät von 1533 wurden auch diese Übungen neu geregelt, und es war Luther, der ganz wesentlich dazu beitrug.[22] Die erste Disputation fand im Beisein von Kurfürst Johann Friedrich anläßlich der Promotion von J. Aepinus, J. Bugenhagen und C. Cruciger am 16. Juni 1533 statt. Luther führte den Vorsitz, die Thesen stammten von Philipp Melanchthon.[23] In den folgenden Jahren benutzte Luther diese Disputationen häufig, um aktuelle theologische Streitfragen erörtern zu lassen. Von herausragender Bedeutung sind die 1537/38 durchgeführten Disputationen gegen die An-

15 In epistolam S. Pauli ad Galatas commentarius, ex praelatione D. M. Lutheri collectus (1535), WA 40 I, (1) 15–32 (Vorarbeiten), 33–691; 40 II, 1–184.
16 WA 42–44.
17 WA 54, (16) 28–100.
18 Vgl. *H. Bornkamm*, Luther und das Alte Testament, Tübingen 1948, 86ff.
19 S. z. B. WA 40 III, (1) 9–475.
20 Ebd., (595) 597–682 bzw. (683) 685–746.
21 Siehe WA 39 I und II, besonders die Einleitung WA 39 II, IX–XXXVII sowie *B. Lohse*, Luther als Disputator, Luther 34 (1963), 97–111.
22 Vgl. Urkundenbuch der Universität Wittenberg (s. Anm. 12), 203.
23 Siehe CR 12,517–520, vgl. auch WA 39 II, XIV Nr. 1.

tinomer[24] sowie die Zirkulardisputation von 1539 über das Recht des Widerstands gegen den Kaiser.[25] Für einen großen Teil dieser Disputationen hatte Luther selber die Thesen aufgestellt. Teilweise wurden die Thesen zusammen mit den Nachschriften der Disputation veröffentlicht.

Die Wahrnehmung akademischer Aufgaben bildete jedoch nur einen Strang der Tätigkeit Luthers. Nach wie vor war er ein vielbeschäftigter *Prediger*.[26] Mehrfach wöchentlich stand er auf der Kanzel, wobei er vorwiegend über neutestamentliche Texte (nur zuweilen auch über prophetische oder hymnische Texte des Alten Testaments) predigte, wiederum auch in ganzen Reihen: über 1 Kor 15 (1532/33),[27] dreifach parallel über Joh 14; 15 und 16 (zwischen Ostern und Pfingsten 1538),[28] über Joh 1–4 (1537–1540)[29] und über Mt 18–24 (ebenfalls 1537–1540).[30]

Von einer noch ganz anderen Seite zeigte sich Luther in seinen *Liedern*,[31] von denen einige der bekanntesten gerade in seinen letzten Lebensjahren entstanden, wie „Vom Himmel kam der Engel Schar", „Erhalt uns, Herr, bei deinem Wort" oder auch „Vater unser im Himmelreich". Und eine noch weitere Ebene bildet die Sprichwörtersammlung, die sich Luther anlegte, offenbar zunächst nur für den privaten Gebrauch und nicht veröffentlicht.[32]

Wie stark Luther weiterhin mit den mannigfachsten Detailfragen des kirchlichen Lebens, der Universität, der großen Politik wie der ganz persönlichen Seelsorge und Fürsorge beschäftigt war, zeigt sein überaus reichlicher *Briefwechsel* gerade auch aus dieser Zeit.[33]

Charakteristisch ergänzt wird dieser Aspekt sodann durch die verschiedenen Sammlungen von *Tischreden* Luthers. Sie datieren alle aus den Jahren von 1531 an[34] und ge-

---

24 WA 39 I, (334) 342–358 (Thesenreihen); 359–584 (die Disputationen über die Thesenreihen 1, 2 und 5).

25 WA 39 II, 34–91.

26 *E. Winkler*, Luther als Seelsorger und Prediger, LWML 225–239.

27 WA 36, 478–696.

28 WA 45, 465–636; 636–733; 46, 1–111.

29 WA 46, 538–789; 47, 1–231.

30 WA 47, 232–627.

31 WA 35, ferner: Martin Luthers geistliche Lieder, Mit den zu seinen Lebzeiten gebräuchlichen Singweisen, hg. v. *Ph. Wackernagel*, Hildesheim/New York 1970, Nachdruck der Ausgabe Stuttgart 1848. Dazu: *W. Blankenburg*, Luther und die Musik, Luther 1957, 14 bis 27; *H. Huchzermeyer*, Luther und die Musik, ebd., 1968, 14–25; *H. J. Moser/O. Daube*, Die Wittenbergische Nachtigall. Martin Luther und die Musik, Dortmund 1962; *C. Mahrenholz*, Luther und die Kirchenmusik, in: Musicologica et liturgica, hg. v. *K. F. Müller*, Kassel/Basel/London/New York 1960, 136–153; *M. Lienhard*, Les cantiques de Luther, Positions luthériennes 20 (1972), 234–249; *H. J. Moser*, Luther als Musiker, in: Speculum musicae artis. Festgabe für H. Husmann, München 1970, 229–244; *Ph. Harnoncourt*, Das deutsche Kirchenlied im Jahrhundert der Reformation, Heiliger Dienst 24 (1970), 25–31, 84–90, 130–139; *E. E. Koch*, Geschichte des Kirchenlieds und Kirchengesangs der Christen, insbesondere der deutschen evangelischen Kirche, Bd. 1–2, Hildesheim/New York 1973, Nachdruck der Ausgabe Stuttgart 1866; *M. Jenny*, Luthers Gesangbuch, LWML 303–321.

32 WA 51, (634) 645–662 (731).

33 Die Briefe der Jahre von 1531 an in WA Br 6ff.

34 WA TR 1–6.

statten zumal durch die Zufälligkeit und Spontaneität der einzelnen Äußerungen, die eifrige Zuhörer sogleich notierten, tiefere Einblicke in Situationen und Meinungen. 1545 erschien dann noch zu Luthers Lebzeiten der erste Band einer Gesamtausgabe seiner Werke, besorgt von Georg Spalatin und Georg Rörer.[35] Luther selber steuerte zu diesem ersten Band eine Vorrede bei, die vor allem dadurch von Bedeutung ist, daß Luther in ihr, jetzt am Ende seines Weges stehend, noch einmal auf die Anfänge der reformatorischen Bewegung zurückblickte.[36]

b) Von den Themen, die Luther bleibend beschäftigten, stand die *Auseinandersetzung mit der Papstkirche* weiterhin an vorderster Stelle.[37] Nachdem Luther erst einmal den Papst als den eigentlichen Gegner des so befreiend erfahrenen Evangeliums erkannt hatte, zog sich der Kampf gegen das Papsttum wie ein roter Faden durch sein ganzes weiteres Leben und Schaffen, freilich in wechselnder Schärfe und mit unterschiedlichen Schwerpunkten und natürlich in Verbindung mit den jeweils aktuellen Problemen und Anforderungen besonders im Themenbereich Kirche und Konzil.

In den Schriften, mit denen Luther den Augsburger Reichstag begleitete und dann auch sein Ergebnis resümierte – besonders in der „Vermahnung an die Geistlichen“[38], in der Arbeit „Von den Schlüsseln“[39] und in der „Warnung an seine lieben Deutschen“[40] –, hatte Luther eine deutliche Unterscheidung zwischen der wahren und der falschen Kirche getroffen. Als in den folgenden Jahren wiederum vor allem die äußeren politischen Verhältnisse eine Änderung der kaiserlichen Politik erzwangen und erneut das Konzil in den Bereich des Möglichen trat, wurden daraus nun seitens der reformatorischen Stände die praktischen Konsequenzen gezogen, indem das Konzil unter den vom Papst herausgestellten Bedingungen abgelehnt wurde. An den dazu notwendigen Überlegungen beteiligte sich Luther mit einer Fülle kleinerer Beiträge, Gutachten und auch wiederum Disputationen,[41] die ihren Höhepunkt in den „Schmalkaldischen Artikeln“ von 1536 fanden.[42] Wiederum gelangte Luther hier zu dem Ergebnis, daß der Papst sich mit seinem Anspruch gegen Gott und Jesus Christus stelle und insofern „der rechte Endechrist oder WiderChrist sey“[43] und schlimmer als der Türke, und deshalb stünde man auf einem eventuellen Konzil auch nicht vor dem Kaiser, sondern vor dem Papst und damit vor dem Teufel selber. Die drei Jahre spätere Schrift „Von den Konzilien und Kirchen“ (1539)[44] zieht dann einen deutlichen Schlußstrich unter das ganze Kapitel „Konzil“, nicht zuletzt mit der Feststellung, daß der Papst sich selber aus der Kirche ausgeschlossen hätte.[45] Und diese Linie setzt sich in den großen

35 *E. Wolgast*, Die Wittenberger Lutherausgabe. Zur Überlieferungsgeschichte der Werke Luthers im 16. Jahrhundert, Nieuwkoop 1971; *E. Wolgast/H. Volz*, Geschichte der Lutherausgaben vom 16. bis zum 19. Jahrhundert, WA 60, 429–637, auf die Wittenberger Ausgabe bezüglich: 464–495.

36 WA 54,(176) 179–187.

37 Siehe zuletzt *H. Kirchner*, Luther und das Papsttum, LWML 441–456.

38 WA 30 II,(237) 268–356, vgl. BML 591–595.

39 Ebd.,(428) 465–507.

40 WA 30 III,(252) 276–320, vgl. u. Anm. 64.

41 Vgl. *Kirchner* (s. o. Anm. 37), 452.

42 WA 50,(160) 192–254.

43 Ebd., 217,24f.

44 WA 50,(488) 509–653.

45 Ebd.,512,25f.; 514,8ff.

polemischen Schriften der vierziger Jahre fort, die damit über die Polemik hinaus einen wesentlichen theologischen Kern enthalten und auch in ihrer Form von diesem Anliegen sowie von dem jeweiligen aktuellen Anlaß her verstanden werden müssen. Das gilt zuerst von der ausführlichen Schrift „Wider Hans Worst" (1541),[46] mit der Luther in den Streitschriftenkrieg zwischen Heinrich von Braunschweig-Wolfenbüttel einerseits und Kurfürst Johann Friedrich von Sachsen und Landgraf Philipp von Hessen andererseits eingriff. Ihr Thema war direkt die Frage nach der wahren Kirche, die Luther in der Kirche der Reformation erkannte, während die römische Kirche „die neue falsche Kirche" ist, da sie von der alten Kirche abtrünnig geworden sei durch Einführung neuer, unbiblischer Praktiken. Das gilt zum anderen auch von der späteren Schrift „Wider das Papsttum zu Rom, vom Teufel gestiftet"[47], worin noch einmal alles zusammengetragen wurde, was schon früher in anderen Zusammenhängen geäußert worden war, jetzt aber polemisch zugespitzt unter dem Eindruck der scharfen päpstlichen Reaktion auf den für die protestantischen Reichsstände günstigen Reichstagsabschied von Speyer 1544. Die fast gleichzeitige Veröffentlichung der Cranachschen Spottbilder auf den Papst mit den Versen Luthers[48] zeigt, wie schroff die Fronten geworden waren: War das Papsttum nicht aus der Schrift als von Gott gegeben zu erweisen, so konnte es nur vom Teufel selber kommen. Und gegen den Teufel ist jedes Mittel recht.

Flankiert wurden diese Auseinandersetzungen durch den weitergehenden *Kampf gegen die römische Messe* und – damit ja untrennbar verbunden – gegen ein exklusives, sakramental begründetes Amtsverständnis, basierend auf der bischöflichen Weihe – beides für die Konsolidierung der eigenen Kirche und gerade auch für die Unterscheidung von rechter und falscher Kirche von eminenter Bedeutung. Zentral für diese Auseinandersetzung ist die Schrift von 1533 „Von der Winkelmesse und Pfaffenweihe"[49], der ein Jahr später noch ein „Brief"[50] folgte, um Mißverständnisse im Sinne einer allgemeinen Sakramentsfeindlichkeit auszuschließen. Luther wendete sich besonders gegen die Ablösung der Meßfeier von der Gemeinde. In der gemeindlichen Praxis nähme die auf Bestellung für einen bestimmten Zweck, aber ohne Teilnahme der Gemeinde zelebrierte Messe einen ungleich höheren Rang ein als der Empfang des Sakraments durch die Gemeinde. Damit aber werde die Messe im Widerspruch zur Stiftung durch Christus einerseits zu einem Opfer, andererseits zu einem verdienstlichen Werk und durch die Beschränkung auf den Gebrauch lediglich sub una specie dazu auch noch verkürzt. In den Thesen der etwas späteren „Disputatio contra missam privatam" (29. 1. 1536)[51] wurde aufgrund desselben Tatbestandes kurz und bündig festgestellt: „Missa privata est error, impietas, idolatria." Denn: „In Missa privata videtur non esse Sacramentum."[52]

Was jedoch den Priester anbetrifft – und das Priesterbild war ja weitgehend vom Opferbegriff her entworfen –, so führte Luther aus: Nicht aus Kraft einer Weihe wandelt der Priester das Brot

46 WA 51,(461) 469–572.
47 WA 54,(195) 206–299.
48 „Abbildung des Papsttums", WA 54,(346) 361–373, s. auch: Ein Sack voll Ablaß. Bildsatiren der Reformationszeit, hg. v. *G. Piltz*, Berlin 1983, Abb. 81–87.
49 WA 38,(171) 195–256.
50 WA 38,(257) 262–272.
51 WA 39 I,(134) 138 (Thesen), 139–173 (Disputation); 39 II,402–407 (Nachtrag).
52 WA 39 I,138,16.

in den Leib Christi. „Die Heilige ... Kirche leret also, das weder Priester noch Christen ein einiges Sacrament machen, auch die heilige Christliche Kirche selbs nicht. Unser ampt heisst und sol sein nicht machen noch Wandlen, sondern allein reichen."[53] „Das brod und wein Christus leib und blut werde, ist nicht unsers thuns, sprechens noch wercks, viel weniger des cresems odder Weiyhe schuld, sondern es ist Christus ordnung, befelh und einsetzung schuld."[54] „Denn es mus unser glaube und Sacrament nicht auff der person stehen, sie sey from odder böse, geweyhet odder ungeweyhet, beruffen oder eingeschlichen ... Sondern auff Christo, auff seinem wort, auff seinem ampt, auff seinem befelh und ordnung, wo die selben gehen, da mus es recht gehen und stehen, die person sey wer und wie sie wolle odder könne."[55]

Damit hatte Luther auch hier hinreichend deutlich die Ebene geltend gemacht, die allein für die Kirche und ihr Amt gelten dürfe. Lebt die Kirche allein aus dem Wort, so hat sie auch nichts anderes auszurichten als dieses Wort; ihre Kraft ist dessen Kraft, ihre Würde die seine. Freilich – und jener so bald notwendig werdende „Brief" beweist es – bewegte sich Luther damit auf einem schmalen Grat.
Und insofern blieb auch die andere Front aktuell: die Auseinandersetzung mit den sog. Schwärmern, jetzt speziell mit den *„Täufern"*. Denn davon, daß hier Zusammenhänge bestanden, war Luther von Anfang an überzeugt,[56] auch wenn seine eigenen Berührungen mit der Täuferbewegung mehr indirekt waren und er die eigentliche Auseinandersetzung mit den täuferischen Lehren ganz seinen Freunden überließ. Schon Ende der zwanziger und Anfang der dreißiger Jahre hatte er verschiedentlich in die Diskussion über die Täuferfrage eingegriffen[57] und dabei auch seine Meinung über die Behandlung der Täufer deutlich gewandelt: War er zunächst der Meinung, sie seien nicht an Leib und Leben zu bestrafen, so begründete er 1530 seine Forderung, die Täufer nicht unbestraft zu lassen, damit, daß sie den Namen Gottes schänden und ihn vor der Welt verunehren.[58] Diese Linie setzte sich in den folgenden Jahren weiter fort: Luther blieb zurückhaltend. Nur einmal griff er noch selber zur Feder: „Von den Schleichern und Winkelpredigern" (1532)[59]. Was er sonst beitrug, sind Vorreden zu Schriften anderer (Menius, Rhegius) sowie die Unterschrift unter ein Gutachten zusammen mit Bugenhagen, Cruciger und Melanchthon für Landgraf Philipp von Hessen, 1536, über die Todesstrafe.[60] Sachlich wurden so gut wie keine neuen Gesichtspunkte gewonnen.

Schon weil die Täufer ohne Berufung aufträten, seien sie nicht zu dulden. So aufzutreten sei eine Methode des Teufels. Und es sei klar, daß ihr Geist und der Schwärmergeist ein und derselbe

53 WA 38,238,29–239,2.
54 Ebd., 240,1–3.
55 Ebd., 241,6–10.
56 WA 26,173.
57 Vgl. seinen Brief „Von der Wiedertaufe an zwei Pfarrherren" (1528), WA 26,(127) 144–174, seine Vorrede zur Schrift von J. Menius, Der Wiedertäufer Lehre und Geheimnis (1530), WA 30 II,(209) 211–214, sowie seine Auslegung des 82. Psalms (1530), WA 31 I,(183) 189 bis 218, dazu *K.-H. zur Mühlen*, Luthers Tauflehre und seine Stellung zu den Täufern, LWML 119–138.
58 WA 31 I,208.
59 WA 30 III,(510) 518–527.
60 WA 50,(6) 8–15.

ist, denn beide lehren, daß das Taufwasser einfaches Wasser sei, so wie auch im Sakrament einfach Brot und Wein genossen würden. Und auch das Gutachten von 1536 bleibt bei der Meinung, die Täufer u. U. mit dem Schwert zu bestrafen. Denn – und man verweist ausdrücklich auf die Erfahrungen von Münster[61] – sie zerstörten die öffentliche Ordnung. Außerdem sei ihre falsche Lehre (über die Kindertaufe, die Erbsünde, die Erleuchtung ohne das Wort Gottes) nichts als Gotteslästerung und falscher Gottesdienst und als solcher strafwürdig. Denn damit würden die Kinder aus der allgemeinen Christenheit ausgesondert, und es gäbe auf einmal zwei Völker Gottes, ein getauftes und ein ungetauftes.

Allerdings bleibt zu beachten, daß Luther in einer seiner letzten Predigten noch einmal zu einem milderen Urteil gelangte.[62] Im Anschluß an die bekannte Perikope vom Unkraut unter dem Weizen, Mt 13, 24–30, bekannte Luther, daß menschliche Gewalt doch nicht ausreiche, die Gegner auszurotten oder auch nur sie zu bekehren. Man müsse es dulden, daß sie „im Winkel murren", sich aber doch durch das Wort und den Glauben wehren und dafür sorgen, daß sie nicht herrschen und regieren. Ein wirkliches Verständnis für den sittlichen Ernst wie die Tiefe der Glaubensüberzeugung bei den Täufern hat Luther offenbar zeit seines Lebens nicht aufzubringen vermocht.
Ein besonderes Problem bildete vor allem in den dreißiger Jahren die Frage, wie man sich künftig dem *Kaiser* gegenüber zu verhalten hätte.[63] Ein Problem war es freilich schon längst, wiewohl Luther seine gute Meinung über den Kaiser eigentlich bis zuletzt durchgehalten hat. Wirklich brennend aber wurde es, als der Augsburger Reichstag in seinem Abschied vom 19. November 1530 die völlige Unterwerfung der reformatorischen Stände innerhalb eines halben Jahres forderte. Luther reagierte darauf mit seiner kräftigen „Warnung an seine lieben Deutschen",[64] in der er die Untertanen der katholischen Fürsten laut zum Ungehorsam aufrief: Wer sich hier beteilige, kämpfe gegen das Evangelium und damit gegen Gott und Christus selber und mache sich mitschuldig aller Greuel des Papsttums.[65] Der Ungehorsam, zu dem Luther hier aufrief, war freilich deutlich passiver Natur. Und lange Zeit haben Luther und seine engsten Mitarbeiter an dieser Grundüberzeugung festgehalten, keinen aktiven Widerstand leisten zu dürfen.

---

61 Ebd., 14, 15f.
62 WA 51, 173–187, bes. 183–186.
63 Von Bedeutung noch immer: *K. Müller*, Luthers Äußerungen über das Recht des bewaffneten Widerstandes gegen den Kaiser = Sitzungsberichte der Kgl. Bayerischen Akademie der Wissenschaften, Philos.-philol. und historische Klasse, Jg. 1915, Abh. 8, München 1915; aus neuerer Zeit besonders: *H. Dörries*, Luther und das Widerstandsrecht, in: Wort und Stunde 3, Göttingen 1970, 195–270; Luther und die Obrigkeit, hg. v. *G. Wolf*, Darmstadt 1972 = Wege der Forschung 85; *E. Wolgast*, Die Wittenberger Theologie und die Politik der evangelischen Stände, Theol. Habil.schr. Göttingen 1974, gekürzt auch gedruckt: QFRG 47, Gütersloh 1977; *ders.*, Die Religionsfrage als Problem des Widerstandsrechts im 16. Jahrhundert, Göttingen 1980; *G. Müller*, Luthers Beziehungen zu Reich und Rom, LWML 369–401; die einschlägigen Texte bei *H. Scheible*, Das Widerstandsrecht als Problem der deutschen Protestanten 1523–1546, Gütersloh ^{2}1982 = Texte zur Kirchen- und Theologiegeschichte 10.
64 WA 30 III, (252) 276–320, geschrieben bereits im Oktober 1530, gedruckt aber erst verhältnismäßig spät im Frühjahr 1531. Vgl. auch den Brief an den Kurfürsten von Sachsen, 6. 3. 1530, WA Br 5, (249) 258–261 (262).
65 WA 30 III, 301.

Möglicherweise aus dem Jahre 1532 stammt ein gemeinsames Gutachten von Luther, Jonas und Melanchthon[66] zur Frage, wie sich Adlige verhalten sollen, wenn ihre Untertanen vom Landesherrn ihres Glaubens wegen bedrängt würden. Die Antwort lautet: Eine Schutzmöglichkeit, d. h. Möglichkeit zum aktiven Widerstand gegen obrigkeitliche Maßnahmen, gibt es nicht. Auch ein mögliches Edikt wäre zu verkünden, aber freilich so, daß deutlich würde, wie ungerecht es sei und nicht mit zu verantworten, und daß man sich selber keineswegs in seinem Gewissen gebunden wisse. Erst 1539 erklärte sich Luther ausführlicher, nachdem er sich 1536 im Zusammenhang mit der Konzilseinladung wiederum nur in einem gemeinsamen Wittenberger theologischen Gutachten zusammen mit Jonas, Bugenhagen, Amsdorf, Cruciger und Melanchthon geäußert hatte.[67] Anlaß gab jetzt die spannungsvolle Situation, die entstanden war im Zusammenhang mit der Verhängung der Reichsacht über die Stadt Minden, einem Mitglied des Schmalkaldischen Bundes (Oktober 1538), und mit Gerüchten, die für das Frühjahr 1539 einen Angriff der katholischen Stände ankündigten. Den im Schmalkaldischen Bund politisch Verantwortlichen waren das Gründe genug, konkret darüber nachzudenken, ob nicht vielleicht sogar ein Präventivschlag geführt werden solle. Ein erneutes Gutachten der Wittenberger Theologen, wahrscheinlich vom November 1538,[68] räumte zwar die Möglichkeit eines solchen Vorgehens ein, denn mit der Erklärung der Reichsacht seien bereits die Feindseligkeiten eröffnet, behielten jedoch die Entscheidung darüber den Politikern vor. Die Argumente, die jetzt entscheidend in die Waagschale fielen, verdeutlichte Luther einige Monate später. Vielleicht im April 1539 veröffentlichte er eine Thesenreihe für eine akademische Disputation, über die dann am 9. Mai tatsächlich disputiert wurde,[69] obwohl der Abschluß des sog. Frankfurter Anstandes am 15. April die Situation erheblich entspannt und dadurch Luther genötigt hatte, den ursprünglich 70 Thesen noch weitere 20 hinzuzufügen, wodurch eine schärfere Zuspitzung auf den Papst erreicht worden war. Das Besondere an dieser Disputation ist, daß die Frage nach der Legitimität eines aktiven Widerstands gegen den Kaiser als der höchsten Obrigkeit jetzt in den größeren Zusammenhang der Auseinandersetzung mit dem Papsttum gebracht wurde und die entscheidenden Kriterien aus den Erkenntnissen dort gewonnen wurden. Freilich sei in Sachen des Glaubens und des Gewissens auf alles zu verzichten und von der Obrigkeit alles zu leiden. Andererseits aber wird für den Bereich der zweiten Tafel des göttlichen Gebotes das Recht in Anspruch genommen, alle Dinge zu gebrauchen und Unrecht und Gewalt abzuwehren im Dienste der Obrigkeit selber. Der Papst jedoch sei keine Obrigkeit, sondern eine gemeingefährliche Bestie, die von jedermann bekämpft werden müsse. Und also sei auch im Falle eines Krieges, den er beginnt, die Widerstands-

66 WA Br 6,(405) 406.

67 CR 3,126–128; *Scheible* (s. o. Anm. 63) 89–92.

68 *Enders* 12,78–81; *Scheible* 92–94; zur Datierung s. WA Br 13,268 sowie *Scheible* 92f. Anm. 447.

69 WA 39 II, (XVI); (34) 39–51 (Thesen, lateinisch und deutsch); 52–89 (Disputation); 90f. (Anhang); *Scheible* 94–98; vgl. auch WA Br 8,(364) 366–368 das Schreiben Luthers an J. Ludicke, Prediger in Cottbus, sowie *R. Hermann*, Luthers Zirkulardisputation über Mt 19, 21, LuJ 1941, 35–93, danach wieder in: *ders.*, Gesammelte Studien zur Theologie Luthers und der Reformation, Göttingen 1960, 206–250; *Wolgast*, Die Wittenberger Theologie und die Politik (s. o. Anm. 63), 243–251.

pflicht gegeben, selbst wenn Fürsten und Könige oder sogar der Kaiser in seinem Dienste stünden. Und ganz dementsprechend lautete dann auch ein Gutachten, das Luther wiederum zusammen mit Bugenhagen und Jonas unterzeichnete, wahrscheinlich Anfang Juli 1539 erstattet[70]: Wenn König und Kaiser öffentlich und notorisch Gewalt üben und Krieg führen zur Bestätigung der öffentlichen Gotteslästerung und zur Unterdrückung unschuldiger Christen und Prediger des Evangeliums, dann sind die Lehensleute von ihren Verpflichtungen entbunden wie gegenüber einem Mörder auf der Straße.

Eine weitere, sich im Laufe der Zeit verhärtende Front war das Verhältnis Luthers zu den *Juden*.[71] 1523, auf der Höhe seiner Auseinandersetzungen mit dem Papsttum, hatte Luther bereits einmal zu den hier anstehenden Fragen Stellung genommen: „Daß Jesus Christus ein geborener Jude sei".[72] Darin hatte er die Überzeugung geäußert, daß die Papstkirche mit ihrer mangelnden Evangeliumsverkündigung schuld daran sei, daß die Juden noch nicht zum Glauben an Jesus Christus gefunden hätten. Und er sprach die Hoffnung aus, daß der Umgang mit ihnen nach dem Gesetz christlicher Liebe dazu führen werde, daß zumindest Teile der Judenschaft sich bekehren.

Diese Hoffnung hatte sich nicht erfüllt, im Gegenteil: Luther erreichten Meldungen über jüdische Missionstätigkeit und tatsächliche Konversionen von Christen zum mosaischen Glauben. Gelegentlich wird von einer „judaisierenden Welle von erheblicher Bedeutung" gesprochen.[73] Sich an diese „Neujuden" wendend, schrieb Luther 1538 „Wider die Sabbather"[74], vielleicht in der Erwartung, einige dieser Neubekehrten wieder zurückzugewinnen. Damit war aber eigentlich nur ein Randproblem erfaßt. Das Generalthema des Verhältnisses von Christen und Juden reichte tiefer und mußte grundsätzlicher angefaßt werden. Und Luther war spätestens seit 1536, als durch kurfürstliches Edikt den Juden der Aufenthalt in Sachsen untersagt wurde, wieder damit konfrontiert. So äußerte er auch in dieser Zeit mehrfach die Absicht, ein Buch darüber

---

70 WA Br 8,515–517, vgl. *Wolgast* ebd., 251.

71 Die Fülle der Literatur kennzeichnet zugleich die Schwierigkeit des Problems von Luthers Position an dieser Front. Eine gut informierende Zusammenfassung gibt *J. Brosseder*, Luthers Stellung zu den Juden im Spiegel seiner Interpreten, München 1972 = Beiträge zur ökumenischen Theologie 8; s. ferner den Forschungsbericht von *K. Meier*, Zur Interpretation von Luthers Judenschriften, in: 450 Jahre lutherische Reformation 1517–1967 (Festschrift für F. Lau zum 60. Geburtstag), Berlin 1967, 233–251, danach wieder abgedruckt in: *K. Meier*, Kirche und Judentum, Halle 1968, 127–153. Von besonderer Bedeutung bleibt nach wie vor *R. Lewin*, Luthers Stellung zu den Juden. Ein Beitrag zur Geschichte der Juden in Deutschland während des Reformationszeitalters, Berlin 1911, Neudruck Aalen 1973 = Neue Studien zur Geschichte der Theologie und der Kirche 10; ferner: *J. Rogge*, Luthers Stellung zu den Juden, Luther 40 (1969), 13–24; *G. Müller*, Art. „Antisemitismus" VI,3, Reformatoren und Juden, TRE 3 (1978), 145–149, 154f.; *L. Poliakov*, Geschichte des Antisemitismus, Bd. 2, Das Zeitalter der Verteufelung und des Ghettos, Worms 1978; *H. A. Oberman*, Wurzeln des Antisemitismus. Christenangst und Judenplage im Zeitalter von Humanismus und Reformation, Berlin ^{2}1983; *W. Bienert*, Martin Luther und die Juden, Frankfurt (M.) 1982.

72 WA 11,(307) 314–336.

73 *H. A. Oberman* (s. o. Anm. 71), 178 Anm. 88.

74 WA 50,(309) 312–337.

zu schreiben.[75] Möglicherweise hatte er den Plan dann wieder fallengelassen.[76] Zu Beginn des Jahres 1543 erschien dann aber doch das ziemlich umfangreiche Buch „Von den Juden und ihren Lügen“[77], letztlich veranlaßt durch eine jüdische Gegenschrift gegen sein Schreiben „Wider die Sabbather“[78], worin er eine Reihe alttestamentlicher Stellen derart ausgelegt fand, daß einer christlichen Berufung darauf der Boden entzogen wurde. Und hierin liegt auch ein deutlicher Hinweis auf das eigentliche Thema der Auseinandersetzung: Es wäre eine starke Verzeichnung, Luthers Stellungnahmen als Kampfschriften gegen die Juden hinzustellen. Ausschlaggebend waren für Luther weder die weitverbreiteten Verleumdungen über Sakramentenschändung und Kindermord noch gar rassische Vorurteile. Wie er selber wenig später betonte,[79] wollte er auch gar nicht „gegen die Juden“ schreiben, sondern „von den Juden“. Er wollte weder mit den Juden streiten – die Hoffnung, einige zu bekehren, hatte er längst aufgegeben – noch sich selber von ihnen belehren lassen über ihre Methode, die Schrift zu verstehen. Angeredet waren vielmehr in allen seinen Schriften die Christen. Sie galt es zu warnen, damit sie sich nicht irreführen ließen. Denn es ging auch nicht einfach um die Juden schlechthin. Auch und gerade mit den Juden rang Luther um das rechte Verhältnis von Gesetz und Evangelium. Im Judentum begegnete ihm nicht einfach ein anderer Glaube, sondern der Prototyp der Gesetzesreligion. Und darin sah er die große Gefahr für das Evangelium. Deshalb konnte er auch unbesehen Judentum, Papstkirche und Abtrünnige in einem Atem nennen. Sie standen ja prinzipiell in einer Front gegen das Evangelium. „Die Judenfrage ist für ihn die Umkehrung der Christusfrage.“[80] „Von seiner Warte aus gesehen gibt es kein Thema ‚Luther und die Juden‘.“[81] Und es ging des weiteren um die für Luther unabdingbare christliche Deutung des Alten Testaments,[82] auch wenn er sich nicht auf exegetische Ausführungen beschränkte und wiederum, wie schon in den späten Schriften gegen den Papst, einen Ton anschlug, der dem Gegenstand wenig angemessen war. Nicht weniger aber entsetzte sich Luther auch über die in seiner Sicht unerhörte Verstocktheit der Juden. Angesichts einer 1500jährigen Verbannung, die er nur als Verstoßensein durch Gott verstehen konnte, und einer ebenso langen Verkündigung des Evangeliums von Jesus Christus als Erfüllung der alttestamentlichen Verheißung immer noch den Anspruch des auserwählten Volkes Gottes aufrechterhalten und nach außen hin geltend machen hieß für Luther, wissentlich irren, hieß, Gott zum Lügner machen. Und daran darf sich kein Christ

75 WA Br 8,90,3 (11. 6. 1537 an Josel v. Rosheim, den Vorsteher der elsässischen Judenschaft); vgl. auch WA 50,280,8–10 sowie indirekt am Schluß der Schrift „Wider die Sabbather“, ebd., 337,4–6.

76 Vgl. WA 53, 417, 2f.

77 WA 53,(412) 417–552.

78 Diese Schrift ist nicht erhalten, ihr Verfasser ist unbekannt.

79 Vgl. WA 53,579,11f. am Anfang der nächsten Schrift „Vom Schem Hamphoras und vom Geschlecht Christi“.

80 *H. Bornkamm*, Luthers geistige Welt, Gütersloh ^{3}1959, 36.

81 *H. A. Oberman*, Wurzeln des Antisemitismus (s. o. Anm. 71), 95.

82 *H. Bornkamm*, Luther und das Alte Testament, Tübingen 1948; *G. Ebeling*, Lutherstudien I, Tübingen 1971, bes. 42–51. In diesen selben Zusammenhang nicht zuletzt auch der Bibelübersetzung gehören dann auch die beiden weiteren „Judenschriften“, die Luther noch 1543 folgen ließ: „Vom Schem Hamphoras und vom Geschlecht Christi“, WA 53,(573) 579 bis 648, und „Von den letzten Worten Davids“, WA 54,(16) 28–100.

mitschuldig machen, indem er Gemeinschaft mit Juden aufrechterhält. Von daher kam Luther dann zu seinen – übrigens ja keineswegs originalen – konkreten Vorschlägen für die gegen die Juden zu ergreifenden Maßnahmen: Verbrennung der Synagogen, Zerstörung der Häuser, Konfiszierung des religiösen Schrifttums, Verbot der rabbinischen Lehre, Aufhebung des freien Geleits, Verbot des Wuchers und Heranziehung der jungen und kräftigen Juden zu niederen Arbeiten.[83] Mit diesem Programm reihte sich Luther ein in die Reihe derer, die darauf aus waren, die Juden faktisch rechtlos zu machen und, wenn möglich, gänzlich zu vertreiben. Und wie ernst es Luther damit war, zeigt die Tatsache, daß er noch in seinen letzten Lebenstagen, im Anschluß an seine letzte Predigt am 15. Februar 1546 in Eisleben, in einer Ermahnung an die Gemeinde noch einmal darauf zurückkam.[84]

Angesichts der Tatsache, daß „noch Juden im Lande" wären, welche Schaden anrichten, will Luther warnen. Freilich wolle man christlich mit ihnen handeln und ihnen den Glauben anbieten. Ihre Taufe würde ein Zeichen dafür sein, daß sie es mit ihrer Berufung auf Abraham wirklich ernst meinten. Wer sich aber nicht rufen lasse, der sei nicht zu leiden. Denn er lästere Christus, verfluche ihn, lästere die Jungfrau Maria und die Christen. Und nicht zuletzt: Wenn die Juden die Christen töten könnten, würden sie es wohl tun. Und sie tun es vielleicht sogar auch, denn als Ärzte verfügen sie über geheime Künste, die Menschen zu vergiften.

Nicht zuletzt aber muß gesehen werden, daß das ganze Thema noch in sehr viel weiteren Zusammenhängen steht. Die kompromißlose Härte von Luthers Altersschriften auch zur Judenfrage findet ihre letzte Begründung in der Tatsache, daß er gerade auch die Juden in ihrer offenbaren Verstocktheit nur als ein Glied der antichristlichen, widergöttlichen, satanischen Front gegen das Evangelium zu sehen vermochte. Auch Luthers Judenschriften gehören, wie die gegen den Papst, in den Gesichtskreis seiner Endzeiterwartung.
Und zu dieser Koalition in des Teufels Namen gehört dann als dritter Partner auch noch der *Türke*. In seinen beiden großen Türkenschriften von 1528/1529[85] hatte Luther das sehr deutlich gemacht. Wurde päpstlicherseits bisher zum Türkenkrieg wie zu einem Kreuzzug aufgerufen, so setzte Luther an dessen Stelle den eschatologischen Krieg.[86] Das türkische Vordringen bis vor die Tore Wiens war ihm – in direkter Anwendung von Bildern aus dem Propheten Daniel auf das türkische Reich – ein deutliches Zeichen dafür, daß es mit diesem bald zu Ende gehen werde. Da er es aber als den „letzten und ärgsten Zorn des Teufels wider Christum" verstand, lag auch der Schluß nahe, „daß der Jüngste Tag müsse vor der Tür sein".[87] Freilich war 1529 die akuteste Gefahr noch einmal abgewendet worden. Latent aber blieb die Bedrohung bestehen.

83 WA 53,523–526, vgl. 536f., wo ein Vier-Punkte-Programm gefordert wird: Zerstörung der Synagogen, Konfiszierung der Schriften, Verbot des jüdischen Gottesdienstes und Verbot für Juden, den Namen Gottes überhaupt öffentlich auszusprechen.
84 WA 51,195f.
85 „Vom Kriege wieder die Türken", WA 30 II,(81) 107–148, und „Eine Heerpredigt wieder den Türken" ebd., (149) 160–197. Vgl. dazu *H. Lamparter*, Luthers Stellung zum Türkenkrieg, München 1940; *R. Pfister*, Reformation, Türken und Islam, Zwingliana 10,6 (1956), 345–375. *R. Mau*, Luthers Stellung zu den Türken, LWML 647–662.
86 Vgl. bes. BML 519–526.
87 WA 30 II, 162,19; 171,20f.

Und Luther gehörte zu denen, die immer wieder warnten. In einer Vorrede zu Predigten des oberdeutschen Reformators Johannes Brenz[88], die dieser in der kritischen Zeit der Belagerung Wiens gehalten hatte, rief Luther um die Wende des Jahres 1531/32 zur Buße auf, warnte vor Trägheit und mahnte zur Wachsamkeit.[89] Im August 1532 faßte er in einem Brief an den Kurprinzen Joachim von Brandenburg, der als Hauptmann am Türkenkrieg teilzunehmen gedachte und Luther um Fürbitte und Unterrichtung gebeten hatte, noch einmal zusammen, was er in seinen beiden großen Schriften wenige Jahre zuvor schon geschrieben hatte.[90] In dem spannungsreichen Jahr 1539 warnte er angesichts von Gerüchten auch eines neuen türkischen Vorstoßes in seiner „Ermahnung an alle Pfarrer zum Gebet um den Frieden" eindringlich vor Sorglosigkeit und mahnte zum Gebet um gnädige Bewahrung,[91] und schon zwei Jahre später mußte er erneut zum Gebet aufrufen.[92] Denn der türkische Sultan Suleiman I. hatte die Komplikationen um die ungarische Thronfolge nach dem Tode Johann Zapolyas (21. 6. 1540) dadurch beendet, daß er mit einem großen Heer im August 1541 erneut vordrang, die Donau überschritt und am 2. September die Hauptstadt Ofen (Buda) besetzte und sogleich die Matthiaskirche in eine Moschee umwandeln ließ.

Wiederum sah sich Luther zuerst veranlaßt, die Christen zur Buße zu rufen wegen ihrer Verachtung des Evangeliums, ihres Geizes und vielfacher Laster bis hin zum Amtsmißbrauch des kaiserlichen Kammergerichts. Er, Luther, habe keine andere Hoffnung, als daß der Jüngste Tag bald hereinbreche, denn Gott könne das nicht mehr länger mit ansehen. Es gäbe nur die eine Abwehrmöglichkeit gegen den Türken, nämlich Gott zum Bundesgenossen zu gewinnen. Und deshalb gelte es, zur Buße zu rufen, die Schäden aufzudecken, besonders die Soldaten von ihrem wüsten Leben zu bekehren, damit sie wissen, mit wem sie zu kämpfen haben. Und alle sollten beten. Dafür gab Luther dann direkte Anweisungen, liturgische Vorschläge mit einem ausformulierten Fürbittengebet. Und niemand zweifele, niemand resigniere. Und wer dann in den Kampf geht, der sei gewiß, es nicht mit Fleisch und Blut zu tun zu haben, sondern mit einem Heer von Teufeln, gegen das man nur mit Gottvertrauen bestehen kann. Und das Gebet der Frommen wird dem Spiel ein Ende machen.

Mit dieser Ermahnung ließ es Luther jedoch noch nicht bewenden. So wie er sich schon bei der ersten intensiveren Beschäftigung mit der Türkengefahr sehr interessiert gezeigt hatte, auch in die Glaubenswelt und die Lebensführung der Türken einzudringen,[93] so ließ er auch jetzt noch zwei weitere Schriften folgen. Er übersetzte eine Widerlegung des Korans ins Deutsche,[94] um den christlichen Glauben zu stärken gerade angesichts der siegreichen türkischen Vorstöße. Denn dieses, der Sieg der Feinde, sei die Weise Gottes, sein Volk zu regieren. Es sei die Strafe für die Sünde. Die größte Strafe aber treffe den Türken selber, denn er erwerbe sich die ewige Verdammnis. –

88 Vgl. über ihn zuletzt: *M. Brecht*, Johannes Brenz, Neugestalter von Staat, Kirche und Gesellschaft, Stuttgart 1971; *ders.*, Johannes Brenz, GKG 6, 103–117.
89 WA 30 III,(533) 536f.
90 WA Br 6,(343) 344f.
91 WA 50,(478) 485–487, bes. 485.
92 „Vermahnung zum Gebet wider den Türken", 1541, WA 51, (577) 585–625.
93 1530 schrieb er ein Vorwort zu einer Ausgabe des „Libellus de ritu et moribus Turcorum", WA 30 II,(198) 205–208.
94 „Verlegung des Alcoran Bruder Ricardi", 1542, WA 50 III, (261) 272–396.

Und dann steuerte Luther wenig später noch eine Vorrede zu einer Koranausgabe bei,[95] für deren Erscheinen er sich einsetzte, damit die Irrtümer des Islam um so besser widerlegt und dadurch vielleicht einige von den Türken zum christlichen Glauben bekehrt werden möchten.
Schließlich wurde auch noch ein anderes, Luther als Prediger und Theologen ziemlich fernliegendes Thema ein weiteres Mal aktuell. Schon Anfang der zwanziger Jahre hatte Luther in mehreren Schriften den „*Wucher*" angeprangert,[96] d. h. zuerst das Zinsnehmen für ausgeliehenes Kapital wie dann überhaupt das Aufkommen frühkapitalistischer Wirtschaftspraktiken. Ende der dreißiger Jahre sah er sich nun veranlaßt, das Thema noch einmal aufzugreifen. Eine Teuerungswelle, ausgelöst durch eine Dürreperiode, aber verschärft durch spekulative Getreideverknappung im Interesse höherer Preise veranlaßte ihn zu Eingaben zuerst an den Wittenberger Magistrat, dann beim Kurfürsten.[97] Von der Kanzel herab geißelte er die schändlichen Methoden.[98] Schließlich griff er wieder zur Feder und schrieb eine „Vermahnung an die Pfarrherrn, wider den Wucher zu predigen"[99], um seinen Worten gleichsam die Stimme vieler zu verleihen.

Darin betonte er, wie schon in seinen früheren Schriften, die Grundregel, daß Geldverleih auf Zins als „Wucher" zu verwerfen sei. Er gab Hinweise, wie die Prediger Einwänden begegnen könnten, was sie besser den Juristen überlassen sollten, um dann aber direkt – und damit seine bisherigen Stellungnahmen auch hier deutlich verschärfend – Kirchenzuchtmaßnahmen zu fordern: den Ausstoß derer, die sich nicht zur Buße bereit fänden, aus der christlichen Gemeinschaft. Ausführlich entfaltete er dann abschließend die drei christlichen Weisen, mit dem „zeitlichen Gut" umzugehen: Christlich sei es, gern zu geben, d. h. zu verschenken, gern zu leihen, ohne aber dafür etwas zu nehmen, und schließlich Unrecht und Gewalt zu leiden und sich Besitz und Habe nehmen zu lassen.

Zu den beschwerlichen Erfahrungen, die Luther zumal in seinen späteren Lebens- und Schaffensjahren machen mußte, gehört die Tatsache, daß das allgemeine Leben in *Wittenberg* selber, im Herzen der Reformation, allzuwenig von dem verspüren ließ, was Luther als Frucht der Evangeliumspredigt erwarten mochte. In den Tischredensammlungen aus den dreißiger Jahren sind eine Menge Klagen Luthers überliefert über die Fruchtlosigkeit des Evangeliums in der Stadt,[100] über Geiz und Sittenlosigkeit der Bewohner.[101] Grund zur Beschwerde gaben nicht zuletzt auch immer wieder die Studenten. Luther verurteilte mehrfach ihr sittenloses Treiben von der Kanzel herab.[102] Und

95 Vorrede zu Biblianders Koranausgabe, 1543, WA 53,(561) 569–572.
96 „Sermon von dem Wucher", 1519, WA 6,(1) 3–8; neu bearbeitet und stark erweitert 1520, ebd., (33) 36–60; „Von Kaufshandlung und Wucher", 1524, WA 15,(279) 293–322, als zweiter Teil erschien hier noch einmal der „Sermon" von 1520. *Th. Strohm*, Luthers Wirtschafts- und Sozialethik, LWML 205–223.
97 WATR 4,329f. Nr. 4472; WA Br 8,(403) 404f.
98 WA 47,721–730; TR 4,345 Nr. 4496.
99 Gedruckt unter der Jahreszahl 1540, WA 51,(325) 331–424.
100 WA TR 1,221,5–7 (1533). Zum Ganzen s. *H. Junghans*, Luther in Wittenberg, LWML 11 bis 37.
101 WA TR 2,615,32–34 (1532); 3,321,1–4; 3,341,22–25 (1536); 4,168,4–10 (1538), eine große Klage über die Stadt, den Kurfürsten und ganz Deutschland, ebd., 5,504–506.
102 WA 46,159f. (2. 2. 1538); 177f. (17. 2. 1538); 47,663f. (2. 2. 1539). Gedruckt wurde die Ermahnung „Wider die Speck- und Hurenstudenten" vom 13. 5. 1543, WA 49, (XXXI) 278f.

auch seine eigene Person und seine Familie genossen keineswegs ein solches Ansehen, daß ihm nicht auch kleinliche Querelen und Ärgerlichkeiten widerfuhren, z. B. in Hinblick auf Grundstücksnutzung und Baumöglichkeiten. Um die Jahreswende 1543/44 beklagte Luther in einer Tischrede die Undankbarkeit der Wittenberger ihm gegenüber: er verspüre sogar Haß und würde am liebsten mit seiner Familie nach Eilenburg oder Zeitz übersiedeln.[103] Wie ernst derlei Äußerungen von den Zuhörern genommen wurden, steht dahin. Für Luther aber waren es keine leeren Drohungen. Denn eineinhalb Jahre später, am 28. 7. 1545, teilte er aus Zeitz, wohin er C. Cruciger begleitet hatte, ohne selber dort eine besondere Aufgabe zu haben, seiner Frau mit, er werde nicht wieder zurückkehren. Sein Herz sei Wittenberg gegenüber erkaltet. Sie solle das Eigentum in der Stadt verkaufen und sich auf ihr Gut Zülsdorf[104] begeben.[105] Es bedurfte großer Anstrengungen seitens der Universität und des Rates von Wittenberg wie auch des Kurfürsten selber[106], bevor Luther sich entschloß, doch wieder zurückzukehren.

Aber nicht nur hier wurden die Verhältnisse mit fortschreitender Zeit schwieriger, spannungsvoller. Dasselbe trifft auch auf Luthers *Verhältnis zu seinen unmittelbaren Mitarbeitern*, Freunden und engsten Vertrauten zu.[107] Im Grunde war Luther ja nie ein Einzelgänger. Von Anfang an hatte er Mitstreiter zur Seite, die nicht nur weitertrugen, was er vorgedacht hatte, sondern selber verantwortlich tätig waren, ihm Verpflichtungen abnahmen, ihm mit ihrem Rat dienten, zuweilen auch mäßigend auf ihn einwirkten. Ein treffendes Beispiel für eine regelrechte und gute Kommissionsarbeit ist die Fertigstellung der Bibelübersetzung und die sich dann anschließende jahrelange Revisionsarbeit. Seine Hauptmitarbeiter waren hierbei Philipp Melanchthon als Professor für Griechisch, Johannes Bugenhagen als Berater besonders für den niederdeutschen Sprachraum, Georg Rörer vor allem als Editor und Korrektor, Matthäus Aurogallus als Professor für Hebräisch, Caspar Cruciger als Hebraist und Korrektor neben Rörer, sowie Justus Jonas. Die Wittenberger Theologen bildeten in der Bewältigung dieser immensen Arbeit gleichsam ein Team im besten Sinne des Wortes. Und auch in einer Reihe von Gutachten zu verschiedenen Problemen traten sie als solches in Erscheinung.[108] Von wesentlicher Bedeutung für den Fortgang der Reformation war die Theologenkonferenz in Schmalkalden im Frühjahr 1537.

Trotzdem darf nicht übersehen werden, daß es auch hier Spannungen gab, die sich nicht nur fruchtbar auswirkten. Daß es z. B. zwischen Luther und Melanchthon[109] bleibende Meinungsverschiedenheiten im Hinblick auf die Anerkennung des Papstes gab, ist allgemein bekannt,[110] ebenso gewisse Differenzierungen in der Lehre von der

103 WA TR 5,660,18–24.

104 Südlich von Leipzig. Luther hatte das Gut 1540 von einem Bruder seiner Frau erworben.

105 WA Br 11,(148) 149f. (152).

106 Vgl. den Brief des Kurfürsten an Luther vom 5. 8. 1545, WA Br 11,(160) 161–163 (165).

107 *H. G. Leder*, Luthers Beziehungen zu seinen Wittenberger Freunden, LWML 419–440.

108 Vgl. o. über das Widerstandsrecht.

109 Vgl. *W. H. Neuser*, Luther und Melanchthon – Einheit im Gegensatz, München 1961 = Theol. Existenz heute, NF 91; *B. Lohse*, Philipp Melanchthon in seinen Beziehungen zu Luther, LWML 403–418.

110 S. Melanchthons einschränkenden Zusatz zu seiner Unterschrift unter Luthers sog. Schmalkaldischen Artikeln 1537, BSLK 463f.

Rechtfertigung[111] und dem Abendmahl. Melanchthon ging eigene Wege auch in der Lehre vom Gesetz und dem freien Willen. So kann man mit Recht von einer Eigenständigkeit der Theologie Melanchthons gegenüber der Luthers sprechen, ja, an einigen Punkten wurde sogar ein Gegensatz ziemlich deutlich. Trotzdem wurde dadurch das gegenseitige Verhältnis nicht wesentlich getrübt, wenigstens nicht auf Dauer. Zu keiner Zeit hat sich Luther von Melanchthon und seiner Lehre distanziert, wie auch umgekehrt Melanchthon sich nicht veranlaßt sah, seine mehrfachen Drohungen, gegebenenfalls aus Wittenberg wegzugehen, wahr zu machen. Auch verlockende Angebote konnten ihn letztlich nicht dazu bewegen.

Vermochte Luther also die Lehrbesonderheiten Melanchthons im Rahmen einer legitimen Vielfalt durchaus anzuerkennen, so war ihm dies gegenüber den eigenen Wegen eines anderen engen Vertrauten keinesfalls mehr möglich: Johann Agricola.[112] Seine Enttäuschung über das theologische Zerwürfnis nach der zuvor so engen Freundschaft war zu tief. Der Riß trat schon 1527 zutage, als Agricola den Ausführungen über das Gesetz und die Buße in den Visitationsartikeln von Melanchthon widersprach: Der Ansatzpunkt für Sündenerkenntnis und Buße sei nicht Mose und nicht das Gesetz, sondern (in Anknüpfung an Äußerungen des jungen Luther) Christus und das Evangelium. Gelang es damals noch, den Graben wieder zu schließen, so war der Ausgleich doch nur oberflächlich. Denn 1537 brach der Streit über genau dieselben Fragen wieder auf, diesmal aber nun mit Luther. Im Jahre zuvor war Agricola mit seiner großen Familie von Eisleben wieder nach Wittenberg übergesiedelt und hatte eine Dozentur an der Universität übernommen. Schon bald sorgten Publikationen aus seiner Feder für Aufsehen. Und als dann antinomistische Thesen an der Universität umliefen und Agricola in seinen Summarien über die Evangelien seine abweichenden Meinungen unverhohlen aussprach, schritt Luther ein. In insgesamt sechs Thesenreihen aus den Jahren 1537 bis 1540 und z. T. sich anschließenden Disputationen[113] und einer speziellen kleinen Schrift „Wider die Antinomer“[114] widersprach er mit aller Entschiedenheit: Hier wird das Evangelium zum neuen Gesetz gemacht. Wer aber das Gesetz beseitigt, der beseitigt auch das Evangelium. Insofern sah Luther in dieser abweichenden Position das ganze Werk der Reformation angegriffen, woraus sich wiederum die Schärfe seines Widerspruchs erklärt wie auch seine Bereitschaft, letzte Konsequenzen zu ziehen, Agricola nicht nur total seine Freundschaft zu entziehen, ihn der Arroganz

---

111 Vgl. *M. Greschat*, Melanchthon neben Luther. Studien zur Gestalt der Rechtfertigungslehre zwischen 1528–1537, Witten 1965.

112 *G. Kawerau*, Johann Agricola von Eisleben, Berlin 1881/Neudruck Hildesheim 1977; *R. Hermann*, Zum Streit um die Überwindung des Gesetzes. Erörterungen zu Luthers Antinomerthesen, Weimar 1958; *R. Rogge*, Johann Agricolas Lutherverständnis, Berlin 1960; *ders.*, Art. „Agricola, Johann“, TRE 2(1978), 110–118; *ders.*, Innerlutherische Streitigkeiten um Gesetz und Evangelium, Rechtfertigung und Heiligung, LWML 187–204; *St. Kjeldgaard-Pedersen*, Gesetz, Evangelium und Buße. Theologiegeschichtliche Studien zum Verhältnis zwischen dem jungen Johann Agricola (Eisleben) und Martin Luther, Leiden 1983 = Acta Theologica Danica 16; *E. Koch*, Johann Agricola neben Luther. Schülerschaft und theologische Eigenart, in: Lutheriana. Zum 500. Geburtstag Martin Luthers von den Mitarbeitern der Weimarer Ausgabe, hg. v. *G. Hammer* und *K.-H. zur Mühlen* = Archiv zur Weimarer Ausgabe der Werke Martin Luthers 5, Köln/Wien 1984, 131–150.

113 WA 39 I, (334) 342–358 (Thesen); 359–584 (Disputationen).

114 WA 50,(461) 468–477.

und Geltungssucht zu zeihen, sondern ihm auch zu unterstellen, es an sittlichem Ernst fehlen zu lassen, ja, ihm nachzusagen, er habe ein „Judasherz“.[115] Unter solchen Voraussetzungen war an eine Versöhnung nicht mehr zu denken. Zwischenzeitliche Verständigungen berührten nicht den Kern der Differenz. Immerhin wurde Agricola noch im Februar 1539 Mitglied des neugegründeten Wittenberger Konsistoriums, dann aber sogar gefangengesetzt. 1540 verließ er Wittenberg und wurde Hofprediger beim brandenburgischen Kurfürsten Joachim II. und später auch Generalsuperintendent.

Freude und Leid erfuhr Luther auch in seiner *Familie*. Nach der Geburt des dritten Sohnes Paul am 28. 1. 1533 und der dritten Tochter Margarete am 17. 12. 1534 waren schließlich fünf Kinder im Hause (die älteste Tochter Elisabeth, geboren am 10. 12. 1527, war schon am 2. 8. 1528 verstorben). Aus Briefen, besonders an seine Frau, und Äußerungen bei Tisch erfahren wir immer wieder, wie lebhaft Luther an der Entwicklung seiner Kinder Anteil nahm, wie selbstverständlich Ehe und Familie zu seinem Leben hinzugehörten und keineswegs am Rande standen. Doch wurde er auch hier nicht von Sorgen und Leid verschont. Auch seine zweite Tochter Magdalena, geboren am 4. 5. 1529, verstarb im Alter von 13 Jahren am 20. 9. 1542. Sie scheint ihrem Vater in besonderer Weise nahegestanden zu haben.[116] Auch seine Frau blieb bei sonst allgemein guter Gesundheit nicht von Krankheit verschont. Anfang des Jahres 1540 erkrankte sie im Zusammenhang mit einer Fehlgeburt so schwer, daß sie, wie Luther später einmal sagte, schon so gut wie tot gewesen war, und er verstand es als Gebetserhörung, daß sie wieder ins Leben zurückgekehrt war.[117]

Ebenso beurteilte er auch in demselben Gespräch seine eigene Genesung im Frühjahr 1537. Luthers letztes Lebensjahrzehnt war überhaupt zunehmend durch *Krankheiten* gekennzeichnet.[118] Zwar war auch in früheren Jahren seine Gesundheit immer wieder einmal beeinträchtigt gewesen. Wir hören von Herzbeschwerden, Kopfschmerzen, Übelkeit, Schwindelanfällen und Schwermut, auch von gelegentlichen Erkältungen.[119] Doch läßt sich für jene Zeit noch von einer relativ stabilen Gesundheit ausgehen, zumal wenn man bedenkt, welche Last von Aufgaben, Arbeiten, Sorgen und Verantwortung auf seinen Schultern ruhte. Anfang der dreißiger Jahre änderte sich dies jedoch deutlich: Es zeigten sich die ersten Symptome seines Leidens, das von nun an zu einem ständigen Unruhefaktor in seinem Leben wurde, das ihn nicht nur verschiedentlich zwang, nötige Verpflichtungen abzusagen oder sich vertreten zu lassen, sondern ihn auch mehrfach dem Tode nahe brachte, das Steinleiden, das Luther selber bald als „Faust Satans“, als „Schinder und Satan“ bezeichnete oder mit Paulus (2Kor 12,7) als seinen „stimulus carnis“.[120] Zu einer kritischen Zuspitzung kam es im Früh-

115 WA TR 3,321,6.
116 Vgl. WA TR 5,185–194, Nr. 5490a–5502.
117 Ebd., 4,568,13f. und Anm. 20; WA Br 9,61 Anm. 2 sowie *E. Kroker*, Katharina von Bora, Berlin [16]1983, 222f.
118 *F. Küchenmeister*, Dr. Martin Luthers Krankengeschichte, Leipzig 1891; *W. Ebstein*, Dr. Martin Luthers Krankheiten und deren Einfluß auf seinen körperlichen und geistigen Zustand, Stuttgart 1908; *Ch. Schubart*, Bericht über Luthers Tod und Begräbnis. Texte und Untersuchungen, Weimar 1917; *A. Halder*, Das Harnsteinleiden Martin Luthers, Med. Diss., München 1969.
119 Siehe BML 489–496.
120 Vgl. WA Br 8,225,4; 11,120,6; 132,27 u. ö.

jahr 1537 während der entscheidenden Verhandlungen in Schmalkalden. Wenige Tage schon nach seiner Ankunft in der Stadt erlitt Luther eine totale Harnsperre, die über mehr als eine Woche anhielt, so daß schon niemand mehr an eine Genesung glaubte, auch er selber nicht.[121] Das folgende Jahr 1538 bezeichnete Luther wiederum als „saevus et periculosus, ein recht hämisch jahr, multos gravissimos morbos afferens".[122] Vor allem Mitte des Jahres traten zu den Steinbeschwerden noch die Ruhr sowie heftige Gelenkschmerzen (wie auch schon früher), die wohl als Gicht diagnostiziert werden müssen. 1541 litt er weiterhin an einer schweren Mittelohrentzündung, die schließlich zu einer spontanen Trommelfellperforation führte.[123] So war es nicht zu verwundern, daß Luther mehrfach klagte: „Es ist aus mit mir", „ich habe ausgearbeitet",[124] „ich bin ein Leichnam", „habe genug", „bin erschöpft",[125] daß er seine Freunde bat, für ihn zu beten, „ut tollat animam meam Dominus in pace",[126] und Mitte 1545 schrieb, wieder unter dem Eindruck einer heftigen Serie von Koliken: „Ich wünsche zu sterben."[127]

Nicht dieses Leiden jedoch führte zu seinem Tode, sondern ein anderes, das ihm freilich auch schon seit langem, möglicherweise schon seit den zwanziger Jahren,[128] von Zeit zu Zeit zu schaffen machte: eine Angina pectoris. Von einem regelrechten Anfall berichtete Melanchthon im Dezember 1544.[129] Als sich Luther dann im Januar 1546 trotz deutlich geschwächten Allgemeinzustandes auf den Weg nach Eisleben machte, um dort einen Streit zwischen den Grafen von Mansfeld zu schlichten, erlitt er kurz vor der Stadt einen neuerlichen Anfall.[130] Und drei Wochen später, in den frühen Morgenstunden des 18. Februar, führte eine weitere Wiederholung der „Syncope" zum Tod des Reformators.[131] Über Halle und Bitterfeld wurde der Leichnam nach Wittenberg überführt und dort am 22. Februar 1546 unter der Kanzel der Schloßkirche beigesetzt.[132] Seine engsten Freunde und Mitarbeiter, Johannes Bugenhagen und Philipp Melanchthon, hielten die Trauerpredigt.

---

121 S. den Text, den Bugenhagen danach zu Papier brachte, später als sog. „erstes Testament Luthers" bezeichnet, 3. 3. 1537, WA Br 8,(54) 55f., das eigentliche Testament Luthers datiert vom 6. 1. 1542, WA Br 9,(571) 572–574, 575f. *T. Fabiny*, Martin Luthers letzter Wille. Das Testament des Reformators und seine Geschichte, Berlin 1983.

122 WA TR 4,21,2f., Nr. 3937.

123 S. den Bericht Luthers an Melanchthon, 12. 4. 1541, WA Br 9,366f.

124 2. 4. 1539, WA TR 4,325,22.

125 20. 6. 1543, WA Br 10,335.

126 Ebd., 335,14.

127 15. 6. 1545, WA Br 11,120,7; ähnlich ebd., 132,28f.

128 *Halder* bezeichnet schon die Herzschmerzen vom Januar 1527 als „pectanginöse Beschwerden", a. a. O., 22f.

129 Vgl. *Schubart* (s. o. Anm. 118), 85f.

130 S. den Brief an Melanchthon, 1. 2. 1546, WA Br 11,278, 18–24.

131 Vgl. WA 54,(478) 487–496 den protokollarischen Bericht von J. Jonas und M. Coelius, der unmittelbar nach dem Tode Luthers notiert wurde, ferner: *Th. Knolle*, Dr. Martin Luthers letzter Tage im Zeugnis seiner letzten Briefe, Tischreden, Predigten, Schriften und seiner Freunde, Hamburg 1946.

132 S. die Abbildung des Grabes in seiner heutigen Gestalt sowie die eines Zweitabgusses des ursprünglich für sein Grab gedachten Epitaphs (das Original blieb wegen der Wirren des Schmalkaldischen Krieges in Jena) bei *H. Junghans*, Wittenberg als Lutherstadt, Berlin 1979, Abb. 99.

Kapitel 6
Das Täufertum

Mit dem Übergang des Täufertums nach Norddeutschland trat dieses gleichsam in eine zweite Phase seiner Entwicklung. Bestimmend wurde vor allem das Wirken Melchior Hoffmans.

Melchior Hoffman (das Geburtsjahr ist nicht bekannt, † 1543), ein Kürschner aus Schwäbisch-Hall, wurde vermutlich in Livland für die Reformation gewonnen. Der besondere Charakter der reformatorischen Bewegung dort, der stark durch Anschauungen Karlstadts geprägt war, hat ihn offenbar von vornherein bestimmt. Hoffman wurde Laienprediger in Wolmar, dann in Dorpat, wo er sofort gegen die bestehenden Kirchenordnungen ankämpfte und gegen die Bilder predigte. Der Versuch des Bischofs von Riga, ihn gefangenzusetzen, wurde von den Bürgern vereitelt und führte zum Sturm auf die Kirchen und im Anschluß daran zur regelrechten Einführung der Reformation, womit der Rigaer Prediger Tegetmeier beauftragt wurde, während Hoffman die Auflage erhielt, sich von Luther ein Zeugnis seiner Rechtgläubigkeit ausstellen zu lassen. Dieses gelang ihm,[1] so daß er nach Livland zurückkehren konnte, jedoch nur für kurze Zeit. Denn seine Lehre erwies sich dann doch als so eigenwillig und sein Auftreten von so kompromißloser Radikalität bestimmt, daß er schon im Frühjahr 1526 aus Livland ausgewiesen wurde. Charakteristisch waren auf der einen Seite apokalyptische Visionen, die Gegenwart und nahe Zukunft unter schreckliche Erwartungen stellten, andererseits ein spiritualistisches Schriftverständnis, das er in Kommentaren zu verschiedenen biblischen Büchern darlegte, sowie eine „leidenschaftliche antiklerikale und antiintellektuelle Polemik“[2], ohne aber freilich schon zur Gewaltanwendung aufzurufen. Über Stockholm und Lübeck führte ihn der Weg nach Kiel, wo er eine Anstellung als Diaconus fand, in ganz Schleswig und Holstein predigen sollte und außerdem eine Druckerei aufbauen konnte. Auch hier kam es jedoch bald zu Differenzen wegen seiner scharfen sozialkritischen Ausfälle, vor allem aber wegen seiner Abendmahlslehre, die die Realpräsenz leugnete. Eine Disputation in Flensburg im Frühjahr 1529 u. a. mit Bugenhagen führte auch hier zum Landesverweis. Sein Besitz wurde konfisziert. Jetzt wendete sich Hoffman nach kurzem Zwischenaufenthalt in Ostfriesland (zusammen mit Karlstadt) nach Straßburg, wo er unter den Einfluß einer täuferischen Gruppe in der Gefolgschaft von Hans Denck sowie des kleinen Kreises der sog. „Straßburger Propheten“ geriet, von denen er die Vorstellungen übernahm, daß die Welt durch eine große Säuberungsaktion auf die Wiederkunft Christi vorbereitet und die Gottlosen ausgerottet werden müßten. „Mit der neuen militanten Prophetie vom kommenden theokratischen Zwischenreich schuf Hoffman die wichtigste ideologische Voraussetzung für das Münsteraner Täuferreich von 1534/1535.“[3] Bald

1 Vgl. „Eine christliche Vermahnung von äußerlichem Gottesdienst und Eintracht an die in Livland“ (1525), WA 18,(412) 417–421; 421–426; 426–430.

2 *K. Deppermann*, Melchior Hoffman, a. a. O., 327.

3 Ebd., 331.

ging er dazu über, seinen Anhängern die Glaubenstaufe zu spenden. Als er jedoch für die nun entstehende Täufergemeinde beim Rat Forderungen anmeldete, reagierte dieser mit einem Haftbefehl gegen Hoffman, denn reichsrechtlich stand seit 1529 auf „Wiedertaufe" die Todesstrafe. Wieder mußte Hoffman fliehen. Er wendete sich erneut nach Friesland und sammelte mehrere Jahre lang Anhänger auch in Holland und Groningen, „Melchioriten" genannt. Einsetzende Verfolgungen (1531 Hinrichtung von zehn Glaubensgenossen in Den Haag) veranlaßten Hoffman, ein zweijähriges Taufmoratorium zu verkünden, bis Ende 1533, wo die Zeit der Verfolgung vorüber sein werde. Doch breitete sich gerade auch während dieser Zeit, begünstigt durch die politischen Spannungen im Lande, die Bewegung in den Niederlanden beträchtlich aus. Im Frühjahr 1533 kehrte Hoffman nach Straßburg zurück in der Erwartung, jetzt müsse der Endkampf beginnen und Straßburg sei zum neuen Jerusalem auserwählt. Seine Gemeinde dort hatte sich als stabil erwiesen. Aufgrund von Denunziationen wurde er jedoch schon nach wenigen Wochen verhaftet. Und auf der Hauptsynode im Juni 1533 verurteilte man ihn wegen seiner Irrlehren. Die letzten zehn Jahre seines Lebens mußte er im Kerker zubringen.

Eine nahezu direkte Folge des Wirkens von Hoffman in Friesland und den Niederlanden waren die Vorgänge in Münster 1534/1535.

Die *Reformation von Münster* zu Beginn der dreißiger Jahre vollzog sich im Spannungsfeld von Bischof und Rat der Stadt sowie zwischen dem Rat und den Gilden mit der Gemeinde und ist aus diesen Spannungen insofern nicht herauslösbar, als die verschiedenen Kräfte der Reformation (Anhänger Luthers, dann die Täufer) zumindest teilweise auch mit unterschiedlichen sozialen Gruppen verbunden waren und mit den spezifischen theologischen Positionen zugleich soziale Anliegen vertreten wurden.

Die Reformation begann mit der kirchenkritischen Verkündigung des Predigers an der St.-Mauritz-Kirche, Bernhard Rothmann (1495–1535).[4] Eine Studienreise, die ihn 1531 u. a. nach Wittenberg und Straßburg führte, bestärkte ihn in der lutherischen Rechtfertigungslehre und intensivierte sein weiteres reformatorisches Auftreten in der Stadt. Auf die Ausweisung durch den Bischof Franz von Waldeck reagierte er mit der Übersiedlung in ein Gildenhaus und einem förmlichen evangelischen Bekenntnis. Nachdem zuerst die Lambertikirche von Anhängern Rothmanns unter Führung des Kaufmanns Bernd Knipperdollinck in Besitz genommen worden war, wurde der Rat im August 1532 durch die Gilden gezwungen, auch die anderen städtischen Kirchen evangelischen Predigern zu öffnen. Die daraufhin einsetzenden Gewaltmaßnahmen des Bischofs gegen die Stadt (Blockade der Zufahrtsstraßen) bestärkte nur noch die Opposition (Erfolge bei Nachwahlen zum Rat), führten zu militärischen Rüstungen in der Stadt und eigenen ersten Maßnahmen (Überfall auf Telgte, Dezember 1532). Durch Vermittlung des Landgrafen Philipp von Hessen kam es schließlich im Februar 1533 zum Vertrag von Dülmen, in dem der Bischof die erfolgte Neubesetzung der Pfarrstellen anerkannte und zugleich bestätigte, daß bis zu einem Konzil die Entscheidungsbefugnis in Glaubensfragen beim Rat der Stadt liegen sollte.

Luther freilich meinte schon damals, warnen zu müssen. In Briefen an den Rat der Stadt und an Rothmann selber warnte er vor allem vor der Verirrung in zwinglianische

4 Vgl. über ihn *W. de Bakker*, Bernhard Rothmann. Die Dialektik der Radikalisierung in Münster, in: Radikale Reformatoren, a. a. O., 167–178.

Ideen und vor Aufruhr.[5] Dieser Sorge lagen sicher nicht nur Gerüchte zugrunde, denn die im August 1532 dem Rat vorgelegten 16 Artikel über die Mißbräuche in der Kirche vertraten eine deutlich zwinglianische Abendmahlslehre. Und auch mit seinen weitergehenden Befürchtungen sollte Luther recht behalten. Schon zu dieser Zeit nämlich standen mit den aus Jülich nach Münster verschlagenen sog. „Wassenberger Prädikanten" (Hendrik Rol) Kräfte neben Rothmann, die unverhohlen Kritik an der Kindertaufe übten.

Die Ratswahlen vom März 1533 brachten einen großen Erfolg für die Anhängerschaft Rothmanns. Sie stellte fast die Hälfte der Ratsherren. Knipperdollinck wurde einer der zehn Wahlmänner. Rothmann erhielt den Auftrag, eine neue Kirchenordnung auszuarbeiten.[6] Eine wirkliche Institutionalisierung und insofern auch innere Ordnung der reformatorischen Bewegung verhinderten jedoch einerseits die sich jetzt zeigenden spiritualistischen Ansätze sowie andererseits die beginnende Spaltung in den eigenen Reihen aufgrund der immer deutlicher werdenden täuferischen Tendenzen auch Rothmanns. Eine Disputation über die Taufe (August 1533) zwischen Lutheranern, Anhängern Rothmanns und auch Katholiken[7] führte zur Ausweisung der täuferischen Prediger außer Rothmann, provozierte aber auch die erste eindeutig täuferische Schrift Rothmanns, „Bekenntnis von beiden Sakramenten, Taufe und Nachtmahl".[8]

Der Versuch des Rates, nunmehr mit Hilfe hessischer Prediger eine Neuordnung des Kirchenwesens durchzuführen, scheiterte. Die täuferische Predigt ging allen Verboten und Ausweisungen zum Trotz weiter, denn die Gilden widersetzten sich energisch allen Bemühungen des Rates, teilweise unter Anwendung von Gewalt, zumal auch aus den Niederlanden aufgrund der Verfolgung der Täufer dort (als Anhänger Melchior Hoffmans) eine ständig größer werdende Zahl von Gesinnungsgenossen in die Stadt strömte. Zugleich begann der reformatorische Protest gegen die Entwicklung.[9] Der entscheidende Schritt wurde Anfang Januar 1534 vollzogen mit der Ankunft der ersten Gesandten von Jan Matthys, der im Herbst 1533, noch vor Ablauf des von Melchior Hoffman verkündeten Taufmoratoriums, die Führung der Melchioriten in den Niederlanden an sich gerissen hatte, in der Stadt. Sie begannen sogleich mit der Wiedertaufe. An der Spitze der Neugetauften standen Rothmann und die Wassenberger Prediger. Die bisherigen nur theoretischen Erörterungen wurden nun zur Praxis. Rothmann und die anderen setzten die Taufe unverzüglich fort. Mitte Januar trafen weitere Abgesandte von Jan Matthys ein, unter ihnen Jan von Leiden (Jan Bockelson), der sich in kurzer Zeit großen Einfluß erwarb, besonders auch bei Knipperdollinck. Die Versuche des Rates, die Situation wieder in die eigenen Hände zu bekommen, nicht zuletzt, um Maßnahmen des Bischofs zuvorzukommen, mißlangen. Entgegen dem Reichsrecht mußte er den Täufern Glaubensfreiheit zugestehen. Denn vor der letzten Konsequenz, mit Hilfe bischöflicher Soldaten die Bewegung doch noch zu unterdrük-

5 21. 12. 1532, WA Br 6,(398) 400f. bzw. 23. 12. 1532, ebd., (401) 403.

6 Der Text der Kirchenordnung ist nicht erhalten, doch vgl. die in lateinischer Übersetzung überlieferte Zusammenfassung bei *R. Stupperich*, Schriften B. Rothmanns, a. a. O., 126 bis 129, sowie die Antwort auf die Einwände der hessischen Theologen dagegen, ebd., 129–138.

7 S. das Protokoll ebd., 94–125.

8 Ebd., 138–195.

9 Vgl. *R. Stupperich*, Straßburg und Münster in ihren Beziehungen 1531–1534, Revue d'histoire et de philosophie religieuse 54 (1974), 69–77.

ken, schreckte er im Interesse der Freiheit der Stadt zurück. Auf dem Höhepunkt der Auseinandersetzungen traf Jan Matthys selber in der Stadt ein und riß sofort die geistige Führung an sich. Die Ratswahl am 23. Februar brachte dann den totalen Sieg der Täufer. Knipperdollinck wurde einer der beiden Bürgermeister. Ein großer Teil der noch immer widerstrebenden Bürger hatte schon vorher die Stadt verlassen. Ein Bildersturm leitete die endgültige Neuorientierung in der Stadt ein. Ende Februar erging ein allgemeines Taufgebot. Wer sich weigerte, mußte im Sinne der Reinigung der Stadt von den „Gottlosen" ausziehen. Matthys hatte ursprünglich gefordert, alle „Gottlosen" zu töten, doch konnte Knipperdollinck das Gemetzel noch verhindern. Viele fügten sich widerwillig, denn der Bischof hatte inzwischen – ein Versuch noch vor den Wahlen, die Stadt im Handstreich zu nehmen, war mißlungen – eine neue Blockade begonnen und ließ ausgewiesene evangelische Prediger und auch andere „Lutherische" hinrichten.

Die von vornherein gegebene äußere Bedrohung trug sicher zur schnellen Stabilisierung des „Täuferreiches" und vor allem auch zur Radikalisierung wesentlich bei, obwohl von einer direkten Belagerung der Stadt erst sehr viel später gesprochen werden konnte. In der folgenden Entwicklung lassen sich mehrere Etappen unterscheiden.

Die erste Etappe dauerte nur wenige Wochen. Sie war einerseits gekennzeichnet durch „eine Art Doppelherrschaft" *(Brendler)* in der Stadt. Der offiziellen Obrigkeit, dem regierenden Rat, stand ein geistliches Regiment zur Seite, in dem das charismatische Element des „Propheten" Jan Matthys den entscheidenden Faktor bildete. Zwischen beiden Instanzen fehlte es nicht an Spannungen. Denn im Rat überwogen die eingesessenen Bürger, während die Täuferführer Zugezogene waren. Außerdem waren die Kompetenzen keineswegs eindeutig verteilt. Zum anderen aber kennzeichnet diese erste Etappe der Übergang zur Gütergemeinschaft. Kirchen- und Klosterbesitz wurde zu einem gemeinsamen Schatz zusammengelegt. Das Eigentum der Ausgezogenen bzw. Vertriebenen wurde beschlagnahmt und z. T. an Zugezogene verteilt. Wer in der Stadt geblieben war und sich hatte taufen lassen, mußte Geld, Wertgegenstände und alles Überflüssige an Kleidung und Hausrat abliefern. Hausbesitz blieb unangetastet, durfte jedoch nicht veräußert werden. Am wichtigsten war die Abschaffung des Geldes. An die Stelle von Verdienen, Kaufen und Verkaufen sollte eine geregelte Verteilung treten. Alle Bücher – außer der Bibel – wurden verbrannt. Der Zuzug auswärtiger Täufer nach Münster hielt an. Es ergingen direkte Aufrufe, „sich zum Zuge in das neue Jerusalem" aufzumachen und aus „Babylon" zu fliehen. Der Tod des Propheten Matthys bei einem völlig unmotivierten, spontanen Ausfall am 4. April (Karsamstag) beraubte die Stadt ihres charismatischen Führers, der uneingeschränkte Autorität genoß, und führte zu einer ziemlichen Krise und in ihrem Gefolge zu wichtigen Verschiebungen der inneren Verhältnisse. Damit beginnt eine zweite Etappe.

An die Stelle von Jan Matthys trat Johann von Leiden (Jan Bockelson) als neuer Prophet. Seine erste wichtige Maßnahme war die Neuordnung der Herrschaftsverhältnisse in der Stadt. Den Platz des Magistrats und der Bürgermeister nahm hinfort ein Rat von zwölf Ältesten ein, zusammengesetzt aus zugereisten Täufern und Einheimischen. Knipperdollinck wurde „Schwertführer". Im Juli verfügte der Prophet als spektakulärste Neuerung die Einführung der Vielehe: Keine Frau sollte ohne Ehe leben, jeder Mann durfte und sollte mehrere Frauen nehmen. Es bestand ein erheblicher Frauenüberschuß in der Stadt: 5000 Frauen standen weniger als 2000 Männer gegenüber. Doch standen sicher nicht so sehr soziale Argumente im Vordergrund als theologische

Ideale schon hier erreichbarer Sündlosigkeit und eine Überbetonung des Fruchtbarkeitsgebotes. Eine anfängliche Opposition, die sich an dieser Maßnahme entzündete, wurde blutig niedergeschlagen. Doch da sich in der Praxis stets neue Komplikationen ergaben, wurde später der Heiratszwang für die Frauen wieder aufgehoben. Währenddessen ging die Belagerung der Stadt weiter. Zwei Versuche, sie im Sturm zu nehmen (Pfingsten und Ende August) wurden mit großen Verlusten für die Angreifer zurückgeschlagen. Es war ein straffes Verteidigungssystem aufgebaut worden. Alle Einwohner, Frauen wie Männer, waren zu Verteidigungs- bzw. Schanzaufgaben eingesetzt. Demgegenüber hatte der Bischof bei der Organisation der Belagerung mit großen Schwierigkeiten zu kämpfen, die nur dadurch nicht zu einer durchaus möglichen Niederlage führten, daß die Täufer nicht ihrerseits zum Angriff übergingen, sondern auf die Erfüllung ihrer eschatologischen Hoffnungen in der Stadt warteten und sich in deren Interesse auf die Verteidigung beschränkten.
Mit der Salbung Johanns von Leiden zum König (September 1534) begann dann eine dritte Phase. Ein neuer Prophet hatte infolge einer Vision diese neue Wendung eingeleitet. Er übergab das „Schwert der Gerechtigkeit" von den zwölf Ältesten dem neuen König, der pompös hofzuhalten begann, einen Hofstaat von 135 Personen mit jeweils besonderen Ämtern um sich scharte und sein Amt ganz im Sinne des alttestamentlichen Königideals auffaßte. Knipperdollinck wurde zum „Statthalter" ernannt, Rothmann zum „Worthalter" berufen. Versuche Knipperdollincks, Johann die geistige Führung in der Stadt streitig zu machen, wurden ebenso zurückgewiesen wie eine gewisse Opposition unter den Predigern. 27 von ihnen sandte der König im Oktober als „Apostel" in alle Richtungen, sowohl um den eigenen Anspruch aller Welt zu verkünden wie auch um täuferische Gruppen zur Unterstützung für die Stadt anzuwerben. Sie wurden jedoch nach anfänglichen überraschenden Erfolgen alle gefangengenommen und (bis auf eine Ausnahme) hingerichtet. Im November und Dezember ergingen Botschaften an die Täufer in den Niederlanden, ein Entsatzheer zu bilden. Tatsächlich formierten sich dort verschiedene Gruppen, die sich mit Waffen auf den Weg nach Münster machen wollten. Dort wurde schon für Ostern 1535 die Erlösung prophezeit.
Für das Selbstverständnis der münsterischen Täufer in dieser Periode aufschlußreich sind zwei weitere Schriften Rothmanns, die „Restitution rechter und christlicher Lehre" (Oktober 1534)[10] und „Ein ganz tröstlicher Bericht von der Rache und Strafe des babylonischen Greuels" (Dezember)[11]. In der „Restitution" beschrieb Rothmann die Verhältnisse in Münster gleichsam als die Endstufe der heilsgeschichtlichen Entwicklung und entwarf ein Programm für das messianische Reich. Der Traktat über die Rache, verfaßt auf die Nachricht hin, daß die ausgesandten Apostel gefangen und hingerichtet worden waren, verkündete dann die Aufgabe, die Herrschaft zu erobern. Denn das Königtum Davids sei ja schon aufgerichtet.
Anfang 1535 erließ Johann von Leiden ein 27 Artikel umfassendes Edikt, das sowohl die eigene Herrschaft wie die innere Ordnung und die Beziehungen nach außen regeln sollte. Die innere und äußere Lage war durchaus noch stabil. Erst als im Februar dann die Belagerung – inzwischen zu einer Reichssache geworden und von katholischen wie protestantischen Ständen unterstützt – so total wurde, daß jede Verbindung mit der

10 *R. Stupperich*, Schriften B. Rothmanns, a. a. O., 208–284.
11 Ebd., 284–297.

Außenwelt und damit auch die Versorgung mit Lebensmitteln abgeschnitten war, begann es kritisch zu werden. Doch die Hoffnung auf Entsatz wurde nicht aufgegeben. Noch im Mai wurden Maßnahmen vorbereitet für die Zeit nach dem Sieg: Zwölf Täufer wurden zu „Herzögen" ernannt für je einen Bezirk des Reiches nördlich der Mainlinie und westlich der Elbe (außer Kursachsen und Hessen!). Aber die Erlösung, die man schon zu Ostern erwartet hatte, blieb aus. Der Hunger schwächte Kräfte und Mut. Die Entlassung von Frauen und Kindern aus der Stadt brachte keine Entlastung. Und jene mußten zudem lange Zeit zwischen der Stadt und dem Belagerungsring umherirren, ehe sie von den Belagerern aufgenommen wurden. Die Männer, die aus der Stadt flohen, wurden fast alle erschlagen. Schließlich fanden sich zwei Überläufer, die den Belagerern einen Weg in die Stadt verrieten. Am Abend des 25. Juni drang bereits ein erstes Kontingent Landsknechte in die Stadt ein. Am nächsten Tag wurden die Wälle bezwungen. Außer den Frauen gab es nur wenige Gefangene, unter ihnen die Anführer Jan von Leiden und Bernd Knipperdollinck. Nach langen Verhören und Folterungen wurden sie erst am 22. Januar 1536 in Münster grausam hingerichtet und ihre Leichen in eisernen Käfigen am Lamberti-Kirchturm aufgehängt. In der Stadt wurden die alten vorreformatorischen Verhältnisse wieder eingeführt. Münster wurde erneut Bischofstadt.

Für die täuferische Bewegung insgesamt waren die Vorgänge von Münster und die Katastrophe des „Reiches" ein schwerer Schock. Viele, unter ihnen Melchior Hoffman im Straßburger Gefängnis, distanzierten sich von den Exzessen. Andererseits wurden jetzt die staatlichen und kirchlichen Maßnahmen gegen die Täufer überall und durchgehend schärfer. Der Reichstagsabschied von Worms (April 1535) galt fast ausschließlich den Geschehnissen von Münster und forderte scharfes Vorgehen der Reichsstände in gemeinschaftlichen Aktionen.

Nach 1535 kann kaum noch von einer auch nur einigermaßen einheitlichen täuferischen Bewegung gesprochen werden, auch nicht mehr für begrenzte Regionen wie den nordwestdeutschen und niederländischen Raum. Die Bewegung zerfiel in eine Vielzahl von Richtungen und Einzelgruppen.

Auf dem Konvent von Bocholt (Sommer 1536) vermochte es zwar *David Joris* (1501 oder 1502–1556), verschiedene Strömungen (Obbeniten in den Niederlanden, nach Obbe Philips; Anhänger Jan von Batenburgs in Westfalen und am Niederrhein; die Reste der Münsteraner in Westfalen und Oldenburg sowie die Melchioriten alter Prägung in weitester Verbreitung von Straßburg bis Ostfriesland) unter Zurückstellung weiterer unterschiedlicher Meinungen auf ein täuferisches Minimalprogramm festzulegen: Festhalten an den Hauptlehren Melchior Hoffmans, Weiterführung der Mission und Glaubenstaufe, aber Verzicht auf alle Gewalt. Doch führte schon dies zum Ausscheiden bleibend militanter Gruppen (Jan von Batenburg), und die von Joris beanspruchte neue Führungsrolle wurde ihm, z. B. von den Straßburger Täufern, bestritten. David Joris verfocht als „Prophet" einen konsequenten Spiritualismus, dem die Straßburger die Autorität der Schrift entgegenstellten. Auch fand seine Vision von den neuen Menschen, die in völliger Reinheit und paradiesischer Unschuld als Brüder und Schwestern ohne Scham und ohne Begierde miteinander leben würde, nicht ungeteilten Beifall.

Um so größer wurde dafür der Einfluß *Menno Simons'* (1496–1561). Bis 1536 katholischer Priester in Witmarsum (Friesland), wendete er sich nach dem Tode seines Bruders, der mit etwa 300 weiteren Täufern hingerichtet worden war, von seiner Kirche ab,[12] ließ sich noch einmal taufen und wurde, 1537 von Obbe Philips zum Ältesten ordiniert, sehr bald in unermüdlichen und weiten Reisen bis nach Preußen (Danzig) mit Predigten und vielen Schriften missionierend zu einem der erfolgreichsten täuferischen Missionare im Norden, besonders den Küstenländern, und dazu Vorkämpfer für die Einheit des Täufertums gegenüber den Tendenzen zur Radikalisierung, ohne diese aber tatsächlich herstellen zu können. Er mußte sogar neue Spaltungen erleben und selber Trennungen vollziehen. Auf fast wunderbare Weise gelang es ihm immer wieder, allen Nachstellungen zu entkommen, obwohl für seine Ergreifung eine Prämie von 100 Gulden ausgesetzt war. 1554 fand er schließlich Zuflucht auf dem Gut Tresenburg bei Oldesloe. Während seine Schriften weite Verbreitung fanden, vereinsamte er selber schließlich mehr und mehr und starb auf einem Gut bei Wüstenfelde (Schleswig-Holstein), voller Sorge um den weiteren Weg der sich nach ihm nennenden „Mennoniten“. Dennoch war „die von Menno und den anderen Ältesten angeführte täuferische Bewegung ... bis zum Erscheinen des Calvinismus um 1560 (und in den Provinzen Holland und Friesland bis zum Aufstand gegen Spanien) die wichtigste Äußerung der Reformation in den Niederlanden“[13], und die von Simons sich herleitende Richtung die einzige der melchioritischen Bewegung, die sich in einer eigenständigen Form erhielt.

Aus der breiten Verfolgungswelle nach der Katastrophe von Münster mit Landesverweisen, Gütereinziehung und Hinrichtungen allerorts ragt die *Grafschaft Hessen* unter Landgraf Philipp rühmlich heraus.[14] Obwohl sein Gebiet von nahezu allen Ausbreitungslinien nonkonformistischer Richtungen berührt wurde, entschloß er sich nicht zu radikalem Vorgehen, sondern suchte gegen alle Warnungen von seiten anderer Fürsten und auch gegen die Voten der Reformatoren den persönlichen Kontakt und das bekehrende Gespräch. Auch nach 1535 befürwortete er nicht die Anwendung der reichsrechtlich vorgeschriebenen Todesstrafe, auch nicht gegen die Anführer (Gefangenschaft von Melchior Rinck).[15] Die Verhaftung von 30 Täufern, unter ihnen die wichtigsten Vorsteher der Gemeinden, im Frühjahr 1536 in einer verlassenen Kirche bei Gemünden bildete einen Einschnitt in der Bewegung in Hessen. Die in dem Zusammenhang erlassene „Wiedertäuferordnung“ (1537)[16] erlangte zwar keine große Wirksamkeit. Folgenreich erwies sich jedoch die Berufung von Martin Bucer aus Straßburg zu einer Disputation mit den Täuferführern (Oktober/November 1538).[17] Dadurch, daß Bucer in Fragen der Gemeindezucht, der Bannpraxis und überhaupt auf sozialethischem Gebiet den Forderungen der Täufer entgegenkam, konnte er die Fronten auflockern und den Grund dafür legen, daß im Anschluß daran eine nicht unbeträchtliche Anzahl von Täufern zum Wiederanschluß an die Landeskirche veranlaßt

12 Vgl. seine Schrift „Mein Ausgang aus dem Papsttum“, bei *H. Fast*, Der linke Flügel der Reformation, a. a. O.,(147) 149–162.

13 *A. F. Mellink*, Das niederländisch-westfälische Täufertum im 16. Jahrhundert, in: Umstrittenes Täufertum, a. a. O., 206–222, das Zitat 221.

14 S. *F. H. Littel*, Landgraf Philipp und die Toleranz. Ein christlicher Fürst, der linke Flügel der Reformation und der christliche Primitivismus, Bad Nauheim 1957.

15 Vgl. *E. Geldbach*, Die Lehre des hessischen Täuferführers Melchior Rinck, JHKG 21(1970), 119–135.

16 Urkundliche Quellen zur hessischen Reformationsgeschichte, a. a. O., 138–146.

17 Das Protokoll der Disputation ebd., 213–237.

wurde, besonders durch die beiden früheren Täufer Tasch und Eisenburg, die anschließend auch in Straßburg wirkten und sogar Melchior Hoffman zu bekehren suchten.[18]

Dieser Einsatz Bucers war allerdings nicht typisch für die *Haltung der Reformatoren* insgesamt den Täufern gegenüber. Die schroffe Ablehnung und die Befürwortung des gewaltsamen Einschreitens überwogen durchaus. In den Augen der Wittenberger[19] bestätigten die Vorgänge von Münster das schon früher gefällte Urteil über den Zusammenhang von täuferischer Gesinnung und Aufruhr. Urbanus Rhegius verfaßte 1535 eine Schrift „Widerlegung der münsterischen neuen Valentinianer und Donatisten Bekenntnis, an die Christen zu Osnabrück", zu der Luther ein Vorwort beisteuerte.[20] Einen besonderen Platz unter den Reformatoren als Bestreiter der Täufer nahm der Nachfolger Zwinglis am Großmünster in Zürich, Heinrich Bullinger, ein.[21] In Diskussionen, mit Briefen, Gutachten und zahlreichen Schriften (u. a. das umfangreiche Hauptwerk „Der Wiedertäufer Ursprung" von 1560) bekämpfte er das Täufertum, entfaltete die theologische Kontroverse und prägte ein Bild des Täufertums, das für seine Beurteilung bis in die Neuzeit hinein auch für Einzelzüge bedeutsam blieb.

Eine Ausprägung eigener Art bildeten die Bruderhöfe der *Huterer in Mähren*, die Jacob Huter nach seiner Vertreibung aus Tirol seit Ende der zwanziger Jahre organisierte. Er konnte dabei auf eine bereits existierende blühende Gemeinde in Austerlitz aufbauen, die sich in ihrem Leben auch schon an den urchristlichen Idealen der Gütergemeinschaft orientierte. Der Verzicht auf Eigentum wurde für sie geradezu zum Gradmesser der Christusgemeinschaft. Huter selber wurde 1535 gefangengenommen und am 25. 2. 1536 in Innsbruck auf dem Scheiterhaufen hingerichtet. Seine Gemeinde aber lebte ungebrochen weiter. Der zu den Huterischen Brüdern gehörende Kaspar Braitmichel lieferte mit seinem „Geschichtsbuch" eine wichtige Quelle für die Täufergeschichte und wurde direkt zum Chronisten der täuferischen Bewegung.[22]

---

18 In diesem Zusammenhang ist offenbar auch die Veröffentlichung der sog. Ziegenhainer Zuchtordnung 1538 zu sehen, vgl. o. S. 41, sowie sogar auch die Bemühungen Bucers um Einführung der Konfirmation, gleichsam als Kompensation für die Abwertung der Gläubigentaufe. Vgl. *B. Hareide*, Die Konfirmation in der Reformationszeit, Göttingen 1971, 17ff. = Arbeiten zur Pastoraltheologie 8.

19 Zu Luther vgl. o. S. 53f.; zu Melanchthon: *R. Stupperich*, Melanchthon und die Täufer, in: KuD 3(1957), 150–170; ferner: *J. S. Oyer*, Lutheran Reformers Against Anabaptists. Luther, Melanchthon and Menius and the Anabaptists of Central Germany, Den Haag 1964.

20 WA 38,(336) 338–340.

21 *H. Fast*, Heinrich Bullinger und die Täufer, Weierhof 1959 = Schriftenreihe des Mennonitischen Geschichtsvereins 7.

22 Die älteste Chronik der Hutterischen Brüder, hg. v. *A. J. F. Zieglschmid*, Ithaca (N. Y.) 1943; vgl. ferner: *J. Loserth*, Der Communismus der Mährischen Wiedertäufer im 16. und 17. Jahrhundert. Beiträge zu ihrer Geschichte, Lehre und Verfassung, Wien 1894; *L. Müller*, Der Kommunismus der Mährischen Wiedertäufer, Leipzig 1927; *H. G. Fischer*, Jacob Huter. Sein Leben und sein Wirken. Ein Zeugnis evangelischer Frömmigkeit im 16. Jahrhundert, Theol. Diss., Wien 1949.

Kapitel 7
Die Ära der Religionsgespräche

A DER AUGSBURGER REICHSTAG 1530 UND DAS WIRKSAMWERDEN VERMITTELNDER POSITIONEN

Die Versuche auf dem Augsburger Reichstag und dann auch noch an seinem Rande, durch theologische Gespräche vielleicht doch noch zu einer Übereinkunft im Glauben zu gelangen und damit die endgültige kirchliche und damit auch politische Spaltung zu vermeiden, waren gescheitert. Weder die offiziellen Ausschußverhandlungen noch die anschließenden Sondergespräche hatten zu greifbaren Ergebnissen geführt, auch nicht in Teilbereichen. Freilich hatte es zwischenzeitlich auch Hoffnungen gegeben, Einigungsformeln für einzelne Lehrpunkte (z. B. in der Rechtfertigungslehre). Melanchthon hatte als Verhandlungsführer auf protestantischer Seite mitunter Kompromißbereitschaft bis an die Grenze der Selbstaufgabe gezeigt. Luther aber hatte demgegenüber schon während der Verhandlungen deren Aussichtslosigkeit erkannt und sein Mißfallen deutlich ausgesprochen.[1] Er sollte recht behalten. Am Ende stand der harte Reichstagsabschied, dessen Endfassung vom 19. November das Wormser Edikt neu in Kraft setzte. Der Weg hatte sich als nicht gangbar erwiesen. Und wenn Luther in seinen „Schmalkaldischen Artikeln" von 1536 feststellte: „Also sind und bleiben wir ewiglich geschieden und widernander"[2], so tat er das ausdrücklich im Hinblick auf die Ausgleichsverhandlungen über die Messe in Augsburg.
Trotz dieses an sich eindeutigen Ergebnisses aber wurde der Gedanke an eine Verständigung durch theologische Gespräche noch nicht endgültig begraben. Zumindest seit Augsburg, eigentlich aber schon sehr viel länger war es offensichtlich, daß die einfache Unterscheidung von Anhängern der Reformation einerseits und „Papisten" andererseits viel zu schematisch war, daß vielmehr differenziert werden mußte und auf beiden Seiten Kräfte am Werke waren, die einer absoluten Konfrontation entgegenwirkten und nach Wegen suchten, die den Zwiespalt überbrücken könnten, Kräfte, die auf der einen Seite bereit waren, auf allzu radikale Forderungen zu verzichten, und sich auf der anderen Seite von der Einsicht bestimmen ließen, daß eine Reform der Kirche unumgänglich sei. Als ihre Exponenten galten auf seiten der Lutheraner Philipp Melanchthon und Martin Bucer. Auf katholischer Seite ist an einen ganzen Personenkreis zu denken, der sich vor allem von den Gedanken des Erasmus („De amabili ecclesiae concordia" 1533) leiten ließ. Zu ihm gehörten sowohl Theologen wie Julius Pflug (1499–1564, Propst in Zeitz, dann auch Dechant in Meißen, später Bischof von Naumburg) und Georg Witzel (1501–1573, zuerst im Sinne der Reformation predigend, Pfarrer in Niemegk, dann aber doch als katholischer Reformer arbeitend, 1533

1 An Melanchthon, 26. 8. 1530, WA Br 5,576–579: „Mihi in totum displicet tractatus de doctrinae concordia, ut quae plene sit impossibilis, nisi papa velit papatum suum aboleri" (578,42f.).
2 BSLK 419,14f.

bis 1538 in Eisleben, später in Dresden, Leipzig, zuletzt in Mainz, 1532 schrieb er sein Hauptwerk „Methodus concordiae ecclesiasticae"), Mitglieder des Episkopats wie Bischof Stadion von Augsburg und auch Vertreter des Adels und der Reichsstände wie Kurfürst Ludwig von der Pfalz, Pfalzgraf Friedrich, Kurfürst Joachim II. von Brandenburg, die Herzöge Johann und Wilhelm von Jülich u. a.

B DIE SÄCHSISCHEN GESPRÄCHE 1534 UND 1539

Auf Pflugs Initiative geht der erste Versuch zurück, die in Augsburg so schnell wieder verlassene Linie der Religionsgespräche neu zu beschreiten. Ende April/Anfang Mai 1534 fand im Leipziger Paulinerkloster ein Kolloqium zwischen Vertretern des Erzbischofs von Mainz, Albrecht, und sächsischen reformatorischen Theologen statt.[3] Pflug war als Beobachter des Bischofs von Meißen und des Herzogs Georg bei den Verhandlungen zugegen. Über den Verlauf ist nur wenig bekannt. Verhandlungsgegenstand war zuerst die Rechtfertigungslehre, in der man bald zu gewissen Übereinstimmungen fand. Am zweiten Thema jedoch, der Messe, scheiterte auch dieses Unternehmen. Die Gegensätze waren nicht zu überbrücken.

Bald zeigte sich aber, daß es – zumal in einer Situation, wie sie sich in Sachsen ergab – eine Alternative zu diesem Wege der Verhandlungen nicht gab. Unter dem Eindruck des unerwarteten Todes des Sohnes und designierten Nachfolgers Georgs von Sachsen, Herzog Johann, im Januar 1537 und der eindeutigen lutherischen Parteinahme von Georgs Bruder Heinrich, wodurch die Regierungsnachfolge und die konfessionelle Zukunft des Herzogtums völlig unsicher geworden waren, bemühte sich der herzogliche Rat Georg von Carlowitz (ein Schwager Julius Pflugs) ohne Wissen des Herzogs weiter um einen religiösen Ausgleich mit den reformatorischen Kräften außerhalb der eigenen Grenzen wie um Durchführung von Reformen und ein tolerantes Vorgehen im Inneren. Er ließ sich dabei durchaus von landespolitischen Gesichtspunkten leiten. Nicht eine allgemeine Verständigung stand auf dem Plan, sondern die Verhinderung allzu radikaler, u. U. von Kursachsen ausgehender Eingriffe in die religiöse Situation des Landes nach dem Ableben Herzog Georgs. Und er erreichte es tatsächlich, daß am 1. Januar 1539 in Leipzig ein zweites Religionsgespräch begann, an dem Melanchthon und Brück als Vertreter Kursachsens, Kanzler J. Feige und Martin Bucer als Vertreter Hessens sowie von seiten des Herzogtums Sachsen neben Carlowitz Ludwig Fachs und Georg Witzel teilnahmen. Grundlage für eine mögliche Einigung sollte nach einer Anregung von Carlowitz das „Richtscheit der apostolischen Kirche" sein.[4] Aber gerade dieser Versuch, eindeutige Kriterien zu gewinnen, führte sehr schnell zum vorzeitigen Ende der Verhandlungen. Carlowitz mußte sich darüber belehren lassen, daß solche eindeutigen Kriterien auch nicht im Rückgriff auf die ersten Jahrhunderte der Kirche zu erhalten seien. Die kursächsischen Vertreter nahmen

3 *G. Wartenberg*, Die Leipziger Religionsgespräche von 1534 und 1539. Ihre Bedeutung für die sächsich-albertinische Innenpolitik und für das Wirken Georgs von Karlowitz, RR 35 bis 41.

4 Dies aber im Rückgriff auf ein Gutachten Witzels: „Typus ecclesiae prioris", s. *Wartenberg*, ebd., 38f. und vgl. *M. Ditsche*, Das „Richtscheit der Apostolischen Kirche" beim Leipziger Religionsgespräch von 1539, in: Reformata Reformanda (Festschrift für H. Jedin), Bd. 1, Münster 1965, 466–475.

fortan nicht mehr an den Beratungen teil. Fortgesetzt wurden diese dann im eigentlichen Sinne nur noch von Witzel und Bucer im Beisein der weltlichen Räte. Sie erarbeiteten einen Einigungsentwurf in 15 Artikeln über Fall und Erlösung des Menschen, freien Willen, Sakramente, Kirchenbräuche und Ämter.[5] Deren weiterer Erfolg war jedoch wiederum gering. Landgraf Philipp freilich akzeptierte ihn und zeigte sich bereit, ihn in weitere Verhandlungen einzubringen. Herzog Georg gab ihn an Pflug und an Bischof Johann VIII. von Meißen zur Prüfung und „verwies damit alle Vergleichsbemühungen klar in den Aufgabenbereich der Kirche“[6]. Aus Wittenberg jedoch kam scharfer Protest. Ein Gutachten vom 7. Januar 1540 sprach von einem „Flikwerk sehr fährlich und sorglich“ (besorgniserregend) und von „Sophisterei“.[7] Und so wurden auch diesmal die gesteckten Ziele nicht erreicht. Der Tod auch des zweiten Sohnes Georgs, Friedrich, im Januar 1539 ließ die zukünftige Regierungsübernahme durch Herzog Heinrich unabwendbar werden.

C DIE EINBERUFUNG DES KONZILS NACH MANTUA 1536/37 UND IHR SCHEITERN

Die Einladung zum Konzil, das Papst Paul III. zum 23. Mai 1537 nach Mantua ausgeschrieben hatte (Bulle „Ad Dominici gregis curam“ vom 2. Juni 1536)[8] wurde von seiten des Schmalkaldischen Bundes zurückgewiesen. Die Bundesversammlung von Schmalkalden (Februar 1537) befand, daß eine Annahme der Einladung in der vorliegenden Form von vornherein einer Unterwerfung unter den Papst gleichkäme, denn dieser erscheine als Richter, sei aber in Wirklichkeit doch Partei. Auch der Ort, an dem das Konzil zusammentreten sollte, entsprach nicht der alten Forderung nach einer Versammlung in Deutschland, dem eigentlichen Schauplatz der Kontroverse. Der zur Versammlung erschienene kaiserliche Vizekanzler Held konnte die Einladungsbulle nicht übergeben und mußte wieder abreisen. Melanchthon verfaßte die Ablehnungsschrift und ein Begleitschreiben, worin die Gründe für die Absage dargelegt wurden.[9] Dennoch scheiterte das Konzil letztlich nicht an der Absage der protestantischen Reichsstände, sondern an der Frankreichs, wie überhaupt das Echo auf die Einladung auch bei den katholischen deutschen Fürsten und selbst bei den Bischöfen höchst verhalten bis ablehnend ausfiel. In England wurde nicht einmal die Einladung übergeben. Franz I. von Frankreich, zum dritten Male im Kriege mit dem Kaiser liegend, erklärte, Mantua sei für ihn und seine Prälaten aus Sicherheitsgründen nicht zu akzeptieren. Und schließlich stellte auch der Herzog von Mantua für die Sicherheit des Konzils derart hohe Forderungen, daß sich der Papst gezwungen sah, am 20. April 1537 das Konzil auf den 1. November zu vertagen. Aber auch dieser Termin konnte nicht eingehal-

5 Text bei *Cardauns*, a. a. O., 85–108, eine lateinische Übersetzung in ARC 6,1–20.

6 *Wartenberg*, Leipziger Religionsgespräche, (s. o. Anm. 3) 40.

7 WA Br 9,8–11, das Zitat 9,6f.; 15.

8 CT 4,2–6; zum Ganzen s. *E. Wolgast*, Das Konzil in den Erörterungen der kursächsischen Theologen und Politiker 1533–1537, ARG 73(1982) 122–152.

9 „Causae, quare Synodum indictam a Romano Pontifice Paulo III. recusarint Principes, Status et Civitates Imperii, profitentes puram et catholicam evangelicam doctrinam“, CR 3,313–325, vgl. auch CT 4,71–92 sowie *E. Bizer*, Die Wittenberger Theologen und das Konzil 1537, ARG 47(1956) 77–101.

ten werden. Viel zu spät bestimmte man einen neuen Ort, Vicenca, dabei also wiederum nicht mehr auf die protestantischen Forderungen Rücksicht nehmend, und mußte sogleich einen dritten Termin benennen: den 1. Mai 1538. Die Folge war, daß nun fast niemand mehr an die ehrlichen Absichten des Papstes glaubte, wirklich ein Konzil abzuhalten. Das Ergebnis war entsprechend: Am Ort erschien zum vereinbarten Termin lediglich ein einziger möglicher Teilnehmer, der aus Upsala vertriebene Bischof Johannes Magnus. Der Papst vertagte daraufhin das Konzil am 25. April zum dritten Male, und jetzt auf unbestimmte Zeit, unter Hinweis auf das Nichterscheinen der Prälaten. Er selber freilich war auch nicht angereist, sondern befand sich auf dem Wege nach Nizza, wo er auf einer Friedenskonferenz mit dem Kaiser und dem König von Frankreich die allgemeinen Rahmenbedingungen bessern zu können hoffte. Das jedoch gelang nur begrenzt: Es konnte nur ein Waffenstillstand auf zehn Jahre abgeschlossen werden. Franz willigte in keinen Konzilsplan ein. Immerhin verkündete aber eine neue Bulle (auf den 28. Juni 1538 zurückdatiert, in Wirklichkeit am 2. August ausgefertigt) Ostern 1539 als neuen Termin, der jedoch angesichts der anhaltenden politischen Verwicklungen ebenso unrealistisch war wie seine Vorgänger. So mußte das Konsistorium vom 21. Mai 1539, also mehrere Wochen nach dem eigentlichen Termin, den unvermeidbaren Entschluß fassen, das Konzil erneut zu verschieben, diesmal jedoch in Form einer Suspendierung „ad beneplacitum“.

Die Auswirkungen dieser Entwicklung waren recht unterschiedlich. Vizekanzler Held, der schon vor dem Schmalkaldischen Tage mit der Frage befaßt worden war, was zu geschehen hätte, falls das Konzil nicht zustande käme, betrieb nach der Absage durch die Protestanten neue Bündnispläne seitens der katholischen Stände und erreichte es, daß am 10. Juni 1538 in Nürnberg eine „christliche Einung“ abgeschlossen wurde zur „Erhaltung unsers christlichen Glaubens und zur Handhabung Frieds und Einigkeit, auch guter Sitten im hl. Reich“.[10] Bündnispartner waren der Kaiser, König Ferdinand von Österreich, dazu Bayern, Herzog Georg von Sachsen, Heinrich von Braunschweig, Erzbischof Albrecht von Mainz für Magdeburg und Halberstadt sowie der Bischof von Salzburg. Ein wirkliches Gegenstück zum Schmalkaldischen Bund war das jedoch kaum. Dazu fehlten zu viele katholische Stände, nicht zuletzt die geistlichen Kurfürsten. Und die alten Rivalitäten zwischen Habsburg und Bayern wirkten auch hier als eine Art Spaltpilz. Außerdem war man sich keineswegs einig in der Wahl der anzuwendenden Mittel. Während Bayern einen harten Kurs befürwortete und in der Folgezeit auch konsequent durchzusetzen versuchte,[11] ließ sich der Kaiser, nicht zuletzt unter dem Eindruck der außenpolitischen Schwierigkeiten mit Frankreich und den Türken, von der Notwendigkeit zu verhandeln überzeugen.

D DIE RÜCKKEHR ZUR VERHANDLUNGSPOLITIK UND DER FRANKFURTER ANSTAND 1539

Die Rückkehr zur Verhandlungspolitik und der neue Versuch, durch theologische Gespräche zu einer Konkordie zu gelangen, gingen auf eine Initiative des brandenbur-

10 *Hortleder*, Ursachen, a. a. O., III, 14f. vgl. *Luttenberger*, Glaubenseinheit und Reichsfriede, a. a. O., 41–53.

11 Vgl. die Quellen zur Opposition im Reiche gegen die Verständigungspolitik des Kaisers in ARC 3(1968).

gischen Kurfürsten Joachim II. zurück,[12] der anläßlich von Lehensverhandlungen mit König Ferdinand in Bautzen (Mai 1538) anbot, zur Erreichung einer gütlichen Beilegung des Streites vermittelnd tätig zu werden. Der Kaiser, den die Nachricht darüber bei Gesprächen mit dem Papst über die Konzilsfrage in Genua erreichte (wobei möglicherweise angesichts der beharrlichen französischen Weigerungen schon der Gedanke, ohne ein Konzil die Herstellung der Glaubenseinheit zu versuchen, eine Rolle spielte), stimmte einer solchen Initiative ebenso zu wie der Papst. Die daraufhin eingeleiteten Verhandlungen, in denen Joachim II. sowie im Auftrage des Kaisers der ehemalige Erzbischof von Lund, Johann von Weeze, der ebenfalls zur vermittelnden Richtung gezählt werden muß, die Schlüsselpositionen einnahmen, zogen sich freilich in die Länge und führten infolgedessen und wegen der allgemeinen Schwierigkeiten, zwischen den beiderseitigen Forderungen zu vermitteln, zeitweise sogar anscheinend in die Gegenrichtung. Die Prozesse am Reichskammergericht gegen protestantische Reichsstände, die Verhängung der Reichsacht gegen Goslar und Minden boten hinreichenden Anlaß zu weitgehenden Befürchtungen. Und als Gerüchte für das Frühjahr 1539 einen Angriff der katholischen Stände ankündigten, erwog man seitens des Schmalkaldischen Bundes ernsthaft die Möglichkeit eines Präventivschlags. Erst in mühseligem und zähem Ringen gelang es, die sehr weit gehenden Forderungen der Schmalkaldener (umfassenden reichsrechtlichen Schutz ohne zeitliche Begrenzung) und das Minimalangebot des Kaisers (Begrenzung des Friedens auf ein Jahr, Suspendierung der schwebenden Verfahren bei gleichzeitigem Verzicht der Protestanten auf weitere Neuerungen und Säkularisationen) einander anzunähern. Ein wirklicher Ausgleich der Positionen ließ sich ohnehin nicht herstellen. In dem am 19. April 1539 unterzeichneten „Frankfurter Anstand"[13] wurde den Protestanten ein „Anstand" (d. h. eine Aussetzung des Wormser Edikts von 1521) von 15 Monaten eingeräumt, während derer kein Reichsstand wegen der Religion angegriffen werden sollte. Der Nürnberger Friede sollte in Kraft bleiben und nach Ablauf der Frist des Anstandes auf alle derzeitigen Anhänger der Confessio Augustana ausgedehnt werden mit Gültigkeit bis zum Konzil. Für dieselbe Zeit sollten auch alle Prozesse und die Exekution der Reichsacht suspendiert sein. Die Rüstungen wären zu stoppen, und nicht zuletzt: etwa für den 1. August sollte der Kaiser einen Tag nach Nürnberg ausschreiben zur Vorbereitung von Konkordienverhandlungen. Gemessen an den Vorstellungen der protestantischen Stände war dieses Ergebnis schmal genug. Das ganze Werk war zudem weitgehend an die Ratifikation durch den Kaiser gebunden: Falls dieser nicht den Protest der evangelischen Stände gegen die Beschränkung des Friedens auf die gegenwärtigen Anhänger der CA anerkennen und auch nicht eine Erweiterung des Nürnberger Bundes verhindern würde, sollte der Anstand nur sechs Monate gelten. Immerhin aber war der Friede wieder für einige Zeit sicherer und dazu erreicht worden, daß wieder verhandelt wurde und daß man auch neu, offiziell und auf breiter Ebene die Glaubensfrage ins Gespräch brachte.

---

12 Vgl. *W. Delius*, Kurfürst Joachim II. von Brandenburg und das Konzil von Trient, in: Reformation und Humanismus (Robert Stupperich zum 65. Geburtstag), Witten 1969, 195 bis 211.

13 S. den Text bei *W. Neuser*, Die Vorbereitung der Religionsgespräche, a. a. O., 75–85. Zum Ganzen: *P. Fuchtel*, Der Frankfurter Anstand vom Jahre 1539, ARG 28(1931), 145–206; *R. Wohlfeil*, Art. „Frankfurter Anstand", TRE 11(1983) 342–346 (Lit.).

E DIE RELIGIONSGESPRÄCHE VON HAGENAU, WORMS UND REGENSBURG 1540/41

Gedrängt von der Kurie, die erneut die Gefahr eines deutschen Nationalkonzils heraufziehen sah, und den Radikalen des Nürnberger Bundes, die – an den Verhandlungen nicht beteiligt – in dem Beschluß nur eine Mißachtung des Abschieds von Augsburg 1530 sehen konnten und ihn deshalb nicht anerkannten, versagte der Kaiser tatsächlich seine Zustimmung. Der Termin für das Religionsgespräch wurde nicht wahrgenommen. Andererseits ließ sich auch die Ausbreitung der Reformation nicht stoppen (Herzogtum Sachsen, Einführung einer reformatorischen Kirchenordnung in Kurbrandenburg), was von den katholischen Ständen ebenfalls als Bruch des Abkommens gewertet wurde. Erst die Anzeichen neuer außenpolitischer Verwicklungen ließen den Kaiser dann doch den eingeschlagenen Weg weiter fortsetzen. Mit Schreiben vom 18. April 1540 lud er zu einem Religionskonvent nach Speyer ein, der am 6. Juni beginnen sollte.[14] Wegen der dort herrschenden Pest mußte man allerdings nach Hagenau ausweichen. Dort trafen sich unter der Leitung König Ferdinands und unter Anwesenheit auch einiger Fürsten im wesentlichen Theologen beider Seiten. Von Wittenberg waren Cruciger, Myconius und Menius erschienen (Melanchthon war erkrankt), ferner von protestantischer Seite Brenz, Bucer, Capito, Osiander, mit den Straßburgern auch Calvin, derzeit (1538–1541) dort Pfarrer der französischen Flüchtlingsgemeinde.[15] Auf katholischer Seite ragten Johannes Faber, Eck und Cochläus heraus. Der päpstliche Nuntius Morone fungierte als Berater. Das Gespräch begann am 28. Juni und stand schon bald vor unüberwindlichen Schwierigkeiten. Denn es konnte keine Einigung über die sachlichen Ausgangspunkte, die Grundlagen und den Maßstab erzielt werden (Hl. Schrift, die CA – so die Protestanten, die schon im Frühjahr entsprechende Beschlüsse gefaßt hatten;[16] auch die Väter und die Konzilien und das Recht des Papstes, die Ergebnisse zu ratifizieren – so König Ferdinand). Der Beschluß vom 28. Juli[17] hielt dann auch praktisch nur das eine konkrete Ergebnis fest, nach drei Monaten, also am 28. Oktober, in Worms zu neuen Verhandlungen zusammenzukommen. Dann sollte jede Seite über 11 Stimmen verfügen, womit die zu beteiligenden Stände gemeint waren, die entweder in eigener Person und unter Hinzuziehung eines oder mehrerer Räte und Theologen erscheinen, sich aber auch vertreten lassen konnten. Die 11 katholischen Stimmen wurden sogleich benannt. Und der Kaiser beglaubigte den Abschied und lud wenig später zum vereinbarten Termin ein. Noch vor Eröffnung der Gespräche berief er auch schon für den Dreikönigstag 1541 den Reichstag nach Regensburg ein, der über den erhofften Vergleich beschließen sollte.

Das Hagenauer Gespräch hatte jedoch noch ein weiteres außerordentlich bedeutsames Ergebnis. In den Verhandlungen war deutlich geworden, daß die Confessio Augusta-

---

14 Text des Einladungsschreibens bei *Neuser*, ebd., 86–89.

15 Vgl. *W. Neuser*, Calvins Beitrag zu den Religionsgesprächen von Hagenau, Worms und Regensburg (1540/41), in: Studien zur Geschichte und Theologie der Reformation (Festschrift für Ernst Bizer), Neukirchen 1969, 213–237.

16 S. das Gutachten der Wittenberger Theologen vom 18. 1. 1540, WA Br 9,(19) 21–35, das vom Bundestag der Schmalkaldener im März als Bekenntnisgrundlage angenommen wurde. Vgl. *W. Maurer*, Confessio Augustana Variata, ARG 53(1962), 97–151.

17 Text bei *W. Neuser*, Die Vorbereitung der Religionsgespräche, a. a. O., 96–107.

na den historischen, theologischen und auch kirchenpolitischen Verhältnissen nicht mehr entsprach. Der Wortlaut der CA „trug der inneren und äußeren Entwicklung, die der Protestantismus in den Jahren 1530/40 durchgemacht hatte, nicht mehr vollständig Rechnung, begünstigte dadurch die Zersplitterungstendenzen der Gegner und verdunkelte die theologisch-rechtliche Lage“[18]. Dabei ist besonders an die Wittenberger Konkordie sowie an die inzwischen gefallenen Entscheidungen in Sachen Papst und Konzil zu denken. Aufgrund dessen arbeitete Melanchthon im Frühherbst 1540 die CA variata aus als „Programm für die kommende Disputation“[19].

Wegen der verspäteten Ankunft des kaiserlichen Vertreters, des Kanzlers Granvella, konnten die Verhandlungen (nach separaten Vorgesprächen, in denen sich die evangelischen Vertreter ohne Schwierigkeiten auf das Wittenberger Gutachten vom Januar und die CA variata als Grundlage für das bevorstehende Gespräch verständigten) erst am 25. November aufgenommen werden. Als päpstlicher Nuntius war Tommassio Campeggi erschienen. Schwierigkeiten bereitete sogleich die Frage der Zusammensetzung der Verhandlungsparteien. Denn auf katholischer Seite standen auch Kurbrandenburg, die Kurpfalz und Jülich-Cleve, die – zu Recht – als reformationsfreundlich galten.[20] Damit ergaben sich nicht nur Spannungen innerhalb der eigenen Gruppe, sondern sofort stand auch der Abstimmungsmodus zur Debatte und überhaupt Verfahrensfragen, z. T. auch direkt als Mittel der Verzögerung benutzt. Erst am 14. Januar 1541 konnten mit der Disputation zwischen Melanchthon und Eck über die Erbsünde dann wirklich die theologischen Sachfragen angegangen werden. Katholischerseits wurde die Verzögerung damit begründet, daß man zuvor die bisherige Fassung der CA mit der Variata hätte vergleichen müssen. Doch akzeptierte man diese dann ohne Widerspruch, schloß sich also der Feststellung Melanchthons an, daß eine sachliche Veränderung nicht vorgenommen worden sei. Aber schon am 18. Januar vertagte ein kaiserlicher Befehl das ganze Kolloquium, ohne daß auch nur dieser eine Punkt abgeschlossen worden wäre, auf den ja schon ausgeschriebenen Reichstag in Regensburg, auf dem der Kaiser persönlich zugegen sein wollte. Granvella hatte den Kaiser um diese Vertagung gebeten; denn die Probleme um die Verfahrensfragen (offensichtlich Obstruktion Bayerns) schränkten die Aussichten, zu greifbaren Ergebnissen zu gelangen, von vornherein ein. Andererseits aber war in zusätzlichen geheimen theologischen Verhandlungen inzwischen eine Vorlage erarbeitet worden, deren weitere Verhandlung ein anderes Forum erforderte.

Diese Geheimverhandlungen wurden auf Initiative Granvellas vom 15. bis 31. Dezember 1540 zwischen dem kaiserlichen Rat Gerhard Veltwyk und Johannes Gropper auf der einen und den beiden Straßburger Reformatoren Capito und Bucer auf der anderen Seite geführt. Bucer und Gropper kannten sich bereits von den Hagenauer Gesprächen und hatten sich offenbar in ihrer Art auch gegenseitig schätzen gelernt. Gropper nahm auf Veranlassung des reformfreudigen Kölner Erzbischofs Hermann von Wied an den Gesprächen teil,[21] Bucer wiederum hatte schon im Leipziger Gespräch eine besondere Rolle gespielt und jetzt zudem durch Landgraf Philipp von Hessen, in dessen Auftrag

18 *Maurer* (s. o. Anm. 16), 112.
19 Ebd., 121.
20 Die Liste der evangelischen Abgeordneten, der Räte und der Theologen bei *Neuser*, a. a. O., 199f. Einzelheiten dazu ebd., 55–65.
21 S. o. 34.

er in Worms weilte, besondere Instruktionen für Gespräche mit dem Kanzler erhalten. Denn inzwischen war die Doppelehe des Landgrafen ruchbar geworden[22] und der Landgraf somit der kaiserlichen Politik ziemlich ausgeliefert. Das Ergebnis dieser Verhandlungen[23] war das sog. Wormser Buch[24]. Es entstand wohl auf der Grundlage einer Denkschrift Groppers, die ihrerseits wiederum auf dessen Enchiridion basiert.[25] Und hierin nun hoffte Granvella eine zureichende Grundlage für ein weiteres Gespräch zu besitzen. Er konnte deshalb mit guten Gründen sogleich (noch vor Beginn der offiziellen Disputation zwischen Melanchthon und Eck) den Kaiser um Vertagung des Kolloquiums bitten, die dieser dann auch am 18. Januar 1541 verfügte. Die Ausschreibung des Reichstages nach Regensburg wurde erneuert.

Das Ergebnis der Geheimverhandlungen blieb freilich keine Geheimsache. Granvella selber bemühte sich um seine Anerkennung. Auf dem Wege über Philipp von Hessen und Joachim II. von Brandenburg, die sich beide ziemlich zustimmend äußerten,[26] erhielt auch Luther das Wormser Buch. Doch dieser lehnte ab, obwohl er zugab, die Verfasser hätten es gut gemeint.[27] Melanchthon gegenüber bezeichnete er die Aussagen des Ausgleichsentwurfes als „ambigua et dubia".[28] Auch Melanchthon äußerte sich skeptisch.[29] Und der sächsische Kurfürst erklärte, Verhandlungen seien nur auf der Grundlage der CA und der Apologie möglich.[30]

Der Reichstag in Regensburg begann am 5. April 1541 mit der Verlesung der kaiserlichen Proposition. Darin wurde festgestellt, für wie wichtig er die Religionssache halte und deshalb ein neues Gespräch halten lassen wolle. Dieses solle von einigen wenigen ausgesuchten Personen geführt werden. Dazu wurden bestimmt: von katholischer Seite Pflug, Eck und Gropper, von reformatorischer Seite Melanchthon, Bucer und der sächsische Prediger Johannes Pistorius. Hinzu kamen „Zeugen" sowie als Vorsitzende wiederum Kanzler Granvella und Pfalzgraf Friedrich. Der Papst hatte auf aus-

---

22 S. u. 84f. und vgl. *G. Müller*, Landgraf Philipp von Hessen und das Regensburger Buch, in: Bucer und seine Zeit. Forschungsbeiträge und Bibliographie, hg. v. *M. de Kroon* und *F. Krüger*, Wiesbaden 1976 = Veröffentlichungen des Instituts für europ. Geschichte Mainz 80.

23 Ihren Verlauf schildert *Stupperich*, Der Humanismus und die Wiedervereinigung der Konfessionen, a. a. O., 86–90.

24 Die Bezeichnungen in der Literatur sind nicht einheitlich. Zuweilen wird es bereits „Regensburger Buch" genannt oder „Worms-Regensburger Buch", denn die spätere Regensburger Fassung differiert ja lediglich in Einzelheiten. Text in ARC 6,(21) 24–88, auch in CR 4, 190 bis 238.

25 Zur Diskussion über die Autorschaft vgl. bes. *R. Stupperich*, Der Ursprung des „Regensburger Buches" von 1541 und seine Rechtfertigungslehre, ARG 36(1939), 88–116; *W. Lipgens*, Kardinal Johannes Gropper (1503–1559) und die Anfänge der katholischen Reform in Deutschland, Münster 1951 = RST 75, 124 Anm. 15, vgl. ebd., 225 Nr. 9; *R. Braunisch*, Die „Artikell" der „Warhafftigen Antwort" (1545) des Johannes Gropper. Zur Verfasserfrage des Worms-Regensburger Buches (1540/41), in: Von Konstanz nach Trient (August Franzen zum 60. Geburtstag), München/Paderborn/Wien 1972, 519–545.

26 Vgl. *G. Müller*, Landgraf Philipp von Hessen und das Regensburger Buch (s. o. Anm. 22), 105ff.

27 An Joachim II., 21.(?) 2.1541, WA Br 9,332–334.

28 12. Mai (?), ebd., 411,13.

29 CR 4,98.

30 Instruktion an seine Räte, 15. 3. 1541, CR 4,123–132.

drücklichen Wunsch des Kaisers den Kardinal Contarini gesendet, „die Seele aller Reformbestrebungen an der Kurie und darüber hinaus das anerkannte Haupt der religiösen, dem Evangelismus nahestehenden Kreise ... In Deutschland galt er ... als aufrichtiger Freund einer Verständigung mit den Protestanten."[31] Allerdings erhielt er keinerlei Vollmachten und beteiligte sich auch nicht an den Verhandlungen, doch stand er in ständigem Kontakt mit den katholischen Unterhändlern. Als Gesprächsgrundlage präsentierte der Kaiser – versiegelt und ohne Titel – das Ergebnis der Gespräche in Worms.

Die Verhandlungen begannen am 27. April und führten sehr schnell zu einer Einigung über die ersten vier Artikel (Schöpfung des Menschen und Urstand, freier Wille, Ursache der Sünde, Erbsünde), ohne daß ein tieferes Gespräch darüber geführt werden mußte. Doch schon der fünfte Artikel über die Rechtfertigung offenbarte schwerwiegende Differenzen. Der vorliegende Text wurde verworfen als zu lang und zu undeutlich. Inhaltlich nahmen sowohl Melanchthon als auch Eck Anstoß an den Aussagen. Insofern mußte man sich um eine Neuformulierung bemühen, doch keiner der vorgelegten Entwürfe (von Eck, Melanchthon und endlich auch Contarini) konnte befriedigen. Schließlich fand eine neue Form, bezeichnenderweise von Granvella aufgesetzt, Zustimmung, so daß alle Beteiligten (der Kaiser, Contarini und auch Calvin) ihre Befriedigung aussprachen. Ein entscheidender Durchbruch war das jedoch noch nicht. Nachdem schon beim Artikel über die Kirche ein Bruch nur dadurch verhindert werden konnte, daß der Punkt zurückgestellt wurde, stockten die Verhandlungen am Artikel über die Messe erneut und schwer. Hier hatte Contarini bei seiner vorherigen Überprüfung der Vorlage einen Abschnitt über die Transsubstantiation eingefügt. Auch dieser Artikel blieb „unverglichen", so wie dann auch der über die sakramentale Buße Schwierigkeiten bereitete. Als es endlich – Ende Mai – darum ging, Bilanz zu ziehen, legten die Protestanten eine Denkschrift vor: „Articuli, quos delecti ex coniunctis Augustanae confessioni exhibuerunt oppositos certis locis in libro non receptis."[32] Neben den Artikeln, in denen man sich formell geeinigt hatte, stand damit eine Liste anderer, in denen man sich nicht hatte zusammenfinden können. Und diese war nicht nur länger (sie umfaßte 10 Artikel), sondern wog auch weitaus schwerer.

Das Gespräch war gescheitert, auch dieses, und trotz aller offenbar so günstigen Umstände, nicht zuletzt der wirklichen und ehrlichen Bereitschaft beider Seiten. Wohl gab es noch einmal Versuche zu retten, was noch zu retten war, bis hin zu dem, daß Kurfürst Joachim II. eine Delegation zu Luther schickte, um ihn um seine Meinung zu bitten und darum, wenigstens einem Toleranzprojekt zuzustimmen, nach dem jede Seite die „verglichenen" Artikel als verbindlich anzunehmen hätte. „Damit der Reichstagk nit ane frucht abgienge", erklärte sich Luther dann dazu unter bestimmten Bedingungen bereit.[33] Nach einer näheren Prüfung der Artikel aber verwarf er auch die verglichenen und forderte das Festhalten an der Confessio Augustana.[34] Aus Rom kam eine ebenso entschiedene Ablehnung.[35] Damit war auch diese letzte Möglichkeit

31 *H. Jedin*, Geschichte des Konzils von Trient, a. a. O., 1,306.

32 CR 4,348–376.

33 An die Fürsten Johann und Georg von Anhalt, 11./12. 6. 1541, WA Br 9,(436) 437–440 (Entwurf); 440–442 (Ausfertigung).

34 Luther und Bugenhagen an Kurfürst Johann Friedrich von Sachsen, 29. 6. 1541, ebd., 459 bis 463.

35 Schreiben des Kardinals Farnese an den Nuntius Contarini, 15. 6. 1541, CT 4,195f.

vergeben. Die abschließende Stellungnahme der katholischen Seite vom 1. Juli lehnte das ganze Regensburger Buch eindeutig ab.[36] Ebenso eindeutig war das letzte Wort der protestantischen Seite vom 12. Juli.[37]
Und selbst die mit so großer Befriedigung aufgenommene Einigung über den Rechtfertigungsartikel hielt nicht stand.[38] Der Artikel war ein wirklicher Kompromiß. Sein Kernstück war die These von der „duplex iustitia".

Gut reformatorisch wurde festgestellt: „Fide in Christum iustificamur, seu reputamur iusti, id est, accepti, ... non propter nostram dignitatem aut opera."[39] Aber zu dieser „iustitia imputata" trat die „iustitia inhaerens": „... quia, quae iusta sunt, operamur",[40] was ja reformatorischem Verständnis auch nicht widersprechen mußte. Luther selbst hatte in den frühen reformatorischen Auseinandersetzungen einen „Sermo de duplici iustitia" schreiben können.[41]

Calvin stimmte der Formel ehrlichen Herzens zu. Sie entsprach durchaus seiner Lehre.[42] Und auch Contarini auf der anderen Seite war sehr einverstanden damit.[43] Trotzdem verfiel sie der Ablehnung von beiden Seiten. Luther („mit Erfahrungen belastet, die geeignet waren, ein unbefangenes theologisches Urteil zu trüben. Erschwerend kommt vielleicht sein gerade damals sehr angegriffener Gesundheitszustand hinzu"[44]) nannte den Artikel ein „weitleufftig vnd geflickt ding", „zu samen gereymet und geleymet",[45] offenbar weil des öfteren Sätze aus der katholischen und aus der reformatorischen Lehrentfaltung nebeneinandergestellt worden waren, wohl zum Zwecke der gegenseitigen Korrektur und Ergänzung. Ein zureichendes theologisches Urteil war das kaum. Katholischerseits wiederum wurde der Formel (Konsistorium vom 27. Mai 1541) Zweideutigkeit vorgeworfen. Und das Trienter Konzil verwarf dann auch ausdrücklich die Lehre von der doppelten Gerechtigkeit.[46]
Trotzdem ist aber das Regensburger Gespräch und die mit ihm intendierte Union nicht am Artikel über die Rechtfertigungslehre gescheitert. Gescheitert ist das ganze Unternehmen vielmehr[47] an der Lehre von der Kirche in ihrer ganzen Breite, dem Be-

36 CR 4,450–455.
37 Ebd., 476–478 (kurze erste Fassung des Briefes an den Kaiser); 479–491 (längere Fassung mit der Beurteilung des Regensburger Buches, lat.); 491–505 (deutsch).
38 Text der verschiedenen Fassungen: ARC 6,30–44; 44–52; 52–54; vgl. dazu *K.-H. zur Mühlen*, Die Einigung über den Rechtfertigungsartikel auf dem Regensburger Religionsgespräch von 1541 – eine verpaßte Chance? ZThK 76(1979), 331–359; *V. Pfnür*, Die Einigung bei den Religionsgesprächen von Worms und Regensburg 1540/41 eine Täuschung? RR 55–88.
39 ARC 6,54,2f.
40 Ebd., Zeile 4f.
41 1519, WA 2,(143) 145–152; vgl. *W. v. Loewenich*, Duplex iustitia. Luthers Stellung zu einer Unionsformel des 16. Jahrhunderts, Wiesbaden 1972 = Veröffentlichungen des Instituts für europ. Geschichte Mainz 68.
42 Siehe *W. Neuser*, Calvins Urteil über den Rechtfertigungsartikel des Regensburger Buches, in: Reformation und Humanismus (Robert Stupperich zum 65. Geburtstag), Witten 1969, 176–194.
43 Vgl. *v. Loewenich* (s. o. Anm. 41), 38–47, dort ausführliche Nachweise.
44 Ebd., 54f.
45 WA Br 9,406,8. 14.
46 S. u. 164.
47 Siehe *H. Jedin*, An welchen Gegensätzen sind die vortridentinischen Religionsgespräche

griff der Kirche als Heilsinstitution mit hierarchischer Struktur, unfehlbarem Lehramt und oberster päpstlicher Gewalt. Und auch die nicht zu überbrückende Kontroverse über die Transsubstantiationslehre im Artikel vom Abendmahl[48] betraf das Formalprinzip des vorgegebenen Dogmas, an dem nicht vorübergegangen werden konnte. Damit war der Konkordienplan endgültig gescheitert. Die Enttäuschung war allgemein. Seitens des Papstes wurde dem Kaiser mitgeteilt, das Konzil sei nun ohne weiteren Verzug einzuberufen. Und der Kaiser legte in seiner Antwort alle das Konzil betreffenden Angelegenheiten in die Hände des Papstes, d.h., er gab seinen Versuch auch formell auf. Der endliche Abschied des Reichstages vom 29. Juli[49] war dann aber doch wieder um einiges zurückhaltender. Er sprach wieder von der Möglichkeit eines deutschen Nationalkonzils, forderte das Konzil innerhalb von 18 Monaten in Deutschland, bestätigte ansonsten den Beschluß von Augsburg und den Nürnberger Frieden für diese 18 Monate und verpflichtete darüber hinaus – nach einer entsprechenden Mahnung Contarinis – die katholischen Reichsstände, ihrerseits „eyn christenliche ordnung und reformation fürzunemen"[50]. In einer zusätzlichen geheimen Deklaration,[51] die die Beteiligung der Protestanten an der Türkenhilfe garantieren sollte (Suleiman I. stieß inzwischen erneut nach Ungarn vor und besetzte Ofen), sicherte der Kaiser den Protestanten ihren gegenwärtigen Besitzstand und versprach Parität am Reichskammergericht. Die Prozesse sollten eingestellt werden. Damit waren also trotz des Fehlschlagens der Religionsgespräche die Brücken keineswegs abgebrochen. Wenigstens für die nächste Zeit war der Friede erneut bewahrt. Sicherer geworden war er aber freilich nicht.

---

zwischen Katholiken und Protestanten gescheitert?, in: *ders.*, Kirche des Glaubens – Kirche der Geschichte, Freiburg (Br.) 1966, 1, 361–366.

48 Vgl. *J. Mehlhausen*, Die Abendmahlsformel des Regensburger Buches, in: Studien zur Geschichte und Theologie der Reformation (Festschrift für Ernst Bizer), Neukirchen 1969, 189–211.

49 CR 4,625–630, der Entwurf CT 4,200f.

50 Ebd., 628, auch: ARC 4,1 Anm. 1, Contarinis Ermahnung ebd., (1) 5–7.

51 CR 4,623–625.

Kapitel 8
Vom Vorabend des Schmalkaldischen Krieges bis zum Augsburger Religionsfrieden

Um den Frieden wirklich sicher zu machen, hätte es sehr viel stärkerer Garantien bedurft, als tatsächlich gegeben wurden. Was den Frieden noch erhielt – oder vielleicht besser: den Krieg noch verhinderte –, waren die stets neuen außenpolitischen Verwicklungen mit dem damit zusammenhängenden Angewiesensein des Kaisers auch auf die Unterstützung durch die protestantischen Reichsstände, zum anderen die Stärke des Schmalkaldischen Bundes, dessen Kräfte zumal in ihrer Geschlossenheit die des Nürnberger Bündnisses um einiges übertrafen, sowie drittens die daraus resultierenden Zugeständnisse des Kaisers, die aber jeweils nur für einen eng begrenzten Zeitraum gegeben wurden und zudem noch an Bedingungen geknüpft waren. Der Ausfall auch nur eines dieser Momente erhöhte das Risiko bereits beträchtlich.

A DIE SPANNUNGEN IM SCHMALKALDISCHEN BUND

Für den Schmalkaldischen Bund in höchstem Maße verhängnisvoll waren seine Einbußen an innerer Geschlossenheit. Der aktivste seiner Hauptleute, Landgraf Philipp von Hessen, wurde jetzt durch seinen sinnlichen Lebenswandel zum Sicherheitsrisiko.[1] Seiner Ehe mit der Tochter Herzog Georgs von Sachsen, Christine, die er mit 19 Jahren eingegangen war, waren sieben Kinder entsprossen. Trotzdem fehlte die innere Zuneigung, was Philipp dazu trieb, Ausgleich in anderen, wechselnden Verbindungen zu suchen. Diese bereiteten ihm jedoch zunehmend Skrupel und hatten auch eine schwere Erkrankung zur Folge (Syphilis), so daß ihm seine Schwester, die Herzogin Elisabeth von Sachsen, zu einer zweiten festen Verbindung neben seiner Ehe riet. Seine Wahl fiel auf die 17jährige Tochter der Hofmeisterin seiner Schwester, Margarete von der Sale, deren Mutter jedoch die Möglichkeit eines Konkubinats, wie es derzeit gang und gäbe war, ausschloß und eine eheliche Verbindung mit Billigung seiner Frau, unter dem Einverständnis anderer Fürsten und der Erklärung ihrer Rechtmäßigkeit durch kompetente Gelehrte forderte. So entstand der Gedanke einer direkten zweiten Ehe nach dem Vorbild alttestamentlicher Patriarchen, wofür Philipp durch Bucer auch Luther um seine Meinung befragen ließ (Anfang Dezember 1539). Das führte zu dem sog. Wittenberger Ratschlag vom 10. Dezember 1539,[2] unterzeichnet von Luther, Melanchthon und Bucer, nachträglich auch noch von anderen hessischen Theologen.

Darin wird im Sinne eines Beichtrates festgestellt, daß zwar die Einehe grundsätzlich geboten sei, die Kirche jedoch in Fällen besonderer Gewissensnot von dieser Forderung dispensieren könne, jedoch nur, soweit es das göttliche Gesetz betrifft. Das weltliche Gesetz, das die Bigamie

---

1 *W. W. Rockwell*, Die Doppelehe des Landgrafen Philipp von Hessen, Marburg 1904; *W. Maurer*, Luther und die Doppelehe Landgraf Philipps von Hessen, Luther 24(1953), 97–120; *A. Stein*, Luther über Eherecht und Juristen, LWML 171–185, bes. 177–181.

2 WA Br 8,(628) 639–644.

verbietet – und reichsrechtlich stand seit 1532 darauf die Todesstrafe – wird dadurch nicht berührt. Vor ihm muß auch eine solche „zweite Ehe" als ein Konkubinat gelten. Daß sie tatsächlich als eine solche geschlossen wurde, muß strenges Geheimnis bleiben.

Daraufhin wurde am 4. März 1540 diese „Ehe" unter Anwesenheit von Melanchthon eingesegnet und vollzogen. Die Geheimhaltung mißlang. Die sächsischen Fürsten verlangten Aufklärung. Im Juni, während der Konferenz in Hagenau, wußte auch König Ferdinand schon davon. Luthers äußerster Rat (Juli 1540), das Ganze nun mit einer „starcke(n) Verneinung" aus der Welt zu schaffen, was bedeutete, die Trauung einfach abzuleugnen und Margarete als Konkubine hinzustellen,[3] konnte nicht mehr helfen, sondern schuf im Gegenteil neue Komplikationen. Es drohte ein Prozeß vor dem Reichskammergericht, wenn nicht sogar ein Angriff des Kaisers. Derart in die Enge getrieben, näherte sich der Landgraf dem Kaiser, um eine Amnestie zu erwirken, die er dann auch erhielt. In einem Vertrag zwischen dem Kaiser und dem Landgrafen vom 13. Juni 1541 (geschlossen also während des Regensburger Reichstages), der aber die Glaubensfrage ausgesprochenermaßen nicht berühren sollte, verpflichtete sich dieser, die für den Kaiser so bedrohliche Annäherung Englands und Frankreichs an den Schmalkaldischen Bund zu hintertreiben und auch eine Aufnahme Wilhelms von Kleve nicht zuzulassen. Dafür sollte ihm verziehen werden, ausgenommen den Fall, daß um der Religion willen ein allgemeiner Krieg gegen die Protestanten ausbreche.[4]
Damit war aber nicht nur die Bündnispolitik des Bundes erheblich beeinträchtigt. Eines seiner wichtigsten Mitglieder war darüber hinaus politisch an den Kaiser gebunden und in seiner Handlungsfreiheit eingeschränkt. Das hinderte ihn freilich nicht daran, ein Jahr später zusammen mit Kurfürst Johann Friedrich von Sachsen die Braunschweiger Frage gewaltsam zu lösen,[5] doch schuf gerade diese Aktion nicht nur außenpolitisch neue Zündstoffe. Sie belastete auch das Bündnis mit neuen inneren Spannungen. Das aber hatte selber soeben erst einen drohenden innersächsischen Konflikt zwischen Johann Friedrich und Herzog Moritz über das Schutzrecht für das Amt Wurzen überstehen müssen.[6] Landgraf Philipp konnte zwar im letzten Augenblick noch vermittelnd eingreifen, doch der Gegensatz zwischen den beiden sächsischen Fürstenhäusern war – trotz der nach Herzog Georgs Tod hergestellten Einheit im Glauben – wieder voll gegenwärtig und durch die Befriedung jetzt auch keineswegs ausgeräumt worden.

B DIE POLITIK DES KAISERS 1541–1546

Auf der anderen Seite konnte aber der Kaiser die ihm so gleichsam von selbst zuwachsenden Vorteile auch nicht sogleich ausnutzen. Wieder schob sich die Türkenfrage in

3 WA Br 9,195,64f., vgl. ebd., 178,42ff. und Anm. 14; 203,128ff.; *Rockwell*, Die Doppelehe, a. a. O., 177f.

4 Text bei *M. Lenz*, Briefwechsel Landgraf Philipps des Großmütigen von Hessen mit Bucer, 3, Leipzig 1891, 91–96.

5 S. o. 32.

6 Vgl. Luthers offenen Brief an den Kurfürsten und den Herzog, 7. April 1542, WA Br 10,(31) 32–37, sowie zuletzt *G. Wartenberg*, Die albertinische Kirchenpolitik unter Herzog Moritz von Sachsen (1541–1546), Leipzig, Univ., Fak. f. Theol., Diss. B, 1982; *ders.*, Martin Luther und Moritz von Sachsen, in: LuJ 42(1975), 52–70.

den Vordergrund. Für die Zusage der Hilfe erlangten die protestantischen Stände auf dem zum Reichstag erhobenen ursprünglichen Ständetag von Speyer (Februar 1542) die Verlängerung des Friedens um weitere fünf Jahre sowie das Versprechen einer Visitation des Kammergerichts. Dasselbe Thema beherrschte auch die nächsten Reichstage in Nürnberg (Sommer 1542 und Jahreswende 1542/43). Aber der Türkenfeldzug 1542 mißglückte ebenso wie schon zuvor ein Unternehmen im Mittelmeerraum gegen Algier.

Mit dem Sultan im Bunde aber nutzte Franz I. die Situation zu einem vierten Versuch, in Norditalien Fuß zu fassen, unterstützt von Herzog Wilhelm von Kleve im Norden, der auf diese Weise seinen Besitz des Herzogtums Geldern sichern wollte, auf das auch der Kaiser Ansprüche erhob. Die Situation für den Kaiser war durchaus schwierig. Er hatte praktisch an drei Fronten zugleich zu kämpfen. Doch gerade jetzt bewährte sich seine bisherige Politik. Weder kam es zu einer Allianz Frankreichs mit dem Schmalkaldischen Bund noch zu einem Anschluß Wilhelms von Kleve, obwohl dieser ihn nun suchte. Philipp von Hessen wußte ihn zu verhindern. So zog der Herzog im August 1543 allein gegen den Kaiser und mußte sich ihm nach schweren Verlusten unterwerfen. Er verzichtete auf Geldern, alle auswärtigen Bündnisse einschließlich des französischen und auch auf kirchliche Veränderungen (Vertrag von Venlo, 6. September 1543). Karl setzte daraufhin seinen Feldzug gegen Franz an dessen Nordflanke fort und unterbrach ihn eigentlich nur zum neuen Reichstag in Speyer, der am 20. Februar 1544 eröffnet wurde.

Hier erreichte es der Kaiser, daß Franz auch seitens der Protestanten, die unter dem Eindruck des kaiserlichen Sieges und der eigenen Unsicherheit standen, zum Reichsfeind erklärt wurde. Sie bewilligten die beantragte militärische Hilfe sowohl gegen die Türken als auch gegen Frankreich. Dafür räumte ihnen der Kaiser neue weitreichende Zugeständnisse ein. Im Abschied des Reichstages vom 10. Juni wurde zur interimistischen Regelung der Religionsangelegenheit bis zu einem Konzil, dessen Einberufung aber nicht abzusehen war, für den Herbst oder Winter ein neuer Reichstag in Aussicht genommen, der über „eine christliche Reformation" beschließen, d. h. die Angelegenheiten selber in die Hand nehmen sollte. Auch von einem Nationalkonzil war wiederum die Rede: Ausdrücklich wurde bestätigt, daß die Glaubensfrage „durch Christliche und freundliche Vergleichung eines gemeinen, freyen, Christlichen Conciliums, National-Versammlung oder Reichstag" geregelt werden solle, womit zugleich auch der Sprachgebrauch der protestantischen Forderungen aufgenommen wurde. Bis dahin wurden alle „Friedstände" erneuert und die anstehenden Prozesse ein weiteres Mal suspendiert. Auch die freie Verwendung der Kirchengüter für kirchliche und karitative Zwecke wurde zugestanden.[7] Das bedeutete bereits ein „konfessionell-neutrales Reichskirchenrecht ... Vom Papste war dabei mit keinem Wort die Rede."[8]

Es darf bezweifelt werden, daß es Karl mit diesem Abschied und solchen Zugeständnissen wirklich ernst meinte. Die Protestanten verstanden ihn sicher so, und auch die römische Kurie tat es. Der Papst antwortete auf dieses Ergebnis am 24. August 1544

7 Der Text des Abschiedes in CT 4,358–362 (die für die Glaubensfrage und das Konzil relevanten Artikel 78–95).

8 *K. Repgen*, Papst, Kaiser und Reich, a. a. O., 59.

mit einem scharfen Tadelsbreve an die Adresse des Kaisers.[9] Darin klagte der Papst den Kaiser an, seine Kompetenzen zu überschreiten und sich in die Rechte des apostolischen Stuhles einzumischen. Und wie um den Kaiser Lügen zu strafen, erfolgte am 19. November eine neuerliche Ausschreibung des Konzils für den 15. März 1545 nach Trient.[10] Daß Papst Paul III. damit das Ergebnis von Speyer falsch interpretierte, hatte das weitere Verhalten des Kaisers inzwischen jedoch bereits deutlich gemacht. Speyer war keine Wende in seiner Politik, sondern die Fortsetzung des eingeschlagenen Weges, nur mit anderen Mitteln. Denn schon am 14. September hatte er im Frieden von Crépy den vierten Krieg mit Franz von Frankreich erfolgreich beenden können. Und in einem Geheimvertrag vom 19. September versicherte sich der Kaiser nicht nur einer möglichen französischen Unterstützung gegen die Protestanten, sondern verpflichtete Franz auch, das künftige Konzil zu beschicken.[11] Damit waren die bisherigen dem Kaiser gegenüberstehenden Verbündeten jetzt beiderseits gegeneinander gewendet. Die Isolierung und Einkreisung des Schmalkaldischen Bundes nahm ihren Fortgang, denn auch mit Dänemark hatte Karl in Speyer einen Sonderfrieden abzuschließen vermocht. Christian III. bezahlte seine Anerkennung durch den Kaiser mit der Lösung von Frankreich und Freigabe der Sundschiffahrt für die Niederländer.

Und diesen Weg, dessen Ziel eindeutig „Krieg“ hieß, setzte der Kaiser jetzt konsequent fort. Der schon in Speyer für den Winter ins Auge gefaßte nächste Reichstag konnte erst im Frühjahr 1545 eröffnet werden und stand dann schon ganz im Zeichen des inzwischen ausgeschriebenen Konzils. Es war deutlich, daß der Kaiser, der sogar erst im Mai eintraf, das Trienter Konzil als das schon so lange geforderte Konzil anzusehen bereit war und damit auch als den Endpunkt des bisherigen „Friedstandes“, was andererseits die protestantischen Stände weit von sich wiesen, auf dem Beschluß von Speyer bestanden und Sicherheitsgarantien forderten, die um so dringender erschienen, als die Nachrichten über Rüstungsanstrengungen des Kaisers immer bedrohlicher wurden. Und in der Tat verhandelte dieser in Abrundung seiner bisherigen Isolierungspolitik nunmehr mit Polen und vor allem mit dem Papst. Sehr rasch wurden auch konkrete Ergebnisse erreicht. Der päpstliche Legat Farnese vermittelte die Zusage einer Truppenhilfe und beträchtlicher Geldzuwendungen. Alles weitere war offenbar nur noch eine Frage der Zeit.

Dazu gehört auch das noch einmal anberaumte Religionsgespräch in Regensburg, das Ende Januar 1546 zwar eröffnet, aber von keiner Seite mehr mit wirklichen Hoffnungen auf einen Erfolg betrieben wurde.[12] Evangelischerseits nahmen daran Bucer, Erhard Schnepf, Johannes Brenz und Georg Major, in der letzten Phase auch Veit Dietrich teil, dieser anstelle Melanchthons, katholischerseits waren die Kolloquenten Cochläus, Eberhard Billick, Johannes Hoffmeister und Petrus Malvada, im Grunde

9 Der Text in CT 4,364–373, der erste Entwurf, der noch weitaus schärfere Töne anschlug, ebd., 374–379. Dieses Breve bildete den historischen Hintergrund für Luthers letzte große antipäpstliche Schrift „Wider das Papsttum zu Rom, vom Teufel gestiftet“, WA 54, (195) 206 bis 299, und erklärt auch z. T. deren übermäßige Leidenschaftlichkeit.

10 Die Ausschreibungsbulle CT 4,385–388.

11 *A. Hasenclever*, Die Geheimartikel zum Frieden von Crépy vom 19. September 1544, ZKG 45(1926), 418–426.

12 *H. Nebelsieck*, Elf Briefe und Aktenstücke über das Religionsgespräch in Regensburg von 1546, ARG 32(1935), 127–136; 253–283.

alles erklärte Gegner der Gesprächspolitik, zumal inzwischen, am 13. Dezember 1545, tatsächlich das Konzil in Trient eröffnet worden war. Entsprechend unfruchtbar waren die Verhandlungen, die sich an der CA orientierten, aber eigentlich nur die Frage der Rechtfertigung ansprachen. Wieder wurde viel Zeit und Kraft für Verfahrensfragen aufgewendet. Mitte März ging man unverrichteterdinge auseinander. Luther war am 18. Februar in Eisleben verstorben.
Ähnlich ergebnislos verlief auch der Reichstag, ebenfalls in Regensburg, seit dem 5. Juni 1546, zumindest was die alten Fragen von Religion, Frieden und Recht anging. Er führte jedoch insofern einen Schritt weiter, als jetzt die weitere Entwicklung nicht länger zweifelhaft sein konnte. Auf eine Anfrage der Protestanten (sämtliche Fürsten ließen sich durch ihre Räte vertreten!) nach dem Sinn der kaiserlichen Rüstungen erhielten diese am 16. Juni die Auskunft, diese würden „ungehorsamen Fürsten“ gelten. Das war bereits eine Kriegserklärung,[13] gestützt auf inzwischen geschlossene Verträge mit dem Papst (von diesem am 26. Juni unterzeichnet) und mit Bayern (7. Juni). Weitere Abkommen folgten. Das wichtigste war sicher das mit Moritz von Sachsen, dem Schwiegersohn des hessischen Landgrafen, dessen „antiernestinische und antischmalkaldische Haltung“[14] besonders in der Fehde um Wurzen zum Ausdruck gekommen war. Der Grund dieser Haltung lag in der seit Jahrzehnten schwelenden Rivalität der beiden Sachsen, ihr Ziel in der Sicherung der eigenen politischen Selbständigkeit. Trotz äußerlichen evangelischen Bekenntnisses war Moritz im Grunde religiös indifferent. „Er ist immer nichts als Politiker gewesen; nicht Ausbreitung oder Befestigung der evangelischen Lehre, sondern Sicherung und Erweiterung der eigenen territorialen Macht sind allezeit die Triebfedern seines Handels gewesen.“[15] Mitglied des Schmalkaldischen Bundes wurde er nicht, so nahe er ihm auch sonst stand. Für die kaiserliche Zusage, das Konzil zu überwachen, versprach er jetzt die Anerkennung von dessen Beschlüssen und erhielt für seine zu leistenden Dienste die Kurwürde in Aussicht gestellt (19. Juni). Des weiteren verband sich der Kaiser mit den brandenburgischen Markgrafen Hans von Küstrin und Albrecht Alcibiades von Brandenburg-Kulmbach, denen dafür auf religiösem Gebiet aber Zugeständnisse gemacht wurden.
Damit hatte der Kaiser schon im Vorfeld erhebliche diplomatische Erfolge errungen, die dann auch für den Ausgang des Krieges bedeutungsvoll wurden. Allerdings trugen sie auch dazu bei, dessen Ziel gewissen Zweifeln auszusetzen. Denn mit diesen Bundesgenossen und unter solchen Bedingungen konnte es keineswegs gelingen, die Schmalkaldener und Protestanten überhaupt zur „wahren, alten Religion und zum Gehorsam gegen den Heiligen Stuhl zurückzubringen“, wie es das Bündnis des Kaisers mit dem Papst als Kriegsziel herausstellte.[16] Und schließlich, am 20. Juni, wurde es auch endgültig klar, wer jene „ungehorsamen Fürsten“ waren: der Kurfürst Johann Friedrich von Sachsen und Landgraf Philipp von Hessen. Über sie wurde an diesem Tage die Reichsacht verhängt. Grund dafür bot hinreichend die Aktion gegen Herzog Heinrich von Braunschweig, die „weder Sache des ganzen Bundes noch unmittelbare Religionssache war und sich darum hervorragend dazu eignete“[17].

13 Vgl. *E. Bizer*, Reformationsgeschichte 1532–1555 = Die Kirche in ihrer Geschichte, Bd. 3, Lfg. K, Göttingen 1964, 141.
14 *G. Wartenberg*, Luther und Herzog Moritz (s. o. Anm. 6), 69.
15 *F. Hartung*, Karl V. und die deutschen Reichsstände, a. a. O., 62.
16 Vgl. *W. Friedensburg*, Kaiser Karl V. und Papst Paul III., a. a. O., 78.
17 *E. Bizer*, Reformationsgeschichte (s. o. Anm. 13), 142.

C KRIEG UND INTERIM

Der Krieg begann unmittelbar. Anfang Juli schon marschierten die päpstlichen Truppen. Die Vorbereitungen der Schmalkaldener liefen sehr viel langsamer und bedächtiger an. Am schnellsten handelten noch die oberdeutschen Reichsstädte, in deren Händen es sogar lag, die Alpenpässe zu sperren. Und auch die Position des Kaisers in Regensburg war gefährdet. Doch günstige Positionen wurden ohne Not vergeben, die Möglichkeit, die Vereinigung der verschiedenen Kontingente des Kaisers zu vereiteln, nicht genutzt. Es kam jedoch noch zu keinem entscheidenden Treffen. Der ganze Herbst verging mit strategischen Truppenverschiebungen. Aber die verstreichende Zeit tat bereits das Ihre. Das päpstliche Heer wurde durch die Unbilden des nicht gewohnten Klimas, durch Krankheiten und Desertierungen erheblich dezimiert. Auf seiten der Schmalkaldener macht sich bald Geldmangel bemerkbar. Noch im November zog sich ihr Heer nach dem Norden zurück und löste sich in die einzelnen Verbände auf, dem Kaiser den gesamten Süden quasi kampflos überlassend. Die Städte, Kurfürst Friedrich von der Pfalz und Herzog Ulrich von Württemberg mußten sich unterwerfen.

Einer schweren Niederlage des Kaisers gleich kam jedoch sein neuerliches Zerwürfnis mit dem Papst. Gründe dafür waren die kaiserlichen Verhandlungen mit den Unterworfenen ohne Mitwirkung des päpstlichen Nuntius, die weiteren Verhandlungen des Konzils über das Rechtfertigungsdekret, in deren Ergebnissen der Kaiser schwere Hindernisse für eine Akzeptierung durch die Protestanten befürchtete, und die Kündigung des Bündnisses seitens des Papstes im Zusammenhang mit neuen Bemühungen um Frankreich. „Im Hintergrund steht ... letzten Endes das tief verwurzelte Mißtrauen (des Papstes) gegen die ferneren Absichten Karls V.“[18] Schließlich wurde das Konzil auch noch gegen den Willen einer kaiserlich eingestellten Minderheit von Bischöfen von Trient in das im Kirchenstaat gelegene Bologna verlegt, wo es selbst der Kaiser nicht mehr als das den Reichstagsabschieden entsprechende Konzil anerkennen konnte. „Niemals würde es diesem gelingen, die deutschen Protestanten zur Beschickung und Anerkennung eines Konzils zu bewegen, das in einer Stadt des Kirchenstaates tagte; niemals würde eine in Bologna beschlossene kirchliche Ordnung sich in Deutschland durchsetzen lassen. Der Zwist zwischen Kaiser und Papst, der jetzt ausbrach, war die Rettung der deutschen Protestanten in höchster Not.“[19] Der päpstliche Diplomat Morone fürchtete ernstlich ein Schisma.[20]

Im März 1547 zog der Kaiser gegen Sachsen. Zwar hatte im Herbst Herzog Moritz schon einmal das Land eingenommen, es aber gegen den aus dem Süden heranrückenden Kurfürsten nicht halten können. Dieser tat jetzt aber auch nichts, um die Vereinigung der herzoglich-sächsischen mit den kaiserlichen Verbänden zu verhindern. Selber auf dem Marsch in Richtung Wittenberg-Magdeburg, wurde er am 24. April, einem Sonntag, bei Mühlberg (zwischen Riesa und Torgau) vom Kaiser überrascht, dessen Truppen unvermutet die Elbe überschritten hatten. In der schnell einsetzenden allgemeinen Flucht wurde der Kurfürst, selber leicht verletzt, gefangengenommen. Am 19. Mai kapitulierte Wittenberg. Einen Monat später unterwarf sich nach Ver-

18 *H. Jedin*, Geschichte des Konzils von Trient, a. a. O., 2,352.
19 Ebd., 376.
20 Vgl. *K. Repgen*, Papst, Kaiser und Reich, a. a. O., 63f. und Anm. 31.

handlungen und unter Vermittlung seines Schwiegersohnes Moritz Landgraf Philipp von Hessen und wurde unter Mißachtung der Zusicherungen von Moritz ebenfalls gefangengesetzt. Damit war der Krieg faktisch beendet, denn der Kaiser verzichtete darauf, auch den Norden noch zu unterwerfen, wo durch die Niederlage seines zweiten Heeres, das aus den Niederlanden bis Bremen vorgestoßen war, sich durchaus eine andere Lage ergeben hatte. Schon am 4. Juni erhielt Herzog Moritz den Besitz des Kurkreises und die Kurwürde von Sachsen urkundlich zugesprochen. Über Magdeburg, das sich nicht unterwarf, wurde noch am 27. Juli die Reichsacht verhängt, ohne aber deren Exekution sofort in Angriff zu nehmen.

Spätestens auf dem nun folgenden „geharnischten Reichstag" in Augsburg (September 1547 bis Juni 1548) wurde es offenbar, daß sich die Kriegsziele des Kaisers nicht auf die Unterwerfung der Protestanten und ihre Zurückführung zum Katholizismus beschränkten.[21] Untrennbar verwoben damit waren konkrete politische Ziele einer Neuordnung des Reiches, dessen brüchige Struktur besonders die Existenz und auch Handlungsfähigkeit des Schmalkaldischen Bundes demonstriert hatte. Im Zuge einer großen Reichsreform verfolgte der Kaiser jetzt den Plan, mittels eines beständigen Reichsbundes (nach Vorbild des früheren Schwäbischen Bundes) die einzelnen Reichsstände sehr viel fester als bisher zusammenzuschließen und dabei vor allem die Machtstellung des Kaisers den Ständen gegenüber zu verstärken. Insofern bezogen die Ziele des Kaisers, über den Rahmen des Schmalkaldischen Bundes hinausgehend, auch die katholischen Stände mit ein. Trotz langwieriger Verhandlungen jedoch kam der Plan nicht zur Durchführung. Und er scheiterte nicht isoliert an den Schmalkaldenern. Wieder spielte die alte Rivalität zwischen den Bayern und Habsburg eine ausschlaggebende Rolle. „Der Partikularismus war bereits zu stark geworden, als daß er eine solche Unterordnung unter das Kaisertum, wie sie der Bund mit sich gebracht hätte, hätte ertragen können."[22]

Ein mindestens ebenso großes Problem für den Kaiser aber bildete die religiöse Frage. Die vorherigen Zusagen an die verbündeten evangelischen Stände verhinderten ebenso wie der neue Zwist mit dem Papst und der Charakter, den das Konzil angenommen hatte, eine einfache gewaltsame Wiedereinführung des römischen Ritus und die Wiederherstellung der römischen Jurisdiktion in den evangelischen Territorien. So ging es auch nicht an, die Lösung der Frage vom Konzil zu erwarten. Der Kaiser mußte handeln, und zwar so, daß er sowohl dem Papst und dem Konzil wie auch den Protestanten die unabdingbaren Räume beließ. Wieder einmal konnte es nur um Zwischenlösungen gehen, um ein „Interim". Und dieses wurde schließlich nach langwierigen Verhandlungen verschiedener Gremien durch eine Kommission ausgearbeitet, an der neben anderen der Mainzer Weihbischof Michael Helding, der Bischof von Naumburg Julius Pflug und Johann Agricola maßgeblich beteiligt waren. Die von ihnen ausgearbeitete Formel ist in einer Reihe mit den Ergebnissen der vorangehenden Religionsgespräche zu sehen, besonders dem von Regensburg 1541, obwohl sie nicht direkt aus dem Worms-Regensburger Buch hervorgegangen ist. Ihre wichtigste Grundlage war die „Formula sacrorum emendandorum" Pflugs, die denselben Geist humanistischer Vermittlung atmete, der schon seinerzeit wesentlich bestimmend gewesen war. Und

21 S. vor allem *H. Rabe*, Reichsbund und Interim, a. a. O., sowie die Quellen über die religionspolitischen Verhandlungen ARC 5(1973).

22 *F. Hartung*, Karl V. und die deutschen Reichsstände, a. a. O., 40f.

hierin lag auch die erste Schwierigkeit, als der Kaiser begann, um Zustimmung für dieses Werk zu werben. Seitens der evangelischen Stände gab es teilweise entschiedenen Widerspruch (Hans von Küstrin). Katholischerseits hingegen widersprach man vor allem dem Ansinnen, dieses Interim ebenfalls für sich selber akzeptieren zu sollen. Die Stände erklärten, für sie sei eine solche Lösung überhaupt nicht relevant. Zwischenzeitlich eingearbeitete Veränderungen beeinträchtigten nicht den Gesamtcharakter. Doch erreichten die katholischen Stände immerhin die Zusicherung, daß sie nicht betroffen seien. Und so wurde das Interim doch „ein einseitig belastendes Sondergesetz zuungunsten der evangelischen Reichsstände“[23], das die katholischen Stände nur zur Treue gegenüber ihrem Glauben aufrief.[24]

Das Interim ist ein stattliches Opus von 26 unterschiedlich ausführlichen Abschnitten. Es behandelt vor allem Lehrpunkte (der Mensch vor und nach dem Fall, Rechtfertigung, Glaube und Werke, Kirche und Ämter, Sakramente allgemein und speziell, wobei die Siebenzahl vorausgesetzt wird, sehr ausführlich der Opfercharakter der Messe, die Verehrung der Heiligen), im letzten Abschnitt aber auch „ceremonien“, womit die alte Agende erneut eingeführt wird, dazu der bisherige Festkalender einschließlich Fronleichnam, Heiligenfeste, Fastengebote. Zugeständnisse werden lediglich hinsichtlich der Priesterehe und des Abendmahlsempfangs unter beiden Gestalten gemacht, „bis hierüber von einem allgemeinen concilio geschlossen wirdet“[25].

Das Ergebnis war schmal und angesichts der sofortigen Protestation dagegen auch von Anfang an mit dem Problem seiner Durchführbarkeit beladen.
Schließlich legte der Kaiser noch ganz zum Schluß des Reichstages, am 14. Juni, den Entwurf einer „Formula reformationis“ vor, der sich an die katholischen geistlichen Stände wendete und sie zu konkreten Reformmaßnahmen aufrief (Besetzung der Ämter, Lebensführung der Geistlichen, Amtsführung der Bischöfe, Visitationen, Pfründenvergabe, Zustände in den Klöstern).[26] Die Frage war freilich auch hier, wie weit sich der Kaiser mit dieser „bis dahin nie geahnte(n) Art von Staatskirchenregiment auf Reichsebene“[27] würde durchsetzen können. Denn die Reform mußte doch eigentlich Sache der Kirche und ihrer Leitung sein. Sie stand auf der Tagesordnung des Konzils. Immerhin erreichte er es aber, daß die anwesenden Bischöfe die Formel wenigstens für ihre Person annahmen, unbeschadet der Notwendigkeit, mit den Domkapiteln weiter zu verhandeln. Und dieses geschah. „Die Formula reformationis Karls V. ist zu einem der wichtigsten Reformanstöße in Deutschland vor der Durchsetzung der Tridentinischen Reformen geworden.“[28]
Das Echo auf die Verkündung des Interims war durchaus unterschiedlich. Die Ablehnung seitens der evangelischen Prediger war fast total. Wo ein direktes Eingreifen des

23 *H. Rabe*, Reichsbund und Interim, a. a. O., 446.
24 Text in: Das Augsburger Interim. Lateinisch und deutsch, hg. v. *J. Mehlhausen*, Neukirchen 1970 = Texte zur Geschichte der evangelischen Theologie 3; vgl. auch die Beilagen, die Einleitung zum Reichsabschied vom 30. Juni mit einer ausführlichen Darlegung der Hintergründe und Abzweckung des Interims, 148–157, sowie die kaiserliche Proposition zum Interim, 157–160, ferner: ARC 6,(308) 310–345, dort auch weitere Quellenstücke.
25 *J. Mehlhausen*, ebd., 142.
26 Text in ARC 6,(348) 349–380.
27 *K. Repgen*, Papst, Kaiser und Reich, a. a. O., 65.
28 *H. Rabe*, Reichsbund und Interim, a. a. O., 449.

Kaisers zu befürchten war und teilweise auch tatsächlich geschah, zumal in den süddeutschen Reichsstädten (Augsburg, Ulm, Schwäbisch Hall, Konstanz), wurden die Geistlichen, die den Eid auf das Interim verweigerten, entweder gefangengesetzt, oder sie entzogen sich der Verfolgung durch die Flucht (Brenz). Die Städte erhielten z. T. spanische Besatzung. In Ulm und Augsburg wurden die bisherigen Ratsverfassungen verändert. Konstanz wurde sogar seiner Selbständigkeit beraubt und direkt rekatholisiert. Auch Straßburg mußte sich nach langen Versuchen, die Angelegenheit zu verschleppen, unterwerfen. Bucer, der sich bis zuletzt kompromißlos widersetzt hatte („Ein Summarischer Vergriff der Christlichen lehre und Religion die man zu Strasburg hat nun in die XXVIII jar gelehret") ging nach England ins Exil, wurde dort Professor in Cambridge, starb jedoch schon 1551.[29]

Anderenorts (Nürnberg, Brandenburg-Ansbach) versuchte man eigene Interimsordnungen. Herzog Ulrich von Württemberg wollte sich damit behelfen, das Interim lediglich der Form nach anzunehmen, ansonsten aber streng zwischen ihm und dem Evangelium, das man nicht preisgeben dürfe, zu trennen. Trotzdem mußten alle evangelischen Pfarrer entlassen werden, woraufhin jedoch ein solcher personeller Notstand ausbrach, daß die Entlassenen neben den „Interimspriestern" als Prediger und Katechisten wieder eingestellt wurden.[30]

In Norddeutschland wurde das Interim vielerorts überhaupt verworfen. Die Hansestädte Lübeck, Hamburg und Lüneburg[31] protestierten ebenso wie die mecklenburgischen Stände (Landtag von Sternberg).

Kompliziert war die Situation in Hessen.[32] Der gefangene Landgraf plädierte sofort für die Annahme des Interims, offensichtlich um damit seine Freilassung zu beschleunigen. Obwohl es die Prediger entschieden ablehnten, erließ er ein offenes Mandat, das die Einführung anordnete. Angesichts dessen sowie eines kaiserlichen Befehls beschlossen die Räte endlich doch die Publikation. Damit erschöpfte sich jedoch die Aktion praktisch auch schon, denn konkrete Folgerungen wurden nur in geringem Maße gezogen und durch die Regierung auch kaum gefordert. Die Geistlichen blieben bei ihrer Ablehnung, interimsgefügige Priester aber wurden in Hessen ebensowenig gefunden wie anderswo. Auch der Landgraf sah seine Fehleinschätzung bald ein und sorgte dafür, daß die opponierenden Geistlichen das Land nicht zu verlassen brauchten. Deutliche Rekatholisierungstendenzen, die besonders vom Erzbischof in Mainz – seit 1546 Sebastian von Heusenstamm[33] – ausgingen und mit gezielten Stellenbesetzungen – wo es sich ermöglichen ließ –, mit Überwachung der Interimsdurchführung, bi-

29 Der „Summarische Vergriff" in: Martin Bucers deutsche Schriften, 17, Gütersloh 1981, (111) 121–150. Dazu: *W. Bellardi*, Bucers „Summarischer Vergriff" und das Interim in Straßburg, in: ZKG 85(1974), 64–76. Zum Ganzen s. *E. Weyrauch*, Konfessionelle Krise und soziale Stabilität. Das Interim in Straßburg (1548–1562), Stuttgart 1978 = Spätmittelalter und frühe Neuzeit. Tübinger Beiträge zur Geschichtsforschung 7.

30 *G. Bossert*, Das Interim in Württemberg, Halle 1895 = SVRG 46/47.

31 *W.-D. Hauschild*, Zum Kampf gegen das Augsburger Interim in norddeutschen Hansestädten, ZKG 84(1973), 60–81.

32 *F. Herrmann*, Das Interim in Hessen, Marburg 1901.

33 Über seine Person und seine Aktivitäten zur Durchführung des Interims im Erzbistum s. *R. Decot*, Religionsfriede und Kirchenreform. Der Mainzer Kurfürst und Erzbischof Sebastian von Heusenstamm 1545–1555, Wiesbaden 1980, bes. S. 91–145 = Veröffentlichungen d. Inst. f. Europ. Gesch. Mainz 100.

schöflichen Visitationen und Synoden betrieben wurden, fanden schließlich im allgemeinen politischen Umschwung ein radikales Ende.
Von größter Bedeutung war die Haltung Sachsens, die auf der einen Seite durch die Standhaftigkeit des gefangenen Johann Friedrich, auf der anderen durch den mit dem Kaiser verbündeten neuen Kurfürsten Moritz bestimmt wurde. Moritz hatte schon während der Verhandlungen auf dem Reichstag erklärt, ohne seine Theologen nichts entscheiden zu können, hatte einzelne Artikel kritisiert sowie auf die kaiserliche Zusicherung hingewiesen, ihn und seine Untertanen nicht zur Abkehr von ihrer Religion zwingen zu wollen. Ähnlich verhielt er sich jetzt, wobei er sich auf der einen Seite von den ihm gegenüber ohnehin mißtrauischen Theologen bedrängt sah, während auf der anderen Seite die nun restituierten Bischöfe von Naumburg (Pflug, einer der Verfasser des Interims) und Meißen (Carlowitz) auf der Durchführung des Reichstagsabschieds bestanden.
Eine ziemlich traurige Rolle spielte jetzt Melanchthon. In einem Brief vom 28. April 1548 rückte er deutlich von Luther ab, unter dem er lange gelitten hätte.[34] Das Interim lehnte er freilich in dieser Form ebenfalls ab, doch mühte er sich um eine Vermittlung, aus der dann das „Leipziger Interim" hervorging (Dezember 1548), das eine eigene Formulierung der Rechtfertigungslehre enthielt und die Kirchenordnung an die Hl. Schrift band, in äußeren Dingen aber, in der Gottesdienstordnung, in den äußeren Gebräuchen und dem Festkalender wieder katholische Maßstäbe einführte.[35] „Die theologische Leitidee war, daß man die Lehre festhalten müsse, in äußeren ‚nichtfundamentalen' ‚Mitteldingen' aber nachgeben könne, sofern damit der Aberglaube nicht gefördert werde."[36] Damit war ein neuer Kompromiß geboren, der aber weder von den beiden Bischöfen noch vom Kaiser wirklich akzeptiert wurde. Veröffentlicht wurde im September 1549 überhaupt nur ein kurzer Auszug, das sog. „kleine Leipziger Interim"[37], und die Prediger wurden darauf verpflichtet, ohne daß es aber auch hier tatsächlich angewendet werden konnte. Die Mehrzahl der Theologen lehnte es als unannehmbar ab. Es bildete sich sogar eine regelrechte Ablehnungsfront, an ihrer Spitze Matthias Flacius, der von Wittenberg nach Magdeburg ging, von wo aus er zusammen mit Amsdorf den Kampf gegen das Leipziger Interim aufnahm, dessen Rechtfertigungslehre verwarf wie vor allen Dingen auch die Freigabe so vieler Dinge als „Adiaphora" („Adiaphoristischer Streit"). Magdeburg, das wegen seiner Weigerung, sich dem Kaiser zu unterwerfen, schon seit 1547 unter der Reichsacht stand (ohne daß diese zunächst vollstreckt wurde), wurde zum Sammelbecken aller Interimsgegner, zum Zentrum und Symbol des Widerstands („Unsers Herrgotts Kanzlei"), der sich vor allem in einer Flut von Streitschriften äußerte. Erst im Oktober 1550 wurde Kurfürst Moritz von Sachsen, der auch aufgrund des Regensburger Vertrages von 1546 zusammen mit Karl und dem König Ferdinand die Schutzherrschaft über Magdeburg besaß, vom Kaiser mit der Vollstreckung der Acht betraut. Daraufhin begann die Belagerung der Stadt, ohne aber mit letzter Konsequenz betrieben zu werden. Sie währte bis November 1551. Dann wurde sie – praktisch in gegenseitigem Einvernehmen – abgebrochen. Denn inzwischen war die politische Gesamtsituation radikal umgeschlagen.

---

34 CR 6,879–885.
35 Text in CR 7,(258) 259–264.
36 *E. Bizer*, Reformationsgeschichte (s. o. Anm. 13), 156.
37 CR 7,424–426 (Edikt Kurfürst Moritz); 426–428.

D DIE FÜRSTENREVOLUTION UND DER AUGSBURGER RELIGIONSFRIEDE

Tief enttäuscht über die Haltung des Kaisers nach dem Kriege, seine Behandlung der Religionssache wie sein absolutistisches Auftreten den Fürsten gegenüber, wendete sich bereits während des „geharnischten Reichstages“ Hans von Küstrin wieder vom Kaiser ab, verweigerte die Annahme des Interims und suchte Rückendeckung bei anderen norddeutschen Fürsten. Er fand sie in den Herzögen Albrecht von Preußen und Johann Albrecht von Mecklenburg, mit denen er sich noch im Februar 1550 in Königsberg zu einem Defensivbündnis zusammenschloß. Neuerliche Verbindungen mit Frankreich blieben ohne feste Abmachungen. Der dänische König versagte sich von vornherein. Begünstigend auf die fürstliche Opposition wirkte sich nicht zuletzt das Zerwürfnis zwischen Kaiser Karl und seinem Bruder, König Ferdinand, aus, zu dem es durch die Pläne Karls, das Kaisertum erblich zu machen und also seinem Sohn Philipp die Kaiserkrone zu sichern, gekommen war.
Unverhoffte Unterstützung aber erhielt der „Königsberger Bund“ durch den Eintritt des Kurfürsten Moritz von Sachsen ein Jahr später.[38] Auch dieser war, je länger, um so mehr, vom Kaiser enttäuscht. Seine Gebietsforderungen (das ganze Kurfürstentum Sachsen) waren nicht erfüllt worden. Die jahrelange Gefangenschaft seines Schwiegervaters Philipp von Hessen gegen das ihm gegebene Wort mußte er als persönliche Kränkung empfinden. Die Entwicklung des Königsberger Bundes hatte er argwöhnisch als primär gegen sich selber gerichtet beobachtet. Seine Belagerung Magdeburgs verfolgte sicher auch das Ziel, den oppositionellen Fürsten gegenüber seine eigene Stärke zu demonstrieren. Ein in Aufstellung begriffenes Entsatzheer für Magdeburg vermochte er zu zerstreuen bzw. für sich selber zu verpflichten. Sein nunmehriger Eintritt in den Bund brachte diesem einen erheblichen Machtzuwachs vor allem dadurch, daß neue Verbindungen mit Heinrich II. von Frankreich jetzt deutlichere Konturen gewannen. Für die Zusicherung des Reichsvikariats über die französischsprachigen Städte Cambrai, Metz, Toul und Verdun erhielten die Fürsten eine erhebliche finanzielle Unterstützung nun auch für ein aktives Handeln gegen den Kaiser. Obwohl von verschiedenen Seiten gewarnt, wurde dieser dann doch im März 1552 im Feldlager bei Innsbruck von einem raschen Feldzug der Kriegsfürsten überrascht. Er mußte fliehen. In zähen Verhandlungen mit König Ferdinand und Abgeordneten der neutralen Fürsten erzwang Moritz vom Kaiser das Zugeständnis (Passauer Vertrag vom 15. August 1552), den gefangenen Landgrafen auf freien Fuß zu setzen. Bis zum nächsten Reichstage sollte Religionsfriede gehalten werden, und dann sollten auch die Beschwerden über das Kammergericht eine endgültige Regelung finden. Seine Maximalforderung nach einem immerwährenden Frieden, unabhängig von einem religiösen Vergleich und ohne Rücksicht auf eine Unterwerfung der Protestanten unter das Konzil, vermochte Moritz allerdings nicht durchzusetzen.
Trotzdem war damit die durch den Schmalkaldischen Krieg gewonnene Machtstellung des Kaisers gebrochen und ebenso das Interim be itigt. Der Versuch des Kaisers, auf seine Weise die Situation im Reiche politisch und religiös zu lösen, war endgültig gescheitert.

38 *K. E. Born*, Moritz von Sachsen und die Fürstenverschwörung gegen Karl V., HZ 191(1960), 18–66.

Den Schlußstrich zog dann der Reichstag in Augsburg, Februar bis September 1555, an dem der Kaiser – sich damit von vornherein distanzierend – nicht teilnahm, mit der Verkündung eines allgemeinen Landfriedens im Rahmen eines umfangreichen Reichstagsabschiedes.[39] Er legte fest, daß gegen keinen Stand des Reiches wegen seines Bekenntnisses zur Augsburger Konfession mit Gewalt vorgegangen werden dürfe und Religionssachen lediglich mit friedlichen Mitteln zu verhandeln seien. Der Bestand der Stände, die sich jetzt oder später zum katholischen Glauben oder zur CA bekannten, wurde ausdrücklich bestätigt, hingegen sollten diejenigen, die diesen beiden Bekenntnissen nicht angehörten, in den Religionsfrieden nicht eingeschlossen sein. Ein „geistlicher Vorbehalt" bestimmte, daß Bischöfe und Prälaten im Falle ihres Anschlusses an die CA nicht auch ihre geistlichen Territorien der Reformation zuführen durften. Andererseits wurde in einer zusätzlichen königlichen Deklaration ausdrücklich versichert, daß Ritterschaft, Städte und Gemeinden, die Bischöfen und anderen geistlichen Ständen zugehörten, sich aber z. Z. zur CA bekannten, bei diesem Bekenntnis bleiben konnten.[40] Die geistliche Jurisdiktion der katholischen Bischöfe über die evangelischen Gebiete wurde für „ruhend, eingestellt und suspendiert" (also nicht aufgehoben!) erklärt. Vorstöße von Württemberg und Brandenburg, die Gewissens- und Bekenntnisfreiheit auch auf die Untertanen auszudehnen, scheiterten am entschiedenen Einspruch König Ferdinands. So blieb es bei der Zusicherung, auswandern zu dürfen, was jedoch Ferdinand für die habsburgischen Länder auch nicht zugestand.

Im großen und ganzen war der Religionsfriede ein schwer errungener Kompromiß, der den Keim neuer Verwicklungen bereits in sich trug. Er erfüllte für die Gegenwart das allseitige Verlangen nach Frieden und Sicherheit, änderte aber nichts an den grundsätzlichen Einstellungen beider Seiten und schuf vor allem auch noch keine paritätische Ordnung im Sinne einer Gleichberechtigung der Konfessionen.[41] An den Zuordnungen von Reich, Kaiser und Papst änderte er nichts. Zum anderen: Der Abschied entsprach politischen Notwendigkeiten und versuchte, diesen mit politischen Mitteln Rechnung zu tragen. Damit bewegte er sich auf einer grundsätzlich anderen Ebene als alle bisherigen Bemühungen um eine Lösung der anstehenden Probleme. Die Glaubenseinheit stand nicht mehr zur Debatte, wenn auch weitere Religionsvergleiche in Aussicht genommen wurden. Die (spätere) Formel „Cuius regio, eius religio"[42] markierte zudem ein Ergebnis, das niemanden befriedigen konnte, aber in der Folgezeit zu Entwicklungen führte, die theologisch und kirchenpolitisch in demselben Maße bedenklich waren: die Zementierung des landeskirchlichen Systems.

---

39 Der Augsburger Religionsfriede vom 25. September 1555. Kritische Ausgabe des Textes mit den Entwürfen und der königlichen Deklaration, bearb. v. *K. Brandi*, Göttingen ²1927. Vgl. zuletzt: *G. Pfeiffer*, Art. „Augsburger Religionsfriede", TRE 4 (1979) 639–645 (Lit.).

40 Text der Deklaration in der Ausgabe von *Brandi*, ebd., 52–54.

41 Vgl. *W. Dress*, Konfession und Toleranz. Theologia Viatorum 11 (1973), 45–55, danach auch in: *ders.*, Evangelisches Erbe und Weltoffenheit, Berlin 1980, 219–227; *F. Dickmann*, Das Problem der Gleichberechtigung der Konfessionen im Reich im 16. und 17. Jahrhundert, in: Zur Geschichte der Toleranz und Religionsfreiheit, hg. v. *H. Lutz*, Darmstadt 1977, 203–251 = Wege der Forschung 246.

42 Zum ersten Male wohl verwendet von dem Lutheraner Joachim Stephani, Institutionis iuris canonici, 1599. Auf dem Reichstag selber wurde die Formel „Ubi unus dominus, ibi una sit religio" verwendet.

Dennoch hat sich die Übereinkunft bewährt und den Frieden für Jahrzehnte zu sichern vermocht. Dazu trug freilich auch wesentlich bei, daß die Anwendung durchaus flexibel geschah. Das betrifft sowohl die tatsächlichen Säkularisationen nord- und mitteldeutscher geistlicher Territorien wie auch den Übergang verschiedener bisher lutherischer Reichsstände zum Calvinismus (Friedrich III. von der Pfalz 1563, weitere Territorien folgten), die nicht durch Entzug des Religionsfriedens geahndet werden konnten, wiewohl es durchaus versucht wurde.[43]
Eine besondere Erwähnung bedarf die Situation in den Reichsstädten. Für sie verfügte der Reichsfriede die Beibehaltung des gegenwärtigen Miteinanders beider Bekenntnisse. Wenigstens hier konnten also – trotz aller reichsrechtlichen, religionspolitischen und nicht zuletzt praktischen Problematik, die dieser Bestimmung anhaftete – gewisse Ansätze von Glaubens- und Gewissensfreiheit auch für die Untertanen Platz greifen, wenn auch zunächst mehr unter politischen als unter theologischen Friedensgedanken.[44]
Von großer Bedeutung war die Aufnahme des Augsburger Friedens durch Papst und Kurie. Die Verhandlungen des Reichstages wurden durch den Tod zweier Päpste überschattet. Julius III., als Nachfolger Pauls III. seit Februar 1550 auf dem Stuhle Petri, starb am 23. März 1555, sein Nachfolger Marcellus II. bereits nach dreiwöchigem Pontifikat am 30. April. Ihm folgte Paul IV. Carafa, bereits 79 Jahre alt. „Mehr als ein halbes Jahrhundert lang hatte er sich immer zu Gruppen gehalten, an deren klarem Reformwillen und intensiven Reformbemühungen nicht zu zweifeln ist ... Aber sein Pontifikat wurde eine Tragödie, menschlich, kirchlich und politisch."[45] Seine allgemeinen Mahnungen an die katholischen Stände und den König hatten keinen Erfolg. Die letzten Verhandlungen des Reichstages geschahen in Abwesenheit des päpstlichen Nuntius. Auf den Abschied reagierte der Papst dann mit mehreren anklagenden Schreiben an den König und den Bischof von Passau.[46] Ein direkter und formeller päpstlicher Protest gegen den Abschied aber erfolgte offenbar nicht.

---

43 Vgl. *W. Hollweg*, Der Augsburger Reichstag von 1566 und seine Bedeutung für die Entstehung der reformierten Kirche und ihres Bekenntnisses, Neukirchen 1964 = Beiträge zur Geschichte und Lehre der Reformierten Kirche 17.

44 *G. Pfeiffer*, Der Augsburger Religionsfriede und die Reichsstädte, Zeitschrift d. histor. Vereins f. Schwaben 61(1955), 213–321.

45 *K. Repgen*, Papst, Kaiser und Reich, a. a. O., 78.

46 Textauszüge in: *C. Mirbt/K. Aland*, Quellen 1,587. Vgl. die Diskussion der verschiedenen Stellungnahmen und ihrer Interpretation bei *K. Repgen*, Papst, Kaiser und Reich, a. a. O., 82–85.

Kapitel 9
Der Fortgang der Reformation in der Schweiz. Zürich und Genf bis zur Confessio Helvetica Posterior

Der auf die Niederlage Zürichs im zweiten Kappeler Krieg 1531 und der nachfolgende Friedensvertrag von Zug hatte zwar die Situation klarer gemacht. Er nahm praktisch für die Eidgenossenschaft voraus, was für das Reich erst der Augsburger Religionsfriede von 1555 brachte: die Anerkennung der konfessionellen Spaltung, d.h. die gegenseitige Duldung der jeweiligen Konfession. Im einzelnen bedeutete dies jedoch den Beginn einer Rekatholisierung, zumal in den sog. Gemeinsamen Herrschaften, in deren Bereich zwar evangelische Gemeinden ihr Recht behalten sollten, aber doch erheblichem Druck ausgesetzt waren (z.B. Thurgau). Das „Christliche Burgrecht", das Bündnis zur Verteidigung der Reformation, dem auch oberdeutsche Städte angehörten (Konstanz, Mülhausen), mußte aufgelöst werden. Trotzdem waren die Bedingungen für das unterlegene Zürich maßvoll. Nicht einmal die weitere Beteiligung an der Regierung der Gemeinsamen Herrschaften wurde aufgehoben. Und an eine allgemeine Rekatholisierung war überhaupt nicht zu denken. Im Gegenteil konnte sich sogar die Reformation auf weitere Gebiete ausdehnen: auf das Waadtland und auf Genf.
Von entscheidender Bedeutung für die weitere Entwicklung war, daß in Bullinger ein kongenialer Nachfolger für Zwingli gefunden wurde. Zürich blieb somit geistiges Zentrum der Reformation. Zum anderen bewirkte die Reformation in Genf und die Berufung von Calvin in die Stadt die Herausbildung eines neuen Zentrums in der französischen Schweiz. Und dadurch, daß es gelang, beide Zentren, die durchaus eigenständig gesehen werden müssen, zusammenzuführen, zu einem gemeinsamen Weg zu vereinigen, entstand eine tragfähige Grundlage für das ganze spätere reformierte Kirchenwesen.

A DIE BERUFUNG BULLINGERS NACH ZÜRICH

Zürich hatte nach dem verlorenen zweiten Kappeler Krieg nicht nur hohe Menschenverluste und den Tod seines ersten Predigers zu beklagen. Auch die hochfliegenden religionspolitischen Pläne („reformierte Expansionspolitik", *F. Büsser*) mußten begraben werden. Es galt überhaupt, nach innen und außen einen neuen Anfang zu machen, nicht zuletzt im Hinblick auf die Grundfrage nach dem Verhältnis von Staat und Kirche, von Glauben und politischem Handeln. Die „Landschaft" drängte darauf, die „Kriegstreiber" zur Rechenschaft zu ziehen. Und das traf gerade auch den toten Zwingli, den Prediger an St. Peter Leo Jud und andere. Das Verhältnis zwischen Stadt und Landschaft mußte neu gefestigt werden. Selbst das Gerücht, demnächst würde auch in Zürich wieder die Messe gelesen, war nicht ganz grundlos.
In dieser Situation berief die Stadtobrigkeit am 9. Dezember 1531 den damals 27jährigen Heinrich Bullinger als Nachfolger von Zwingli zum Pfarrer am Großmünster. Er befand sich erst wenige Wochen in der Stadt, als Flüchtling aus seiner Heimatstadt Bremgarten, die er nach dem verlorenen Krieg hatte verlassen müssen. Doch war er auch in Zürich schon lange kein Unbekannter mehr.

Heinrich Bullinger[1] war 1504 als Sohn eines Priesters in Bremgarten (heute Kanton Aargau) geboren worden. Er besuchte dort die Lateinschule und bezog mit zwölf Jahren die Stiftsschule in Emmerich am Oberrhein. Hier kann er erste Anregungen sowohl vom Humanismus als auch von seiten der Devotio moderna empfangen haben, doch sind genaue Nachweise dafür nicht geführt. Fünfzehnjährig bezog er die Universität in Köln, erwarb dort nach zweieinhalbjährigem Studium den Magistergrad an der Artistenfakultät. Durch intensive Lektüre der Kirchenväter, aber auch der neueren theologischen und besonders exegetischen Literatur (Erasmus, Melanchthon, Luther) wendete er sich mehr und mehr von der römischen Kirche ab und der Reformation im Sinne einer „akademische(n) und exegetische(n) Neuorientierung" *(Gäbler)* zu. Im Frühjahr 1522 kehrte er in die Heimat zurück und wurde ein Jahr später Lehrer für die lateinische Sprache an der neugegründeten Schule des Zisterzienserklosters Kappel. Neben seinem Unterricht hielt er öffentliche Vorlesungen über biblische Bücher, aber auch über Erasmus-Schriften und die Loci Communes Melanchthons, d. h., er begann bereits hier in eigener Verantwortung Theologie zu lehren, und das in deutlicher Anlehnung an reformatorische Vorbilder, besonders an Melanchthon (Johannes-Kommentar). 1525 lernte er Zwingli kennen. Im selben Jahr öffnete sich das Kloster, sicher unter dem Einfluß seines Wirkens, der Reformation. Nachdem er bereits 1528 neben seiner Lehrtätigkeit das Pfarramt im Nachbarort Hausen verwaltet hatte – an der bedeutsamen Berner Disputation im selben Jahr nahm er als Mitglied der Zürcher Delegation teil –, siedelte er 1529 als Pfarrer in seine Heimatstadt Bremgarten über, um dort die Stelle seines Vaters zu übernehmen. Dieser hatte zwar sein Amt gerade wegen reformatorischer Predigt verloren, doch der daraufhin einsetzende Protest hatte erst recht zu einer Stärkung der reformatorischen Bestrebungen in der Stadt geführt. Im selben Jahr heiratete Bullinger eine ehemalige Nonne aus Zürich. Zweieinhalb Jahre wirkte Bullinger in Bremgarten. Die Ausbreitung der Reformation machte in dieser Zeit erhebliche Fortschritte, doch blieb eine katholische Minderheit in der Stadt, offenbar ohne besondere konfessionelle Spannungen. Die Flucht nach Zürich im November 1531 brachte dann den großen Wendepunkt in seinem Leben.

In derselben Sitzung am 9. Dezember hatte der Zürcher Rat auch den Beschwerden der Landschaft zugestimmt, die u. a. forderten, daß sich die Geistlichen völlig der „weltlichen Sachen" enthalten und auf die Verkündigung des Evangeliums konzentrieren sollten. Dasselbe wurde nun sogleich als Forderung des Rates an Bullinger und die anderen Geistlichen der Stadt weitergegeben. Vier Tage später gab Bullinger seine Antwort: Er verpflichtete sich, auch im Namen der anderen, sich nicht in Staatsgeschäfte einzumischen. Die Freiheit der Verkündigung aber dürfe dadurch nicht beeinträchtigt werden. Unter direkter Heranziehung von Acta 5,29 und 2Tim 2,9 behielt er sich das Recht vor, im gegebenen Falle kritisch seine Stimme zu erheben, auch in politischen Fragen. Damit erklärten sich wiederum Rat und Bürgermeister einverstanden. Und mit dieser Übereinkunft war der Grund gelegt für ein mehr als 40jähriges Wirken Bullingers in der Stadt. Denn bis zu seinem Tode am 17. September 1575 bekleidete er das ihm so übertragene Amt. Das bedeutete im einzelnen:

Als *Pfarrer am Großmünster* von Zürich, der ersten Kirche der Stadt, hatte Bullinger

1 Eine zureichende neuere Biographie fehlt. Vgl. außer der allgemeinen Literatur zuletzt die Skizzen von *U. Gäbler*, Heinrich Bullinger, in: GKG 6,197–209, sowie von *F. Büsser* in TRE 7 (1981), 375–387 (Lit.).

zuerst die Aufgabe der Predigt. Zeitweilig predigte er bis zu sechs Mal pro Woche. Fortlaufend erläuterte er ganze biblische Bücher. Damit in direktem Zusammenhang steht die Weiterführung der Kommentierung der Bibel, die er schon in seiner Kappeler Zeit begonnen hatte. Jetzt erschienen zu fast allen Büchern des Neuen Testaments gedruckte Kommentare aus seiner Feder. Besonders betont wird immer wieder Bullingers seelsorgerliche Tätigkeit (Eheberatung, zum Thema Ehe verfaßte er auch mehrere Schriften), vor allem in dem weiteren Aufgabenbereich, den er als *Vorsteher der Zürcher Kirche* (Antistes) zu bestreiten hatte. Als solcher hatte Bullinger zusammen mit dem Bürgermeister den Vorsitz der „Synode" inne, der schon 1528 eingerichteten Versammlung aller Pfarrer des Stadtstaates Zürich (über 130), der auch acht Ratsherren angehörten. Sie bildete die offizielle Ebene der Beziehungen zwischen den politischen und den kirchlichen Instanzen. Zu ihren Aufgaben gehörten Lehrfragen und besonders die disziplinarische Aufsicht über die einzelnen Pfarrer, die sog. „Zensur". Diese „erfüllte in Zürich eine ähnliche Aufgabe wie in anderen Territorien die Visitation: Stärkung des Zusammenhalts unter den Pfarrern, einheitliche Ausrichtung in Lehre und Kirchenordnung, Kontrollmöglichkeit der Obrigkeit"[2]. Eine bereits 1532 von Bullinger entworfene Prediger- und Synodalordnung verfolgte das Ziel: „Verpflichtung der Pfarrer auf die Rolle der obrigkeitlichen Beamten, Verpflichtung der Obrigkeit zur Schutz- und Aufsichtsfunktion gegenüber den kirchlichen Amtsträgern."[3] Mit anderen Worten: „Staat und Kirche stehen nicht nebeneinander oder sich gar gegenüber, sondern sind vielmehr zwei Funktionen derselben Gemeinschaft."[4] Während die Kirche ganz die Aufgabe hat, das Evangelium zu verkünden, ist es die des Rates (unter der Voraussetzung freilich, daß er sich ebenfalls aus Christen, aus Gliedern dieser Kirche zusammensetzt), die äußeren Angelegenheiten des christlichen Glaubens und Lebens zu regeln. Selbständige Entscheidungsgremien der Kirche als solcher kann es dafür nicht geben. Von Bedeutung wurde dieses Programm z. B. in der Ausübung der Kirchenzucht (Ehegerichtsordnung), die Bullinger ganz in die Hände der Obrigkeit legte. Nach und nach erwarb sich Bullinger das Vertrauen sowohl der Pfarrerschaft wie auch das der städtischen Obrigkeit. Ein Ausdruck dafür ist, daß er bereits nach zwei Jahren das Zürcher Bürgerrecht verliehen erhielt, das Zwingli vermutlich überhaupt nie besessen hatte.

In seinen ersten Zürcher Jahren war Bullinger ferner der *Schulherr*, d. h. Leiter des höheren Schulwesens der Stadt. Dazu gehörten nicht nur die Lateinschulen, sondern es betraf vor allem die von Zwingli geschaffene „Prophezei", die theologische Schule, die Vorstufe der späteren theologischen Fakultät. Durch Sitz und Stimme in der Examinationsbehörde übte Bullinger erheblichen Einfluß auf die Personalpolitik aus.

Bullingers Wirken beschränkte sich jedoch nicht nur auf Zürich, die Stadt und die Landschaft. Er wird immer wieder direkt als *„Patriarch des reformierten Protestantismus"* gewürdigt. Auch noch über den gesamtschweizerischen Rahmen hinaus wurde er „der große Lehrer und Berater aller Reformierten Kirchen Europas"[5]. Hier ist vor allem auf seinen überaus reichen Briefwechsel hinzuweisen, der Verbindungen mit na-

2 *U. Gäbler*, Heinrich Bullinger, a. a. O., 204.

3 *K. Maeder*, Bullinger und die Synode, in: Bullinger-Tagung 1975, a. a. O., 69–76, das Zitat 73.

4 *U. Gäbler*, Heinrich Bullinger, a. a. O., 204.

5 *F. Büsser*, TRE 7, 380.

hezu allen Ländern Europas ausweist, selbstverständlich mit den Zentren der schweizerischen Reformation besondere Dichte besitzt, ziemliche Intensität aber auch mit Frankreich, Deutschland, den Niederlanden, England, Ungarn und Polen. Seine Schriften (Predigtsammlungen, das „Hausbuch") wurden vielfach auch im Ausland aufgelegt. Es muß angenommen werden, daß „Bullinger zu den bestinformierten und einflußreichsten Männern der damaligen Zeit gehörte"[6], einflußreich zumal auch dadurch, daß er es verstand, der reformatorischen Bewegung in der Schweiz eine einheitliche Linie zu geben, sie zu einer reformierten Kirche werden zu lassen. Durch seinen Brückenschlag hin zu dem weiteren, neu entstandenen Zentrum der Reformation Genf und seine Verbindung mit Calvin wie durch seinen nicht zu überschätzenden Beitrag zur reformierten Bekenntnisbildung wurde die Schweizer Kirche zum Kristallisationskern reformierten Kirchentums überhaupt.

Eine erste Station dafür war die Mitarbeit an der sog. Confessio Helvetica Prior vom Februar 1536 (Convent in Basel),[7] die in einen doppelten Zusammenhang hineingehört. Primär ist sie durch die Ausschreibung des Konzils nach Mantua und die Notwendigkeit, dort einmütig aufzutreten, begründet. Unlöslich verbunden damit war jedoch das Bemühen um eine gesamtreformatorische Konkordie durch Bucer, das zur Wittenberger Konkordie führte. Das Basler Bekenntnis ist gleichsam die Schweizer Antwort auf dieses Bemühen, und das bedeutet die Entscheidung, sich dieser Konkordie nicht zu öffnen, sondern theologisch doch den eigenen Weg weiterzugehen. Und das Zünglein an der Waage war, wie schon in den großen Auseinandersetzungen Zwinglis mit Luther in den zwanziger Jahren, die Abendmahlslehre. Auf der Tagung von Aarau am 1. Mai 1536 wurde beschlossen, die Konkordienversammlung nicht zu beschicken. Die Schweiz bewahrte die Kontinuität mit der Theologie Zwinglis.

Nichtsdestoweniger ist aber stets darauf hingewiesen worden, daß Bullinger nicht einfach als Nachfolger Zwinglis in allen Stücken angesehen werden darf, vielmehr als eine eigenständige theologische Persönlichkeit neben Zwingli und dann auch Calvin zu würdigen ist. Bullinger war „der kongeniale Vollender des Zürcher Reformationswerkes". „Dazu gehörte auch die Bewahrung und Interpretation der Theologie Zwinglis. Aber sie erfolgte selbständig, von einem differenten Ansatz aus und unter Berücksichtigung späterer theologischer und kirchlicher Möglichkeiten und Notwendigkeiten."[8]

Von besonderer Bedeutung im theologischen Denken Bullingers ist der Begriff des Bundes, d. h., seine Theologie ist stark heilsgeschichtlich orientiert („De testamento seu foedere Dei unico et aeterno", 1534). „Bullingers Foederaltheologie ist die biblisch-heilsgeschichtliche Explikation des reformatorischen sola fide, die Zwingli verkündet hatte. Bewahrung, Interpretation und Weiterführung zwinglischer Theologie liegen hier bei Bullinger in der systematischen Bündelung überkommener Ansätze und ihrer theologischen Explikation. Die Wiederentdeckung des biblischen Bundesgedankens für die reformierte Theologie kommt Zwingli zu. Die erste im thematischen Sinne ausgeführte Bundestheologie hat Bullinger entworfen."[9]

---

6 Ebd., 381.

7 Text in: BSRK 101–109; vgl. ferner *W. Köhler,* Zwingli und Luther. Ihr Streit über das Abendmahl nach seinen politischen und religiösen Beziehungen, Bd. 2, Gütersloh 1953 = Quellen und Forschungen zur Reformationsgeschichte 7, 412–416, sowie o. 45.

8 *J. Staedtke,* Bullingers Theologie – eine Fortsetzung der Zwinglischen?, in: Bullinger-Tagung 1975, a. a. O., 87–98, das Zitat 88.

9 Ebd., 92.

Luther und den Lutheranern gegenüber verteidigte Bullinger die besondere zwinglische Abendmahlslehre. Die Ubiquitätslehre wie die manducatio oralis waren ihm unannehmbar. Es ist bezeichnend, daß Bullinger im Zusammenhang mit den Verhandlungen um eine Abendmahlskonkordie 1536 Zwinglis letzte Schrift Fidei Expositio mit ihrer deutlichen Grenzziehung gegenüber der lutherischen Abendmahlslehre noch einmal herausgab. Das war auch eine eindeutige eigene Positionsbeschreibung, an der auch die späteren Variationen durch die Konkordie mit Calvin nichts grundsätzlich änderten.[10]

Im generellen Einverständnis mit den anderen Reformatoren befand sich Bullinger dagegen in seiner Frontstellung gegen die Täufer. Ihre besonderen Lehren von der Taufe als Zeichen des Glaubens, von Kirchenzucht und Stellung zur Obrigkeit bestritt er heftig. Schon in seinen theologischen Anfängen nahm er 1525 an den Zürcher Disputationen teil. Von weitreichender Wirkung wurden dann aber seine umfänglichen Werke „Von dem unverschämten Frevel der Wiedertäufer" (1531) und „Der Wiedertäufer Ursprung" (1560), die für lange Zeit das Bild der Täufer in der Geschichtsschreibung und theologischen Beurteilung prägten.

Nicht zu vergessen ist schließlich der Historiker Bullinger. Er verfaßte eine Schweizer Reformationsgeschichte (vollendet 1567)[11] sowie eine Reihe von Materialsammlungen zur Geschichte der Reformation. Auch hiervon ist vieles noch nicht veröffentlicht.

B DIE REFORMATION IN GENF UND DIE ANFÄNGE CALVINS

Die Reformation in Genf ist eines der Ergebnisse des politischen und sozialen Befreiungskampfes der Stadt gegen den Bischof als faktisches Stadtoberhaupt und den Herzog von Savoyen als Schirmherrn, geführt auf der Grundlage inzwischen schon errungener Rechte und gestützt durch einen Burgrechtsvertrag mit Bern und Fribourg vom Jahre 1526. Schon 1530 wurde durch das Eingreifen eines Heeres dieser beiden Städte im Frieden von St. Julien ein weiterer Teilerfolg errungen: Der Herzog mußte sich verpflichten, die Stadt nicht länger zu bedrängen, wofür die angrenzenden Landschaften der Waadt das Pfand bilden sollten.

Bereits zu dieser Zeit existierte eine erste kleine Zelle reformatorisch eingestellter Bürger in Genf. Einen gewissen Einfluß übte auch die kleine Berner Garnison in der Stadt aus. Ein erster Aufenthalt Guillaume Farels, Anfang Oktober 1532, endete jedoch mit einer regelrechten Vertreibung. Auch der von ihm entsandte Antoine Froment konnte sich nur zwei Monate halten. Die Situation begann sich zuzuspitzen, als im Herbst 1533 der Dominikaner Furbity heftig gegen die „Häretiker" predigte, wodurch sich das verbündete Bern direkt angegriffen fühlte. Zusammen mit einer Berner Abordnung erschien Farel zum zweiten Male in der Stadt und konnte sich jetzt behaupten. Nach einer Disputation mit Furbity im Frühjahr 1534 wurde die Franziskanerkirche für den evangelischen Gottesdienst gewonnen, wenig später kündigte der Rat das Burgrecht mit dem katholischen Fribourg, band sich also allein noch an das entschiedene evangelische Bern.

10 Vgl. *W. A. Schulze*, Bullingers Stellung zum Luthertum, in: Heinrich Bullinger 1504–1575, a. a. O., 2,287–314.

11 Heinrich Bullingers Reformationsgeschichte, hg. v. *J. J. Hottinger* und *H. H. Vögeli*, Bd. 1 bis 3, Frauenfeld 1838–1840, Registerband bearb. v. *W. Fuhrmann*, Zürich 1913.

Schon Mitte des Jahres 1533 hatte der Bischof angesichts der teilweise gewalttätigen Auseinandersetzungen Genf verlassen, im August 1534 belegte er sie mit dem Interdikt. Der Herzog von Savoyen rüstete zum gewaltsamen Einschreiten. Dennoch war die Stadt noch keineswegs für die Reformation gewonnen. Der Rat vermied eine eindeutige Stellungnahme und ließ sich auch durch Übergriffe auf Kirchen und Klöster nicht aus der politischen Reserve locken. Erst neue Disputationen Mitte des Jahres 1535 und der Bildersturm auf die Kathedrale führten zu einer Klärung der Fronten. Jetzt beschloß der Rat die Einführung der Reformation und ein Verbot der Meßfeiern, woraufhin viele Katholiken die Stadt verließen und die Klöster sich leerten. Nun beschlossen auch Bern und andere evangelische Orte, der Stadt zu Hilfe zu kommen. Im Januar 1536 erklärte Bern dem Herzog den Krieg und besetzte in raschem Feldzuge die Waadt. Somit befreit vom äußeren Druck, wurde im Mai durch Beschluß der Bürgerschaft endgültig die Reformation in Genf eingeführt. Die Aufgabe, die kirchliche Situation neu zu ordnen, fiel Farel zu, der sich dafür der Mitarbeit des zufällig auf der Durchreise in der Stadt befindlichen französischen Flüchtlings Johannes Calvin versicherte.

Guillaume Farel (1489–1565)[12] verfügte zu jener Zeit schon über reiche reformatorische Erfahrungen. Durch Verbindung mit dem Humanisten Faber Stapulensis und dem Kreise der „Biblizisten“ von Meaux hatte er sich schon Anfang der zwanziger Jahre der Reformation genähert. Er schloß Freundschaft mit Oecolampad in Basel und mit Zwingli und entwickelte sich bald zu einem radikalen Verfechter der reformatorischen Ideen, nicht zuletzt gegen Erasmus von Rotterdam. Die Leidenschaftlichkeit seines Einsatzes für die Reformation in seiner französischen Heimat in Wort und Schrift trug dazu bei, daß mehrere Versuche, festen Fuß zu fassen, wieder aufgegeben werden mußten (1524 Prediger in der Grafschaft Mömpelgard unter Herzog Ulrich von Württemberg, Exkommunikation durch den Bischof von Besançon, 1526 Pfarrer in der französischen Flüchtlingsgemeinde Straßburg, Predigt in Metz). Ende 1526 wurde er (unter dem Pseudonym Ursinus) im Berner Besitztum Aigle in der Waadt Lehrer und erhielt später auch die Predigterlaubnis. Dort verfaßte er die erste französischsprachige reformierte Liturgie. 1530 wurde er vom Berner Rat als Pfarrer nach Murten entsandt. Und von dort aus wirkte er dann missionarisch nach allen Richtungen (Neuchâtel), schließlich auch nach Genf.

Auch *Johannes Calvin* (Jean Cauvin, 1509–1564) war 1536, als Farel ihn bestürmte, in Genf zu verbleiben, trotz seiner Jugend kein Unbekannter mehr. Im Frühjahr war in Basel die erste Auflage seiner Christianae Religionis Institutio erschienen und hatte ihn mit einem Schlage berühmt gemacht. Calvin war am 10. Juli 1509 in Noyon (Nordfrankreich) geboren worden. Er war somit – 25 Jahre jünger als Luther, 20 Jahre jünger als Farel, 18 Jahre jünger als Bucer – nicht nur der Jüngste unter allen tragenden Persönlichkeiten der Reformation, sondern bereits deutlich ein Vertreter der zweiten Generation. Sein Vater war bischöflicher Sekretär (Mitte der zwanziger Jahre geriet er in Konflikt mit der Kirche, wurde 1528 exkommuniziert und starb 1531). Die gehobene soziale Stellung verschaffte Calvin von vornherein die Möglichkeit einer gesicherten Ausbildung. Mit 14 Jahren begann er das Studium in Paris, vor allem am Collège Montaigu, derselben Schule, in der vor ihm Erasmus und fast zur selben Zeit Ignatius von Loyola ihre Ausbildung erhielten. Er promovierte zum Magister artium, studierte

12 *O. Fatio*, Art. „Farel, Guillaume“ in: TRE 11 (1983), 30–36 (Lit.).

dann aber entgegen eigenen Wünschen nicht Theologie, sondern ging, den Vorstellungen seines Vaters folgend, nach Orléans und Bourges zum Jurastudium (1527/28). 1531 – nach dem Tode seines Vaters – kehrte er nach Paris zurück, um weiter alte Sprachen zu studieren. Ein Jahr später erschien seine erste größere wissenschaftliche Publikation, ein Kommentar zu Senecas „De Clementia", ein durch und durch humanistisch bestimmtes Werk, mit dem er seine philologischen und hermeneutischen Fähigkeiten unter Beweis stellte und auch patristische Kenntnisse zum Zuge kommen ließ. Reformatorische Züge sind noch nicht erkennbar.
Die Hinwendung Calvins zur Reformation, seine Bekehrung oder „Konversion", ist in Verlauf und letzter Motivierung nicht restlos deutlich.[13] Obwohl Calvin selber an einer Stelle von einer „subita conversio" redet, überwiegt die Meinung, daß es sich um einen allmählichen Reifeprozeß gehandelt haben muß, an dem viele Faktoren Anteil hatten: das gespannte Verhältnis seines Elternhauses mit der Kirche, der persönliche Umgang schon während des ersten Pariser Aufenthaltes (die Familie Cop, sein Vetter Olivétan), die kirchenkritischen Aspekte der humanistischen Geistigkeit, die Calvin in Orléans und Bourges in sich aufnahm (z. B. im Hause seines Lehrers Volmar) und dann während des zweiten Pariser Studienabschnittes (Einflüsse eines Zirkels im Hause des Kaufmannes Etienne de la Forge) vertiefte. Daß Calvin selbst den Vorgang als „conversio ad docilitatem" beschreiben konnte, zeigt auf alle Fälle den humanistischen Hintergrund.
Äußerlich faßbar wurde diese innere Wendung in einer Reihe von Akten, die seinem Leben die entscheidende Wendung gaben: Am 1. November 1533 hielt sein Freund, der Mediziner Nicolas Cop an der Pariser Universität, die Rektoratsrede, an deren Abfassung Calvin offenbar beteiligt war.[14] Erasmisch-humanistische und lutherische Gedanken verbanden sich zu einem scharfen Angriff auf die scholastische Theologie. Der erste Effekt dieser Rede war, daß Cop wie Calvin fliehen mußten. Cop ging sogleich außer Landes, während Calvin zunächst noch unter fremdem Namen (Charles d'Espeville) in Frankreich blieb. Er wandte sich nach dem Süden, wo er bei seinem Freund du Tillet in Claix nahe der spanischen Grenze Zuflucht suchte. Von dort aus knüpfte er Verbindungen zu verschiedenen evangelischen Kreisen. Am Hofe der Königin von Navarra, Marguérite d'Angoulême, lernte er das Haupt der französischen Humanisten, Faber Stapulensis, persönlich kennen. In dieser Zeit der erzwungenen Muße fand er auch die nötige Ruhe zu weiteren theologischen Studien. Schon hier – jedenfalls muß dies angenommen werden – entwarf Calvin nämlich die ersten Pläne seiner Christianae Religionis Institutio, damit – als theologischer Autodidakt! – die neugewonnene religiös-theologische Position deutlich bekennend. Sein theologisches Erstlingswerk (denn der zwischenzeitlich konzipierte, aber sehr spät gedruckte Traktat „De psychopannychia" gehört doch eigentlich noch in andere Zusammenhänge) sollte sogleich auch sein theologisches Hauptwerk werden. Im Frühjahr 1534 zog er dann auch die äußeren Konsequenzen aus seiner inneren Neubesinnung. Er verzichtete auf die Einkünfte aus seiner Pfründe in Noyon und brach damit die Brücken materieller Sicherung, die ihn noch mit seiner Vergangenheit verbanden, ab.

13 Vgl. *E. Sprenger*, Das Rätsel um die Bekehrung Calvins, Neukirchen 1960 = Beiträge zur Geschichte und Lehre der reformierten Kirche 11; *K. Reuter*, Vom Scholaren bis zum jungen Reformator, a. a. O.

14 CR 38, Opp. Calvini 10,2,30–36; Opp. sel. 1,(1) 4–10.

Im Herbst 1534 aber war schließlich auch für ihn ein weiteres Verbleiben in Frankreich nicht mehr möglich. Die Affaire des placards (17./18. Oktober)[14a] löste eine heftige Verfolgungswelle über das ganze Land aus, vor der auch Calvin ins Ausland ausweichen mußte. Auf einigen Umwegen (Metz, Straßburg) erreichte er im Januar 1535 Basel. Und dort erschien ein Jahr später die Institutio[15], formal durch einen vorangestellten Widmungsbrief an den französischen König Franz I.[16] eine Apologie der Anhänger der Reformation: Ihre Lehre ist nicht häretisch, sondern steht, gegründet auf die Heilige Schrift, in Übereinstimmung mit den Vätern der Kirche; sie selber aber verfolgen keine revolutionären Absichten und stellen keine Gefahr für den Staat dar. Inhaltlich ist das Werk gezielt katechetisch ausgerichtet und speziell für alle die gedacht, die sich um Frömmigkeit bemühen, wie es schon auf dem Titelblatt heißt.
Schon hier von Basel aus (wo er ebenfalls unter einem Pseudonym lebte: Lucanius, gebildet durch Umstellung der Buchstaben seines Namens Calvinus) knüpfte er Beziehungen zu verschiedenen maßgeblichen reformatorischen Persönlichkeiten. Er lernte Capito kennen, der dann nach Straßburg übersiedelte, auch Bullinger und Viret, seit 1531 mit an führender Position bei der Reformation in der Westschweiz. Noch einmal kehrte er für einige Zeit nach Frankreich zurück (Aufenthalt in Ferrara, wo die Herzogin Renata vielen verfolgten Evangelischen Asyl gewährte) und wagte sich sogar auch nach Paris. Da dann durch den erneuten Krieg zwischen Franz I. und Karl V. der direkte Rückweg durch das Elsaß versperrt war, wählte er den Umweg über Genf. Und hier traf ihn Anfang Juli 1536 der Ruf Farels. Calvin vernahm ihn als den Ruf Gottes und blieb.[17]
Die Aufgabe, für die Farel Calvin gewonnen hatte, war die eines theologischen Lehrers im Rahmen der Vorlesungen, die in der St. Petrikirche gehalten wurden zur Ausbildung neuer Prediger für das der Reformation erschlossene weite Gebiet um den Genfer See.[18] Farel selber las über das Alte Testament. Calvin, als Autor der schon berühmten Institutio, sollte über das Neue Testament dozieren. Er begann damit unverzüglich, wurde aber freilich sehr schnell auch mit weiteren Aufgaben betraut. Noch im selben Jahr wurde er zum Predigtdienst verpflichtet. Auch an der großen Lausanner Disputation im Oktober 1536, mit der die Reformation in dieser Stadt ihren Abschluß fand, nahm Calvin teil. Die Hauptaufgabe war jedoch, eine neue Kirchenordnung für die Stadt Genf zu schaffen. Im Januar 1537 legten Farel und Calvin dem Rate ihre Artikel vor, die künftig für die kirchliche Arbeit in der Stadt maßgeblich sein sollten.[19] Vieles, was darin vorgesehen wurde, war neu und auch im Vergleich zu anderen reformatorischen Kirchenordnungen ohne Beispiel: Für das Abendmahl wurde eine strenge Ordnung vorgesehen; alle Unwürdigen sollten ausgeschlossen werden. Zur Aus-

14a S. u. 139.
15 CR 29, Opp. Calvini 1,8–252; Opp. sel. 1,(11) 19–283; vgl. *F. Büsser*, Calvins Institutio, in: WdR 157–173.
16 CR 29, Opp. Calvini 1,8–26; Opp. sel. 1,21–36, deutsch in: Johannes Calvins Lebenswerk in seinen Briefen, a. a. O., 1,34–50.
17 Calvin gab selber einen Bericht davon, wie Farel ihn beschwor zu bleiben und sich sogar bis zu Verwünschungen verstieg: CR 59, Opp. Calvini 31,23–26.
18 *E. Pfisterer*, Calvins Wirken in Genf, a. a. O., 115–119.
19 „Articles concernant l'organisation de l'église et du culte à Genève", CR 38, Opp. Calvini 10,1,5–14; Opp. sel. 1,(363)369–377.

übung der Aufsicht wurde die Aufstellung von Ältesten gefordert, die vom Rate zu ernennen seien. Solchen Maßnahmen auf dem Gebiet der Sittlichkeit entsprach für den Glauben die Forderung, daß alle Bürger ein Bekenntnis abzulegen hätten. Wer dazu nicht bereit sei, sollte aus der Stadt ausgewiesen werden. Weitere Punkte waren die Einführung des Psalmengesangs im Gottesdienst, ein Katechismus und die Aufstellung eines Ehegerichts. Wenig später erschien auch ein Katechismus aus der Feder Calvins,[20] dazu das Glaubensbekenntnis[21].

Über diese einschneidenden Forderungen kam es schnell zu einer Krise in der Stadt. Auch im Rate, der die Artikel freilich schon gebilligt hatte, bildete sich eine Opposition dagegen, die Glaubensverpflichtung so konsequent durchzuführen; denn viele entzogen sich der Eidesleistung. Die Situation spitzte sich zu, als von seiten Berns gefordert wurde, daß die allgemein üblichen liturgischen Gewohnheiten (weiterhin Gebrauch der Taufsteine, Verwendung von ungesäuertem Brot beim Abendmahl, Beibehaltung der Festtage wie Weihnachten, Neujahr, Himmelfahrt) auch in Genf zu beachten seien. Es bildete sich eine regelrechte Front gegen die beiden Prediger. Und als im Frühjahr 1538 die Bürgermeisterwahlen die Befürworter einer Anpassung an die Ordnung außerhalb der Stadt erfolgreich sahen, war der Konflikt unvermeidlich. Farel wie Calvin weigerten sich standhaft, von ihren Grundsätzen abzurücken. Daraufhin wurden sie am 23. April mit sofortiger Wirkung aus Genf ausgewiesen.

Farel wendete sich nach Neuchâtel, wo er die Stelle von Antoine Marcourt einnehmen konnte, der nach Genf berufen wurde. Er blieb dort bis zu seinem Lebensende 1565, stets aber in engem Kontakt mit Calvin. Dieser reiste zunächst nach Basel, folgte dann aber einer Bitte Bucers, Pfarrer der französischen Flüchtlingsgemeinde in Straßburg zu werden.

In Straßburg machte Calvin eine Reihe wichtiger Erfahrungen: Er lernte das Täufertum kennen. Durch intensive Bemühungen konnte er manche zur Rückkehr in die eigene Gemeinde gewinnen. – Er heiratete. Seine Frau, Idelette von Büren, war die Witwe eines ehemaligen Täufers. – Er hatte vor allem die Möglichkeit, seine eigenen Überzeugungen von der Gemeindeordnung und Abendmahlszucht ohne Rücksicht auf die städtische Obrigkeit durchzuführen, und durch die Verbindung mit der Straßburger Kirche empfing er wesentliche Impulse zur weiteren Vervollkommnung der eigenen Ansätze, zumal auch auf liturgischem Gebiet.

In Straßburg fand er auch Gelegenheit, seine Institutio einer gründlichen Überarbeitung zu unterziehen. 1539 erschien eine zweite Auflage, nun schon nicht mehr ein Katechismus, sondern neu gefaßt als dogmatisches Handbuch zur Unterrichtung der Studenten über die biblische Lehre. 1541 erschien eine französische Übersetzung, weitere lateinische und französische Ausgaben folgten. Die maßgebliche letzte lateinische Ausgabe erschien 1559, noch einmal gründlich überarbeitet und strukturell neu gestaltet, damit aber auch die Erfahrungen widerspiegelnd, die Calvin in den aktuellen theologischen Kontroversen sammeln mußte, die immer wieder neue Schwerpunkte aufwiesen.[22]

Weitere theologische Werke folgten. Aus den exegetischen Arbeiten ragt der Kom-

20 CR 50, Opp. Calvini 22,33–74; Opp. sel. 1,378–417.
21 CR 50, Opp. Calvini 22,85–96; Opp. sel. 1,418–426.
22 Vgl. die Bibliographie der zu Lebzeiten Calvins erschienenen lateinischen und französischen Ausgaben in: Opp. sel. 3,VI–L.

mentar zum Römerbrief hervor.[23] Besonders wichtig ist aber auch seine Abhandlung „Traicté de la Sainte Cène“,[24] in dem er seine Abendmahlslehre entfaltete und damit auch seine eigene Position deutlich machte, sowohl Zwingli wie auch Luther gegenüber.

Während seiner Straßburger Zeit nahm Calvin Verbindung zu weiteren reformatorischen Persönlichkeiten auf. Neben dem unmittelbaren Kontakt mit Bucer und Capito lernte er vor allem Melanchthon kennen. Seine Teilnahme an den Religionsgesprächen in Worms und Regensburg 1540/1541 führte ihn in einen großen Rahmen ein, ließ ihn zu eigenen Urteilen über die Nützlichkeit solcher Verhandlungen gelangen, zugleich aber auch die Hoffnung auf die Zusammenführung der verschiedenen evangelischen Richtungen wachsen. In Regensburg unterzeichnete er die Confessio Augustana variata, die invariata hatte er bereits in Straßburg unterschrieben.

Schließlich entledigte er sich auch von Straßburg aus einer Aufgabe, die ihm bald wieder aus Genf zuwuchs. Dort war die Situation durch die Vertreibung der beiden Prediger keineswegs bereinigt worden. Im Gegenteil drohte bald sogar ein regelrechtes Schisma zwischen denen, die die Maßnahmen des Rates unterstützten, und denen, die weiterhin zu Farel und Calvin standen. Calvin mahnte von Straßburg aus eindringlich, es auf keine Spaltung ankommen zu lassen. In diese Situation, Frühjahr 1539, fällt ein Schreiben des Bischofs von Carpentras (Südfrankreich), Kardinal Sadoleto, an die Genfer mit dem Appell, in die römische Kirche zurückzukehren. Um diesem Brief eine gebührende Antwort zu geben, wendete man sich wieder an Calvin, der daraufhin in wenigen Tagen seine berühmte „Responsio ad Sadoletum“ verfaßte, die bald auch im Druck und in französischer Übersetzung erschien.[25] Die Schrift, weit mehr als ein „Brief“, ist eine glänzende Rechtfertigung der Reformation wie zugleich auch eine knappe Zusammenfassung der Schwerpunkte, auf die es Calvin in seinem Reformationswerk vor allem ankam, theologisch wie praktisch. Insofern steht sie durchaus in einer Linie mit der Institutio, dem Katechismus und dem Bekenntnis von 1537.

Inzwischen veränderte sich die politische Situation in Genf erneut. Die Anhänger Calvins gewannen bei weiteren Wahlen wieder an Boden. Ihre Gegner hatten sich in ihrer Angleichungspolitik an Bern offensichtlich zu weit vorgewagt. Die kaum errungene Freiheit drohte jetzt an Bern verlorenzugehen. So wendete sich das Blatt. Die beiden Prediger, die anstelle von Farel und Calvin in die Stadt gerufen worden waren, mußten ihren Dienst wieder quittieren. Die übrigen waren allein den Anforderungen nicht gewachsen. Daraufhin beschlossen die Räte im Oktober 1540, Calvin um Rückkehr zu bitten, und ließen sich dabei von Basel und Zürich unterstützen. Es dauerte jedoch noch fast ein Jahr, bis sich Calvin entschloß, dem neuen Ruf zu folgen. Im September 1541 war er wieder in der Stadt.

---

23 Auslegung der Heiligen Schrift, Neue Reihe, a. a. O., 16 (1960) 9–297.

24 CR 33, Opp. Calvini 5,433–460; Opp. sel. 1;(499)503–530.

25 Der Brief Sadoletos CR 33, Opp. Calvini 5,369–384; Opp. sel. 1,441–456, Calvins Antwort CR ebd., 385–416; Opp. sel. 1,457–489, deutsch: Mußte Reformation sein? Calvins Antwort an Kardinal Sadoleto, übers. und eingel. v. *G. Gloede*, Berlin 1957.

C CALVINS ZWEITE WIRKUNGSPERIODE IN GENF

1. *Im Kampf um die neue Ordnung*

Sogleich nahm Calvin die Fäden wieder dort auf, wo er sie vor vier Jahren hatte aus der Hand legen müssen. Mit der Auslegung der Schrift begann er an der Stelle, wo sie seinerzeit unterbrochen worden war, neu. Nach wenigen Wochen legte er auch dem Rate eine neue Kirchenordnung vor, die dem ganzen Reformationswerk nunmehr die notwendigen Konturen geben sollte, wobei die inzwischen gesammelten Erfahrungen, nicht zuletzt die entsprechenden Arbeiten Bucers in Straßburg, deutlich einflossen: die „Ordonnances ecclésiastiques".[26]

Wesentlichster Punkt darin ist die Einrichtung der vier Ämter in der Gemeinde, der Pfarrer (pasteurs), der Lehrer (docteurs), der Ältesten (anciens) und der Diakone (diacres). Den Pfarrern obliegt die eigentliche geistliche Versorgung der Gemeinde, zugleich aber auch zusammen mit den Ältesten die Aufsicht über das christliche Leben. Aufgabe der Lehrer ist die gesamte Unterweisung im Glauben, wozu auch die spezielle theologische Lehre gehört. Die Ältesten, „die vom Rat zum Kirchengericht (‚consistoire') abgeordnet sind", haben über den Lebenswandel der Gemeindemitglieder zu wachen. Sie sind aus den verschiedenen Ratsgremien zu wählen, wobei jedes Stadtviertel berücksichtigt werden soll, „damit sie überall ihre Augen haben können" (Art. 49). Die Diakone schließlich verwalten das Armengut und die Almosen und sorgen für die Spitäler und die Kranken.

Wenig später folgte der Kirchenordnung ein neuer Katechismus.[27] Auch auf diesem Gebiet hatte Calvin inzwischen wertvolle Erfahrungen sammeln können. Nunmehr war der Stoff nicht mehr wie eine kleine Glaubenslehre nach den verschiedenen Lehrpunkten aufgebaut, sondern in ein Frage-und-Antwort-Schema gebracht.
Der Erlaß einer solchen Kirchenordnung war das eine, ihre Durchführung ein anderes.[28] Besonders die strenge Sittenzucht, die selbstverständlich auch die Honoratioren der Stadt nicht ausnahm und sich nicht nur auf Ehebruch, Prostitution und Gotteslästerei erstreckte, sondern ebenso auf Fluchen, Spotten, unerlaubten Luxus, leichtsinnige Lebensführung, ungebührliches Betragen in der Kirche, Besitz katholischer Bücher u. a. m., erregte Widerstand (Ami Perrin, dessen Opposition gegen Calvins Regiment auch politisch-nationale Züge annahm). Manche mußten schwere Demütigungen auf sich nehmen. Auch Strafen an Leib und Leben waren nicht selten.[29] Daß vieles davon, wenn auch in korrekter Übereinstimmung mit den allgemeinen weltlichen Ge-

26 CR 38, Opp. Calvini 10,1,15–30. Durch eine Reihe von Zusätzen (z. B. die Eheordnung von 1561 und einige Edikte am Schluß) vermehrt, erhielt die Ordnung 1561 ihre endgültige Gestalt, in der sie dann in die entsprechenden Sammlungen eingegangen ist: Opp. sel. 2,(325)328–364; französisch in: Bekenntnisschriften und Kirchenordnungen, a. a. O.,(42) 43–64; deutsch in: Reformierte Bekenntnisschriften und Kirchenordnungen, a. a. O., 72 bis 107.

27 „Le Catéchisme de l'église de Genève", CR 34, Opp. Calvini 6,9–159, die lateinische Fassung, die 1545 in Straßburg erschien, ebd. sowie in: Opp. sel. 2,(59) 72–151; französisch ferner in: Bekenntnisschriften und Kirchenordnungen, a. a. O., (1)3–41; deutsch in: Reformierte Bekenntnisschriften und Kirchenordnungen, a. a. O., 13–68.

28 Zu Einzelheiten vgl. *E. Pfisterer*, Calvins Wirken in Genf, a. a. O., 86–110; IV. Die Überwachung der Genfer.

29 Vgl. dazu ebd., 29–63: Strafgerichtsverfahren zur Zeit Calvins.

setzen, im Namen des göttlichen Willens geschah, muß doch bedenklich bleiben sowie „verwunderlich, wie sehr Calvin seine eigenen Ansichten von der Ordnung der Gesellschaft mit dem Willen Gottes identifizierte. Es gab für ihn kein Zögern über die Art, wie sein Ziel zu verwirklichen sei: eine Reformation sowohl der Kirche als auch der Gesellschaft nach der Norm der Schrift, die Errichtung einer Bibliokratie."[30] Gelegentlich wird auch regelrecht von einer Theokratie gesprochen.

Umstritten aber war lange Zeit die Frage der Kompetenz. Und an ihr zeigte es sich, daß die Probleme, die 1538 zur Ausweisung Farels und Calvins aus der Stadt geführt hatten, auch jetzt noch keineswegs ausgestanden waren. Es ging schlicht um die Frage nach dem Verhältnis von staatlicher und kirchlicher Gewalt. Calvin war keineswegs gewillt, den politischen Instanzen in der Stadt eine Zuständigkeit auch in den kirchlichen Angelegenheiten zuzubilligen, wohingegen umgekehrt die Kirche durchaus einen Auftrag zum Wirken auch in die Gesellschaft hinein besitzt. So kam es ständig zu Spannungen zwischen dem Consistoire und dem Rate, besonders über die Anwendung der Exkommunikation, des Ausschlusses Unwürdiger und Unbußfertiger vom Abendmahl. Auf dem Höhepunkt des Servet-Prozesses, im Herbst 1553, brach ein regelrechter Exkommunikationsstreit aus (Fall Berthelier), in den auch die anderen Schweizer reformatorischen Kirchen hineingezogen wurden. Erst 1555 kam es in dieser Sache zu einer eindeutigen Klärung. Die Wahlen erbrachten eine eindeutige Mehrheit für die Anhänger Calvins. Die Partei der „Libertins" – so von den Anhängern Calvins gescholten – verlor ihren Einfluß. Ihr Wortführer Perrin floh aus der Stadt. Ein Aufstand gegen die „Franzosen" wurde vereitelt.

Was auf sittlichem Gebiet galt, traf aber mehr noch auf das religiöse zu. Auch hier fiel es Calvin nicht leicht, sich völlig durchzusetzen. Wöchentlich wurde eine „Congrégation" der Pfarrer abgehalten, wobei jeder der Reihe nach seine Schriftauslegung dem Urteil der anderen zu unterwerfen hatte. Es kam zu einer Reihe schwerwiegender Auseinandersetzungen, die das Streben nach Lehreinheit erheblich beeinträchtigten, andererseits in ihrer Durchführung auch dazu beigetragen haben, das Bild Calvins in der Geschichte zu trüben.

Dazu gehört die Auseinandersetzung mit Sebastian Castellio, dem Leiter der städtischen Lateinschule, über die Auslegung des Hohenliedes (Castellio erkannte es als weltliches Liebeslied) und der Höllenfahrt Christi. Persönliche Spannungen traten hinzu, weshalb Castellio schließlich die Stadt verließ.

Dazu gehört der Prozeß gegen Hieronymus Bolsec (ebenfalls französischer Flüchtling), der als Arzt in der Stadt lebte und an den Congrégations teilnahm, 1551. Er bestritt die Prädestinationslehre Calvins als nicht schriftgemäß. Erste Erörterungen fruchteten offenbar nicht. Als Bolsec dann mit seiner Meinung an die Öffentlichkeit ging, wurde er verhaftet, und Calvin wendete sich an die Prediger in Zürich, Bern und Basel um Beratung. Diese mahnten zu Mäßigung und Ausgleich. Dennoch wurde Bolsec wegen „falscher, gegen die Schrift und die reine evangelische Religion gerichtete Lehre" aus der Stadt verbannt. Nach einem Zwischenaufenthalt in Bern, von wo aus er seine Angriffe gegen Calvin erneuerte, wendete er sich nach Frankreich und kehrte in die römische Kirche zurück. Die Gegnerschaft gegen Calvin hielt er aufrecht. 1577 erschien aus seiner Feder eine scharf mit dem Reformator abrechnende Biographie Calvins.

30 *W. Nijenhuis*, Art. „Calvin", a. a. O., 573.

2. Die Einigung mit Zürich im „Consensus Tigurinus“

Den Spannungen im Inneren entsprachen ganz ähnlich begründete auch nach außen, und wenn auch nicht eigentlich politisch motiviert, so doch mit erheblichen politischen Auswirkungen. Die Konsequenz Calvins in Sachen kirchlicher Gebräuche, Kirchenbann und Schlüsselgewalt setzte doch eigene Akzente und gab dem Genfer Kirchenwesen ein anderes Gesicht als denen in den anderen reformatorischen Territorien der Schweiz. Denn in vielen Fällen war auch die kirchenpolitische Situation angesprochen. Spannungen ergaben sich besonders mit Bern,[31] dessen Territorium sich seit der Besetzung der Waadt bis vor die Tore Genfs erstreckte. Die besonderen Anliegen, die Calvin in Genf durchzusetzen sich bemühte, konnten nicht ohne Ausstrahlungen auch nach dort bleiben. Sie gewannen Anhänger, die seine Thesen übernahmen, z. B. Pierre Viret, der als Pfarrer und theologischer Lehrer in Lausanne die geistige Führung in der Waadt innehatte und so nun in Gegensatz zu seiner Berner Obrigkeit geriet. Später mußte er auch tatsächlich nach Genf weichen.

Theologisch überhöht wurde der Gegensatz dadurch, daß Calvin bei den eindeutig zwinglianisch bestimmten Bernern in den Verdacht geriet, eigentlich Lutheraner zu sein. Denn auch in der Abendmahlslehre[32] beschritt Calvin eigene Wege. Wie Zwingli behauptete er freilich die symbolische Deutung des „ist“ in den Einsetzungsworten als „bedeutet“, und die lutherische Verbindung von Gottes Heilsgabe mit den Elementen des Abendmahles lehnte er ab. Zugleich aber wies er auch die absolute Trennung von beidem zurück: Das Abendmahl ist durchaus nicht nur Erinnerung und Feier der Gemeinde, sondern wirklich eine Gabe. Denn zugleich mit dem Sakrament wirkt Gott durch seinen Heiligen Geist an den Menschen. Diese Thesen waren für die Berner Grund genug, doppelt vorsichtig zu sein, denn lange Jahre hindurch hatte es direkt in Bern eine starke lutherische Bewegung gegeben. So kam es 1549 zu einem „fast völligen Einfrieren der kirchlichen Beziehungen zwischen Genf und Bern“[32a] im Zusammenhang mit einer Berner Synode, an der teilzunehmen Calvin verwehrt wurde und in der auch eine schriftliche Stellungnahme der Genfer Theologen nicht zur Verhandlung

---

31 Vgl. o. 102. *G. W. Locher*, Bullinger und Calvin, Probleme des Vergleichs ihrer Theologien, in: Heinrich Bullinger 1504–1575, a. a. O., 2,1–33 macht in dem Zusammenhang auf einen wichtigen Aspekt aufmerksam: Während Bullinger (und damit auch die anderen Schweizer reformatorischen Orte) von der Vorgabe einer „genossenschaftliche(n) Bürgergemeinde“ ausgehen, „die offiziell das Evangelium angenommen hat“ und die es „als politische Form der christlichen Gemeinde“ ernst zu nehmen gilt, schreibt der französische Flüchtling Calvin (für den die Reichsstadt Genf Etappe ist, während die Front in Frankreich verläuft) „für christliche Gemeinden in einem Königreich, in dem das Evangelium verboten ist, und die es lernen müssen, auf eigenen Füßen zu stehen“ (S. 4 und Anm. 15).

32 Zu Calvins Abendmahlslehre vgl. bes. *H. Grass*, Die Abendmahlslehre bei Luther und Calvin, Gütersloh ^{2}1954 = Beiträge zur Förderung christlicher Theologie 2,47; *W. Niesel*, Calvins Lehre vom Abendmahl, München 1930 = Forschungen zur Geschichte und Lehre des Protestantismus 3,3; *J. Rogge*, Virtus und Res. Um die Abendmahlswirklichkeit bei Calvin, Berlin 1965 = Aufsätze und Vorträge zur Theologie und Religionswissenschaft 30; *G. W. Locher*, Streit unter Gästen. Die Lehre aus der Abendmahlsdebatte der Reformatoren für das Verständnis und die Feier des Abendmahles heute, Zürich 1972 = Theologische Studien 110.

32a *U. Gäbler*, Das Zustandekommen des Consensus Tigurinus im Jahre 1549, ThLZ 104 (1979), 321–332, das Zitat 325.

kam. Eine entsprechende Predigt Calvins in Lausanne tat ein übriges, so daß in Bern sogar erwogen wurde, Calvin überhaupt nicht mehr Berner Boden betreten zu lassen. Andererseits schien es jedoch doppelt geboten, die Streitpunkte aus dem Wege zu räumen und wirklich gemeinsam voranzugehen. Die politischen und militärischen Erfolge des Kaisers gegen die Protestanten in Deutschland und die Durchführung des Interims (Oktober 1548 Besetzung von Konstanz) mahnten zur Wachsamkeit, während umgekehrt eine möglich erscheinende politische Allianz mit dem französischen König Heinrich II. die Aussicht eröffnete, die schwierige Situation der Evangelischen in Frankreich zu erleichtern.

In diese theologischen, kirchenpolitischen und direkt politischen Koordinaten gehören die Bemühungen Calvins um eine Einigung mit Zürich.[33] Mit Bullinger hoffte er sich theologisch verständigen zu können, und er erwartete davon auch eine Minderung der Spannungen mit Bern. Nach zwei persönlichen Besuchen Calvins in Zürich (Februar 1547 und Mai 1548) und einem begleitenden mehrfachen Schriftenwechsel mit Bullinger konnte dann auch tatsächlich eine Annäherung gefunden werden dadurch, daß beide Seiten theologisch aufeinander zugingen, indem Calvin den Erwählungsgedanken in die Problematik einführte und damit der Zürcher Forderung des Glaubens für einen heilsamen Abendmahlsgenuß entgegenkam, während Bullinger die Bedeutung des Sakraments als Siegel für das geheime Wirken des Geistes stärker zu würdigen vermochte. Daraufhin ergriff Calvin im Frühjahr 1549, nachdem sich äußerlich die Spannung mit Bern erheblich erhöht hatte, aber nach den Wahlen vom Oktober 1548 auch in Genf selber die oppositionellen Kräfte wieder sehr viel stärker geworden waren, die Initiative. Bei einem weiteren Besuch Calvins in Zürich (Mai 1549) wurde auf der Grundlage des zwanzig Punkte umfassenden Genfer Bekenntnisses (das für jene Berner Synode bestimmt gewesen war) ein Consensus geschlossen,[34] der praktisch eine Einigung in der Sakramentsfrage bedeutete, aber eingebettet in die weiteren christologischen und ekklesiologischen Zusammenhänge. Dabei grenzte man sich sowohl gegen die katholische Lehre (Transsubstantiation, Verehrung des Sakraments) wie gegen Luther (Ubiquität, Gnadenmittel, Realpräsenz) deutlich ab. Von zentraler Bedeutung sind die Artikel VII und IX. Darin wird festgestellt:

Art. VII: „Zwar besteht der Zweck der Sakramente auch darin, daß sie Merkmal und Abzeichen eines öffentlichen christlichen Bekennens und einer christlichen Genossenschaft und Bruderschaft bilden, daß sie Anreiz geben zur Danksagung, daß sie Glauben und frommes Leben einüben, sowie daß sie feierliche Verpflichtungen dazu darstellen. Doch ihr Hauptzweck ist der, daß Gott uns durch sie seine Gnade bezeugt, vergegenwärtigt und besiegelt. Denn wenn sie auch nichts anderes bedeuten, als was durch das Wort selbst verkündet wird, so ist doch das ein bedeutungsvolles Geschehen: Gewissermaßen lebende Bilder werden uns vor die Augen gestellt, die unsere Sinne tiefer beeindrucken, indem sie uns so gleichsam in ihren Inhalt einführen; ferner rufen sie uns Christi Tod und alle seine Wohltaten in Erinnerung, damit unser Glaube vertieft werde; und schließlich wird das, was Gottes Mund verheißen hat, wie mit Siegeln bekräftigt und bestätigt."

---

33 Zur Entstehung des Consensus Tigurinus vgl. im einzelnen *E. Bizer*, Studien zur Geschichte des Abendmahlsstreits im 16. Jahrhundert, Gütersloh 1940 = Beiträge zur Förderung christlicher Theologie 2,46 (Reprint Darmstadt 1962), 243–274; *U. Gäbler*, Art. „Consensus Tigurinus", in: TRE 8 (1981), 189–192.

34 Die heute allgemein übliche Bezeichnung „Consensus Tigurinus" – ‚Zürcher Konsens' – stammt erst aus dem 19. Jahrhundert.

Art. IX: „Wenn wir auch ... zwischen Zeichen und bezeichnetem Inhalt unterscheiden, so trennen wir von den Zeichen doch nicht ihre Wahrheit. Vielmehr, so erklären wir, empfängt jeder, der die hier angebotenen Verheißungen im Glauben ergreift, Christus selbst geistlich mitsamt seinen geistlichen Gütern, ja sogar wer längst an Christus Anteil hatte, setzt damit diese Gemeinschaft fort und erneuert sie."

Veröffentlicht wurde der Consensus allerdings erst 1551.[35] Und seine Ziele hat er nicht erreicht. Das Dokument wurde bedeutungsvoll eigentlich nur für das Verhältnis zwischen Zürich und Genf und auch hier allein im Hinblick auf die Sakramentslehre. Die ekklesiologisch-kirchenpolitisch brisanten Differenzen über das Verhältnis zwischen Kirche und Staat blieben von dem Konsens unberührt. Trotz Zustimmung weiterer schweizerischer Kirchen hielten sich vor allem die Berner bleibend fern. Schon gar nicht konnte eine Brücke zum Luthertum geschlagen werden, wie es Calvin wohl gehofft hatte. Im Gegenteil wurde eine Verfestigung der konfessionellen Grenzen dadurch erreicht, daß Calvin jetzt deutlich gemacht hatte, wo er tatsächlich stand: nicht bei Luther und auch nicht bei Bucer, sowie dadurch, daß sich ein weiterer Abendmahlsstreit hieran entzündete.[36] Schließlich ist auch politisch nicht das erhoffte Ergebnis erreicht worden. Die große Allianz kam nicht zustande, und Bern behielt weiterhin Genf in seiner Obhut.

3. *Der Fall Michael Servet*

Ein besonderes Kapitel in den schweren Jahren des Ringens um die reformatorische Gestaltung in Genf bildete der Fall des Antitrinitariers Michael Servet, der am 27. Oktober 1553 auf dem Marktplatz in Genf als Ketzer verbrannt wurde.[37] Kein anderer Umstand im Leben und Wirken Calvins ist so bekannt geworden wie dieser, keiner wurde auch in ähnlicher Weise und ähnlicher Breite diskutiert. „Der Fall Servet ist fast keine Geschichte mehr. Er ist ein Paradigma geworden. Er ist zudem überwuchert von Meinungen, Ideen, Fälschungen, Apologien, Toleranzprogrammen und ähnlichem, daß es dem Historiker schwerfällt, sich zum eigentlichen Tatbestand vorzutasten. Gelingt ihm das, findet er Fakten vor, die es ihm kaum erlauben, hier von einem Sonderfall des 16. Jahrhunderts zu sprechen."[38]
Das erste dieser Fakten ist die Vorgeschichte, die der Casus Servet, Genf 1553, hatte: Der aus Spanien stammende Servet (geboren wahrscheinlich 1511) war bereits mit 20 Jahren mit Schriften an die Öffentlichkeit getreten, in denen er das christliche Dogma von der Trinität Gottes, und d. h. die Göttlichkeit Jesu Christi, bestritt: „De trinitatis erroribus libri septem" und ein Jahr später „Dialogorum de trinitate libri duo". Während eines vorausgehenden zehnmonatigen Aufenthalts in Basel hatte er den dor-

35 Text in: BSRK 159–163, auch CR 35, Opp. Calvini 7,733–744.
36 S. u. 114f.
37 S. die Akten CR 36, Opp. Calvini 8,145–248, ferner: *K. Brunnemann*, Michel Servetus. Eine actenmäßige Darstellung des 1553 in Genf gegen ihn geführten Criminal-Prozesses, Berlin 1865; *R. Nürnberger*, Calvin und Servet. Eine Begegnung zwischen reformatorischem Glauben und modernem Unglauben im 16. Jahrhundert, ARG 49(1958), 196–204; *R.H. Bainton*, Michael Servet, 1511–1553, Gütersloh 1940 = SVRG 178; *J. Friedman*, Michael Servet, Anwalt totaler Häresie, in: Radikale Reformatoren, hg. v. *H.-J. Goertz*, München 1978 = Beck'sche Schwarze Reihe 183, 223–230, 251f.
38 *J. Staedtke*, Johannes Calvin, a. a. O., 64.

tigen Reformator Oekolampad kennengelernt und lange Dispute mit ihm geführt. Auch mit Bucer war er zusammengetroffen. Dann reiste er nach Straßburg und ließ in dem nahen Hagenau sein erstes Buch drucken. Auch das zweite erschien dort. Es erregte sogleich Mißfallen. Teilweise wurde es behördlich konfisziert. Die Inquisition begann, nach dem Autor zu fahnden. So mußte Servet untertauchen. Fortan lebte er unter dem Namen Michel de Villeneuve (nach seinem Geburtsort Villanueva). Er wandte sich nach Frankreich, lebte in Lyon und arbeitete dort für einen Verlag, studierte dann in Paris Medizin und hielt gleichzeitig Vorlesungen über Astronomie und Astrologie. Als Arzt ließ er sich zuerst in Charlieu nieder, dann, 1541, in Vienne, arbeitete er neben seiner Praxis weiterhin auch noch für jenen Verlag an der Herausgabe theologischer Bücher und trieb intensiv eigene theologische Studien; denn die Grundfragen des Glaubens ließen ihn nicht mehr los. Die geistige und religiöse Auseinandersetzung in seiner spanischen Heimat zwischen Christentum, Judentum und Islam gärte in ihm weiter. Auf medizinischem Gebiet brachte er es bald zu einigem Ansehen. Servet gilt als (Wieder)Entdecker des sog. kleinen Blutkreislaufes durch die Lunge. 1546 trat er mit Calvin in Verbindung, der durchaus wußte, wer sich hinter jenem Namen verbarg, denn schon zwölf Jahre zuvor hatte es einmal Kontakte gegeben. Nun schickte Servet eine Reihe briefartiger Abhandlungen[39] und schließlich auch ein größeres Manuskript, das Calvin zu der Feststellung führte: „Wenn ich Gefallen daran finde, verspricht er, hierher zu kommen. Aber ich will mich für nichts verbürgen. Denn kommt er hierher, so lasse ich ihn, wenn ich irgend etwas vermag, nicht mehr lebendig wieder fort."[40]

Calvin brach daraufhin den Briefwechsel ab, doch korrespondierte Servet weiterhin auch mit Genf. Sein Buch erschien erst Anfang des Jahres 1553 mit dem bezeichnenden Titel „Restitutio Christianismi", in deutlicher Anspielung also auf Calvins „Institutio Christianae Religionis".[41]

Durch Verquickung besonderer Umstände wurde Servet durch einen Freund Calvins, Guillaume de Trie, indirekt, aber faktisch bei der römischen Inquisition denunziert. De Trie hatte sich in Verteidigung seiner Hinwendung zur Reformation bei katholischen Verwandten in Lyon darüber beklagt, daß dort fünf Berner Studenten verhaftet worden waren und hingerichtet werden sollten, während gleichzeitig ein solcher Lästerer christlicher Grundwahrheiten sogar als Leibarzt des Bischofs unbehelligt bleibe. Damit lüftete er das Incognito Servets. Jene Verwandten machten sogleich die Inquisition auf Servet aufmerksam und erreichten es auch, daß de Trie weiteres belastende und überführende Material – die originalen Briefe an Calvin – besorgte. Nach einigem Sträuben stellte Calvin sie zur Verfügung. Nunmehr wurde Servet verhaftet (April 1553), doch konnte er nach zwei Tagen bereits fliehen. Der Prozeß wurde in Abwesenheit des Beklagten geführt und führte zur Verurteilung wegen Ketzerei. In effigie wurde Servet schon im Juni in Vienne verbrannt.

Ein weiterer Umstand läßt auch Gründe dafür erahnen, warum sich Servet auf seiner Flucht ausgerechnet nach Genf wendete, obwohl er die Haltung Calvins und damit

39 Später von ihm selbst veröffentlicht, CR 36, Opp. Calvini 8,649–714.

40 An Farel, 13. 2. 1546, CR 40, Opp. Calvini 12,283 Nr. 767, deutsch in: Johannes Calvins Lebenswerk in seinen Briefen, a. a. O., 1,332.

41 Die Inquisition arbeitete so gründlich, daß lediglich noch drei Exemplare der Erstausgabe nachweisbar sind.

auch die Gefahren kannte, in die er sich begab. Servet kannte offenbar auch die derzeit durchaus schwierige Situation Calvins in der Stadt, die er für die Verwirklichung der eigenen Ideen und Erwartungen möglicherweise günstig beurteilte. Einige Indizien sprechen dafür, daß er Genf doch nicht nur mehr oder weniger zufällig auf der Durchreise berührte, sondern direkt als Ziel aufsuchte. Denn Servet bestritt nicht nur die Trinität und die Gottheit Jesu Christi, dazu Taufe, Rechtfertigung und weitere reformatorische Erkenntnisse.[42] Es ging eigentlich gar nicht um Einzelpunkte des christlichen Bekenntnisses, sondern im Grunde um einen diametral anderen Ansatz des religiösen Denkens, der notwendig zu jenen Häresien führte und auch mit dem Etikett „Pantheist“ *(Neuser)* noch unzureichend erfaßt ist. In Calvin und Servet standen sich – ansatzweise – schon Glaube und Unglaube gegenüber, der Eifer für die Ehre Gottes und eine Verehrung des Menschen, der zur Vergottung schreitet, und beide in Vertretern, die bereit waren, konsequent bis zum Ende zu denken und entsprechend zu handeln. Diese Bereitschaft kleidete sich bei Servet in ein nahezu apokalyptisches Gewand, so daß ihm die derzeitigen Auseinandersetzungen in der Welt als Endkampf des Erzengels Michael erschienen, in dem er selber eine Schlüsselrolle spielen müsse.[43] Es war sein Verhängnis, daß er die Situation und nicht zuletzt seinen eigenen Einfluß bei weitem überschätzte, wenn er z. B. noch aus dem Genfer Gefängnis heraus an den Rat, in dem sich mancher Gegner Calvins befand, appellierte, Calvin unschädlich zu machen, aus der Stadt zu vertreiben und ihn, Servet, an dessen Stelle zu setzen.[44] Denn der erhoffte Sieg über Calvin – oder war jener Appell nur noch ein letzter Versuch, sein Leben zu retten, eine verzweifelte Flucht nach vorn? – gelang Servet nicht, und bezeichnenderweise gerade dadurch nicht, daß Calvin der Kontroverse und dem ganzen Prozeß mit seinem für ihn durchaus nicht von vornherein sicheren Ausgang nicht auswich und damit der innerstädtischen Opposition keine Handhabe gegen ihn bot.

Im August wurde Servet in der Stadt erkannt und sofort verhaftet und unter Anklage gestellt. Damit lief – auch dies eines jener Fakten – ein völlig den allgemeinen Gesetzen entsprechender Prozeß an. Nach der Peinlichen Gerichtsordnung Karls V. von 1532 stand auf Gotteslästerung die Todesstrafe, und Leugnung der Trinität war Gotteslästerung. Calvin hatte nur anfänglich bei der Anklageerhebung und später als Gutachter direkten Anteil an dem Prozeß. Anklagevertreter war sogar ein erklärter Gegner Calvins, das Gericht war eine weltliche Behörde. Entsprechend wurde in der Anklageformulierung wie auch in der späteren Urteilsbegründung die Gefahr einer Störung der öffentlichen Ruhe und der negativen Beeinflussung der Jugend beschworen. Ein Auslieferungsersuchen der römischen Inquisition wurde abgelehnt, dafür aber wurden die anderen reformatorischen Schweizer Städte um ihr Gutachten gebeten. Sie erkannten sämtlich auf Schuld Servets. Am 26. Oktober erging das Urteil, einen Tag spä-

42 Vgl. Servets Brief an den Genfer Prediger A. Pouppin, 1547 (?), CR 36, Opp. Calvini 8,750f., in dem sich u. a. die bekannten Sätze finden: „Evangelium vestrum est sine uno deo, sine fide vera, sine bonis operibus. Pro uno deo habetis tricipitem cerberum, pro fide vera habetis fatale somnium, et opera bona dicitis esse inanes picturas. Christi fides est vobis merus fucus, nihil efficiens: homo est vobis iners truncus, et Deus est vobis servi arbitrii chimaera ...“

43 Vgl. ebd.

44 CR 36, Opp. Calvini 8,806.

ter wurde Servet als Ketzer verbrannt. Calvin hatte sich noch vergeblich um eine Revision des Urteils, Enthauptung statt Verbrennen, bemüht.
So eignet dem Prozeß gegen Servet und dessen Hinrichtung – gemessen an dem geltenden Recht und beurteilt im Lichte der historischen Situation – durchaus nichts Außergewöhnliches, so sehr sich auch modernes Empfinden dagegen sträubt. Auch läßt sich nicht behaupten, daß Calvin dabei eine besonders fatale Rolle gespielt hat. Der Raum, in dem sich Calvin in dieser Sache und zu dieser Zeit – angefangen schon bei jenem Briefwechsel von de Trie – bewegen konnte, war überaus eng. Wenn nicht das gesamte Reformationswerk in der Stadt und darüber hinaus aufs Spiel gesetzt werden sollte, konnte er kaum anders handeln, als er es tat. Nichtsdestoweniger darf nicht nur, sondern muß die Frage gestellt werden, die Calvin dann auch von niemand anderem als seinem früheren geschätzten Mitarbeiter Castellio gestellt worden ist: De haereticis, an sint persequendi? Und es macht gerade diese Frage aus, daß der Prozeß gegen Servet zum Paradigma werden konnte des Heraufkommens einer neuen Zeit, die nach anderen Maßstäben fragt als die Peinliche Gerichtsordnung Kaiser Karls V. Daß sich hier Grenzen Calvins zeigen, kann nicht bestritten werden. Doch man kann ihm kaum zum Vorwurf machen, daß er den mit solchen Überlegungen verknüpften (modernen) Erwartungen noch nicht entsprach.

4. Erntejahre

Mit der Hinrichtung Servets war der Casus freilich noch keineswegs abgeschlossen. Auf die Vorwürfe, denen sich Calvin ziemlich bald gegenübersah,[45] antwortete er mit einer ausführlichen Apologie: „Defensio orthodoxae fidei de sacra trinitate, contra prodigiosos errores Michaelis Serveti Hispani ...“[46] Sie erschien im Februar 1554, konnte jedoch die Diskussion durchaus noch nicht beenden, sondern fachte im Gegenteil den Streit über Toleranz und Religionsfreiheit eigentlich erst richtig an.[47] Eine seiner Folgen war eine deutliche Abkühlung des Verhältnisses zwischen Genf und Basel, wo doch ein anderer Geist waltete als in der Stadt Calvins.[48] Calvin jedoch ging in seiner Position gestärkt aus dem Servet-Prozeß hervor. Die anscheinenden konspirativen Verbindungen Servets mit Teilen der innerstädtischen Opposition und der Erfolg Calvins im Exkommunikationsstreit mit dem Rate stärkten seine Anhängerschaft und bereiteten deren Wahlsieg von 1555 vor. Erst danach, d. h. nur noch die letzten neun Jahre seines Lebens, war es Calvin vergönnt, in relativer Ruhe sein theologisches und reformatorisches Werk zu vollenden.
Auch in dieser Zeit mangelte es freilich nicht an Auseinandersetzungen. Seit der Veröffentlichung des Consensus Tigurinus 1551 war ein neuer Abendmahlsstreit im Gange. Der streitbare Hamburger Lutheraner Joachim Westphal schrieb in den sechs Jahren von 1552 bis 1558 nicht weniger als zehn z. T. umfängliche Schriften gegen Calvin und seine Abendmahlslehre, wogegen sich dieser seinerseits mit drei Schriften verteidigte.[49] Beiderseits beteiligten sich aber noch weitere Theologen an den Auseinanderset-

45 Vgl. z. B. *U. Plath*, Calvin und Basel, a. a. O., 88–93.
46 CR 36, Opp. Calvini 8,453–644, vgl. *U. Plath*, ebd., 120–128.
47 Vgl. zuletzt *U. Plath*, Calvin und Castellio und die Frage der Religionsfreiheit, in: Calvinus Ecclesiae Genevensis Custos, a. a. O., 191–195.
48 Vgl. bes. *ders.*, Calvin und Basel, a. a. O.
49 Vgl. bes. *W. Niesel*, Calvins Lehre vom Abendmahl (s. o. Anm. 32); *W. Neuser*, Von Zwingli und Calvin bis zur Synode von Westminster, a. a. O., 274–276.

zungen. Hintergrund waren auch jetzt wieder aktuelle Entwicklungen, das Vordringen des Calvinismus in Westeuropa, das Entstehen von reformierten Flüchtlingsgemeinden in Norddeutschland, dann aber auch die Auswirkungen des Augsburger Religionsfriedens, der nur den Augsburger Religionsverwandten Rechtsschutz gewährte. Theologisch wurden dabei nur wenig neue Positionen gewonnen. Wiederum ging es um die alte Frage nach dem Wie der Realpräsenz, die Calvin nur durch den Hinweis auf das Handeln Gottes durch den Heiligen Geist zu lösen vermochte, wodurch er jede räumliche Beziehung von Leib und Blut Christi zu den Elementen des Abendmahles ausschloß. Der Versuch einer Verständigung mit Melanchthon gelang nicht. Umgekehrt bewährte sich jetzt jedoch der Consensus Tigurinus. Als Ergebnis blieb eine weitere Verfestigung der unterschiedlichen reformatorischen Positionen nun auch Calvin gegenüber, und d. h. das Fortschreiten der innerreformatorischen Konfessionalisierung.

Einen besonderen Höhepunkt bildete 1559 die Gründung der Genfer Akademie, einer theologischen Fakultät zur Ausbildung der Pfarrer, eingeteilt in eine Schola privata zur Vermittlung der Grundkenntnisse und eine Schola publica mit Lehrstühlen für Theologie, Griechisch, Hebräisch und Geisteswissenschaften. Später wurde auch ein Lehrstuhl für Jurisprudenz eingerichtet. Erster Rektor war Theodor Beza (1519 bis 1605), welcher – ebenfalls Glaubensflüchtling aus Frankreich – zuvor zehn Jahre lang an der Akademie von Lausanne Professor für Griechisch gewesen war. Schon in dieser Zeit hatte er sich theologisch an die Seite Calvins gestellt (Confession de la foy chrestienne, 1558). Nun wurde er einer seiner engsten Mitarbeiter und Vertrauten und trat später dann auch die Nachfolge Calvins als Moderator der Genfer Pastoren an. Die erste Biographie Calvins stammt aus seiner Feder. Beza und Calvin versahen zunächst gemeinsam den Lehrstuhl für Theologie. 1564 studierten nach Schätzungen Bezas 1200 Studenten an der Schola privata und 300 an der Schola publica. Die große Mehrheit von ihnen kam aus dem Ausland, vor allem aus Frankreich. Die Akademie wurde so zur „Pflanzstätte des Calvinismus“ *(Neuser)*.

Am 27. Mai 1564 starb Calvin, durch rastlose Tätigkeit, eine nahezu asketische Lebensführung und wiederholte Krankheiten frühzeitig physisch erschöpft. Seine Frau war bereits nach neunjähriger Ehe 1549 verstorben. In seinem Testament hatte er es untersagt, seine Grabstätte irgendwie besonders zu kennzeichnen. So war schon bald vergessen, an welchem Platz auf dem Friedhof von Plainpalais in Genf Calvin seine letzte Ruhestätte gefunden hatte.

D SCHWERPUNKTE VON CALVINS THEOLOGISCHEM WIRKEN

Calvin selber hat seine Theologie als eine „Theologie auf dem Wege“ *(Nijenhuis)* dargestellt. Seit 1543 schloß er das Vorwort zu den verschiedenen Ausgaben seiner Institutio mit einem Satze Augustins: „Ego ex eorum numero me esse profiteor qui scribunt proficiendo, et scribendo proficiunt.“[50] Gerade die Institutio ist das sprechendste Beispiel für diese Theologie. Von einem verhältnismäßig schmalen Handbuch wuchs sie zu einem dickleibigen Folianten an, von einem Katechismus zu einer theologischen Summe. Denn fortschreitend in der Erkenntnis und in immer neue Problembereiche

50 CR 29, Opp. Calvini 1,255.

hinein, ging es eigentlich nie um fertige Systeme. So kann auch erst die letzte (lateinische) Ausgabe von 1559 als definitiv angesehen werden.
Voran in seiner Institutio stellte sich Calvin als der große *Lehrer seiner Kirche* vor.[51] Als theologischer Lehrer war er – selber ja eigentlich Autodidakt in Sachen Theologie! – in Genf verpflichtet worden. Theologischer Lehrer ist er sein Leben lang geblieben. Sehr viel stärker als Luther und anders auch als der „Präceptor Germaniae" Melanchthon mit seinen Loci communes und der Confessio Augustana gab Calvin mit seiner Institutio dem reformierten Kirchentum das Gepräge in einer deutlich faßbaren Lehre, die auch im Laufe der Geschichte nicht an Wirkungskraft eingebüßt hat.[52] Ist auf der einen Seite gerade dieser Umstand ausdrücklich festzuhalten, so muß doch zugleich auf der anderen nicht weniger deutlich betont werden, daß Calvin damit nicht eine eigene Lehre vorzutragen bedacht war. So wie Farel ihn als Lehrer zur Auslegung der Heiligen Schrift gewann, so gilt auch für die Institutio: „Durch dieses Buch wollte und will Calvin den Zugang zur Bibel öffnen. Er wollte für Leute, die nicht theologisch schon genug gebildet sind, um die Bibel aus sich selber heraus zu verstehen und richtig zu interpretieren, gewissermaßen ein Hilfsbuch zum Bibelstudium schaffen."[53] Geriet dieses dann freilich auch mehr und mehr zu einer umfassenden Darstellung, in der es auch an direkten und impliziten Auseinandersetzungen mit den verschiedensten Gegenpositionen nicht fehlte, so blieb doch letzte Absicht und tragendes Fundament das Wort Gottes als einziger gerader Weg für den Menschen zu seinem ewigen Ziel.
Wie stark Calvin schon im Ansatz Bibeltheologe war, zeigt sich besonders in seinen lebenslangen Bemühungen um die Auslegung der Schrift in Predigten, exegetischen Vorlesungen und Schriften. Erst die – noch nicht abgeschlossenen – modernen Ausgaben seiner Predigten und anderen Schriftauslegungen lassen den Reichtum erahnen, den Calvin darin seinen Zuhörern ausbreitete. Dabei bewährte er sich vor allem als ein stark von Paulus geprägter Theologe.[54] Calvin hat „das reformatorische Schriftverständnis anhand der paulinischen Theologie – von ihm allerdings eigenständig und eigenwillig interpretiert – weiterentwickelt ... Eine besondere Rolle und ‚hermeneutische Leitfunktion' kommt dabei dem Römerbrief zu."[55] Allein von hier aus eine Beziehung zu Luther herstellen zu wollen wäre allzu formal. Dennoch sind die Übereinstimmungen auch hierin gewiß nicht zufällig. Denn in vielen reformatorischen Grunderkenntnissen ist Calvin als Vertreter schon der zweiten Generation von Reformatoren der Schüler Luthers gewesen. Daraus hat er nie einen Hehl gemacht. Aufgrund bereits gefallener Entscheidungen gelangte auch er zur „conversio". Das vierfache „sola" als die Grundforderung der lutherischen Reformation bestimmte dann auch seine Theologie. Aber indem er dabei doch ganz er selber blieb, selbständig weiterdachte und seinen eigenen Glaubens- und Erfahrungshorizont einbrachte, gelang es ihm, ein eigenes Neues zu gestalten. Und dazu gehört auch die besondere Betonung der Erwählung des Menschen als Bestandteil der Soteriologie.[56] Die Gefahr, sich gera-

51 Vgl. zuletzt besonders die Beiträge des 2. Internationalen Kongresses für Calvinforschung, die unter dem Gesamtthema „Calvinus Ecclesiae Doctor" standen.
52 Vgl. *F. Büsser*, Calvins Institutio, a. a. O.
53 Ebd., 161.
54 Vgl. *A. Ganoczy*, Calvin als paulinischer Theologe, ein Forschungsansatz zur Hermeneutik Calvins, in: Calvinus Theologus, a. a. O., 39–69.
55 Ebd., 60.
56 Inst. III,21–24.

de hier allzusehr in Spekulationen zu verlieren, sah Calvin allerdings auch und warnte selber davor. Bestimmend war für ihn der seelsorgerliche Aspekt der Heilsgewißheit, im Grunde also ein praktisch-theologisches Anliegen vor dem Hintergrund persönlicher pastoraler Erfahrungen, die nach einer Deutung im Lichte der Schrift verlangten. Nicht zuletzt ging es auch gerade hier darum, die Freiheit der Gnade Gottes zu betonen, d. h. das sola gratia, sola fide und solus Christus auch nicht entfernt einschränken zu lassen. Freilich erlag Calvin dann „seinem Hang zum Systematisieren", wenn er „aus der Freiheit Gottes zur Erwählung gleichsam als logisches Postulat auch seine Freiheit zur Verwerfung" forderte „und damit die Verwerfung zu einem eigenen gleichgewichtigen Thema" machte.[57]

Neben dem theologischen, biblischen Lehrer Calvin steht nahezu ebenbürtig Calvin als der große *Organisator und Leiter seiner Kirche*, voran der Kirche in Genf, aber eigentlich kaum auf diese beschränkt, sondern stets mit einem weiten Blick und in bewußter Verantwortung darüber hinaus.[58] Als Calvin 1541 nach Genf zurückgerufen wurde, trat er nicht wieder in dasselbe Amt ein, das er vor seiner Vertreibung innegehabt hatte. Er wurde Pfarrer, d. h., er trat an die Stelle Farels. Seine Hauptaufgabe war die Predigt, die Verwaltung der Sakramente und die Seelsorge. Zugleich aber trat er sofort auch an die Spitze der Genfer Pfarrerschaft als deren Leiter (später, nach Calvins Tod, sprach man vom Moderator), was praktisch bedeutete, die Geschäftsführung der „Vénérable Compagnie des Pasteurs" in Händen zu haben, vergleichbar dem Antistes in Zürich (Bullinger). Dieses war eigentlich ein Wahlamt, das jährlich neu zu besetzen war. Zu Lebzeiten Calvins stand jedoch eine anderweitige Besetzung nie zur Debatte (auch sein Nachfolger Beza wurde immer wieder neu gewählt).[59] Zu seinen Aufgaben in dieser Position gehörte es, die Versammlungen vorzubereiten und zu leiten und vor allem die Angelegenheiten der Pfarrerschaft dem Rate gegenüber zu vertreten. Er war dabei fest an die gemeinsam gefaßten Beschlüsse gebunden. Vor jeder (vierteljährlich gehaltenen) Abendmahlsfeier fand in diesem Rahmen auch die sog. „Censura morum pastorum" oder „Censura fratrum" statt, eine gemeinsame Überprüfung aller Mitglieder der Pfarrerkonferenz, wobei der Leiter stets der erste war, der sich der brüderlichen „Zensur" zu stellen hatte.

Von größter Bedeutung für die Organisation der Kirche erwies sich die Kirchenordnung von 1541 (bzw. 1561)[60] vor allem dadurch, daß sie ein klar geordnetes Amt schuf und überhaupt der Kirche eine Ordnung gab, eine verbindliche äußere Form, in der die Kompetenzen klar verteilt waren und auch das Gemeindeleben seine Strukturen fand. Damit wurde, ganz anders als in den Bereichen der lutherischen Reformation, direkt ein neues Kirchenrecht etabliert.[61]

---

57 *W. Krusche*, Die Theologie Calvins, in: Johannes Calvin 1509–1564, a. a. O., 27–46, das Zitat 38.

58 Entsprechend die Thematik des 3. Internationalen Kongresses für Calvinforschung: „Calvinus Ecclesiae Genevensis Custos".

59 Vgl. die Ausführung Bezas über die unangefochtene Spitzendarstellung Calvins in der ersten Zusammenkunft der Genfer Pfarrerschaft nach Calvins Tod, bei *E. Pfisterer*, Calvins Wirken in Genf, a. a. O., 130f.

60 Vgl. o. 107.

61 Symptomatisch erscheint auch, daß die reformierten Kirchenordnungen stets zusammen mit den Bekenntnisschriften stehen. Sie bilden sozusagen die zweite Seite dessen, was die Kirche über sich zu sagen, was sie zu bekennen hat.

Wohl konnte auch Calvin die Kirche beschreiben als den Ort, wo „Gottes Wort lauter gepredigt und gehört wird und die Sakramente nach der Einsetzung Christi verwaltet werden"[62]. Zumal in seinem Frühstadium betonte Calvin die Unsichtbarkeit der Kirche (gerade auch gegenüber Rom!) als populus electorum. Und Gott allein wisse, wen er erwählt habe. Mit zunehmender Verantwortung bekam jedoch die Sichtbarkeit der Kirche ein größeres Gewicht. Und auch in jenem an CA VII erinnernden Satz aus der Institutio wird deutlich auf die sichtbare, konkret erfahrbare Kirche abgehoben, die als Stiftung Gottes, als von ihm erwählte Schar existiert und zu seiner Ehre in dieser Welt lebt. Bezeichnend ist folgender Passus der Institutio:

„Wir haben ja jetzt die Absicht, von der sichtbaren Kirche zu sprechen, und da wollen wir schon daraus, daß sie mit dem Ehrennamen ‚Mutter' bezeichnet wird, lernen, wie nützlich, ja, wie notwendig es für uns ist, sie zu kennen. Denn es gibt für uns keinen anderen Weg ins Leben hinein, als daß sie uns in ihrem Schoß empfängt, uns gebiert, an ihrer Brust nährt und schließlich unter ihrer Hut und Leitung in Schutz nimmt ... Denn unsere Schwachheit erträgt es auch nicht, daß wir von der Schule entlassen werden, ehe wir im ganzen Lauf unseres Lebens Schüler gewesen sind. Zudem ist außerhalb des Schoßes der Kirche keine Vergebung der Sünden zu erhoffen und kein Heil."[63]

Die Vorgegebenheit der Kirche auch als Institution gegenüber jedem einzelnen Gläubigen und ihre besonderen Funktionen kommen in diesem Bilde besonders klar zum Ausdruck. Und wenn Calvin dann vom vierfachen Amt in der Kirche sprach, griff er bewußt wieder darauf zurück: Gott führt die Menschen zur Vollendung, indem er sie der Erziehung durch die Kirche unterwirft.[64] Und damit ist sowohl das Amt gestiftet als eine göttliche Anordnung wie zugleich die Notwendigkeit einer inneren Ordnung postuliert, ohne die die Gemeinde Gottes als solche nicht leben kann.
Wenn in dem Zusammenhang immer wieder betont wird, Calvin habe seiner Kirche eine presbyterial-synodale Verfassung gegeben, so darf das nicht im Sinne eines modernen demokratischen Verständnisses mißverstanden werden. Der Bau der Kirche geschieht nicht „von unten", sondern „von oben", d. h. von ihrem Auftrag her. „Die Ordnung der Kirche ist recht, wenn in ihr zum Ausdruck kommt, daß Christus der einige Herr und Lehrmeister der Seinen ist."[65] Presbyterial-synodal aber ist diese Ordnung insofern, als sich die Gesamtheit derer, die in diesem Auftrage stehen, in gemeinsamer Beratung klar darüber wird, was in diesem Auftrag jetzt zu geschehen hat. Mit alledem ist zugleich auch noch einmal die Stellung der Kirche in dem Stadtstaat Genf beschrieben.[66] Die Tatsache, daß Calvin (und die meisten evangelischen Pfarrer der Stadt neben ihm) als Glaubensflüchtling aus Frankreich eigentlich Ausländer war, spielt dabei eine nicht geringe Rolle. Sie weitete von vornherein den Blick und befreite die Kirche aus der Enge stadtstaatlicher Bevormundung. Denn Calvin ging es darum, diese Kirche nach geistlichen Gesichtspunkten zu bauen, nicht aber nach staatlichen. Deswegen kämpfte er mit Leidenschaft für eine eindeutige Unterscheidung der Kom-

62 Inst. IV,1,9, vgl. CA VII.
63 Inst. IV,1,4.
64 Inst. IV,1,5.
65 *W. Niesel*, Die Theologie Calvins, a. a. O., 200.
66 Vgl. zuletzt *R. M. Kingdon*, Calvin and the Government of Geneva, in: Calvinus Ecclesiae Genevensis Custos, a. a. O., 49–67.

petenzen. Dabei ging es ihm nicht um eine vollkommene Trennung.[67] Auch die bürgerliche Ordnung ist eine gute Schöpfung Gottes und hat neben ihrer Aufgabe, für das Allgemeinwohl und eine gerechte Ordnung zu sorgen, als solche auch den Auftrag, das Gebot Gottes zur Geltung zu bringen. „Sie dient dazu, daß unter den Christen die öffentliche Gestalt der Religion zutage tritt."[68] Insofern steht sie neben der Kirche mit einem eigenen Mandat auch in der Sorge für die erste Tafel des göttlichen Gesetzes.[69] Umgekehrt reicht die Verkündigung des Willens Gottes durch die Kirche selbstverständlich in den weltlichen Bereich hinein. Der Staat ist auf diese Verkündigung angewiesen. Man hat deshalb Calvins Gesellschaftsmodell mit einer Ellipse verglichen, deren zwei Brennpunkte von den beiden Regimenten, Staat und Kirche, gebildet werden, wobei das der Kirche noch einmal in besonderer Weise durch die Lehre von der Königsherrschaft Christi umschrieben wird. Daß sich in der Praxis hieraus des öfteren Spannungen, ja Zerreißproben ergaben, kann nicht verwundern, zumal sich anderenorts (Zürich, Bern) die Gewichte doch erheblich anders verteilten. So konnte es auch geschehen, daß eigentlich erst die Kirchenordnung von 1561 durch die Aufnahme ergänzender Edikte manifest machte, was eigentlich schon zwanzig Jahre zuvor intendiert war: „Denn obwohl die Obrigkeit und Regierungsgewalt, die uns Gott verliehen hat, und die geistliche Leitung, die er in seiner Kirche verordnet hat, zusammengehörige und unzertrennliche Dinge sind, sind sie doch nicht ineinander vermengt, und der, der alle Befehlsgewalt hat und dem wir uns pflichtgemäß unterwerfen wollen, hat die beiden voneinander unterschieden."[70]
Um jedoch Calvin gerade auch als theologischen Lehrer und Leiter der Kirche wirklich zu verstehen, ist es nötig, ihn als eine *ökumenische Persönlichkeit* zu würdigen.[71] Schon vom Ansatz her ist seine Theologie ökumenische Theologie, denn im Zentrum seiner Lehre von der Kirche steht der Topos von der einen unteilbaren Kirche, den er auch und gerade angesichts des Kampfes mit Rom einerseits und des Streites mit Wittenberg und der Spannungen im schweizerischen Raume andererseits durchgehalten hat.[72] Rom gegenüber stand er dazu, indem er deutlich zwischen der ecclesia vera und der ecclesia falsa unterschied. Die ecclesia vera besteht als ein Werk Gottes schon seit Grundlegung der Welt und hat ihre Spuren selbstverständlich auch in der Kirche des Papstes. Verkörpert aber ist sie jetzt doch in den Kirchen der Reformation. Auf der anderen Seite aber konnte sich Calvin unverdrossen auch um die sichtbare Einheit der reformatorischen Kirchen als der ecclesia vera mühen, indem er einmal unterschied zwischen der ecclesia universalis und den ecclesiae singulae, zwischen denen Einheit besteht, wenn sie (vgl. die Übereinstimmung mit CA VII) in den beiden Notae ecclesiae

67 Vgl. *J. Staedtke*, Die Lehre von der Königsherrschaft Christi und den zwei Reichen bei Calvin, in: Reformation und Zeugnis der Kirche, Gesammelte Studien, Zürich 1978 = Zürcher Beiträge zur Reformationsgeschichte 9,101–113.
68 Inst. IV,20,3.
69 Inst. IV,20,9.
70 Art. 168, Reformierte Bekenntnisschriften und Kirchenordnungen, a. a. O., 104.
71 *W. Nijenhuis*, Calvinus oecumenicus, 1959 = Kerkhistorische Studien 8; *ders.*, Der ökumenische Calvin. Calvin, Luther und das Luthertum. Nederlands theologisch tijdschrift 34 (1980), 191–212.
72 Vgl. *O. Weber*, Die Einheit der Kirche bei Calvin, in: Calvin-Studien, hg. v. *J. Moltmann*, a. a. O., 130–143.

übereinstimmen, der Predigt des Evangeliums und der rechten Verwaltung der Sakramente, und indem er ferner darstellte, daß Gemeinsamkeit in der Lehre nicht Aussagengleichheit in allen Einzelheiten bedeute, sondern die gemeinsame Gründung auf Grundartikel, die zu glauben heilsnotwendig ist. Insofern konnte er verhältnismäßig großzügig sein in der Respektierung anderer Positionen, und auch in den Fällen, wo er für den begrenzten Genfer Raum Geschlossenheit forderte (Bolsec, Castellio), die abweichende Lehre in anderen Kirchen tolerieren.

Als eine ökumenische Tat ist trotz aller Begrenztheit in den Auswirkungen die Verständigung mit den Zürchern im Consensus Tigurinus zu werten. Mit ihm begann der Weg der reformierten Abendmahlslehre aus ihrer ursprünglichen zwinglianischen Enge, und eben nicht so, daß ein einzelner Theologe – Calvin – sich mit seinem persönlichen Verständnis durchgesetzt hätte, sondern durch eine theologische Verständigung, einen Konsens vieler, wobei es im Grunde nicht viel austrägt, wer die größeren „Opfer“ gebracht hat. Der Konsens ist ferner ein weiterer wichtiger Schritt auf dem Weg der schweizerischen Bekenntnisbildung und stellt auch – trotz seines Scheiterns in dieser Hinsicht – einen ersten Versuch dar, zu einer gesamtreformatorischen Einigung in der so umstrittenen Abendmahlsfrage zu gelangen.

Es mag durchaus sein, daß Calvin einer gewissen Selbsttäuschung erlag, wenn er annahm, daß eine Verständigung auch mit dem Luthertum durchaus im Bereich des Möglichen liegen und seine Lehrentfaltung dabei faktisch das Bindeglied darstellen könnte. Wie hoch er trotz aller Kritik, die er nicht zurückhielt, und trotz mancher dogmatischer Bedenken von Luther dachte, hat Calvin oft, und zwar in beide Richtungen, gegenüber Zürich und gegenüber Wittenberg, deutlich ausgesprochen.[73] Man muß es bedauern, daß nie ein persönlicher Kontakt zwischen den beiden Reformatoren zustande gekommen ist. Der einzige Brief Calvins an Luther vom 21. Januar 1545[74] ist von Melanchthon, dem er zur Weitergabe zugesendet worden war, nicht ausgehändigt, sondern wieder zurückgeschickt worden, weil dieser negative Auswirkungen bei Luther befürchtete. Sein ökumenisches Wollen dem Luthertum gegenüber beschrieb Calvin 1540 mit den Worten: „Nichts wird lebhafter mein Wunsch, um nichts werde ich stärker besorgt sein, als daß ich mit allen deutschen Kirchen, die den Ruhm Christi und seines heiligen Evangeliums verkündigt haben, auf alle Weise in höchster Einmütigkeit leben darf.“[75] Und es spricht für dieses Wollen, daß er auf dem Höhepunkt des zweiten Abendmahlsstreites 1556 seine zweite Verteidigungsschrift gegen Westphal den Predigern in Sachsen widmete und sie zur Bewahrung des brüderlichen Friedens aufrief.[76]

Umgekehrt hat auch Luther anerkennende Worte für Calvin gefunden. Dessen Antwort an Kardinal Sadolet hatte er, wie er an Bucer schrieb, „cum singulari voluptate“ gelesen.[77]

Eine gute Freundschaft verband Calvin lange Zeit mit Philipp Melanchthon. Auf ihn richteten sich seine besonderen Hoffnungen für die Einheit der reformatorischen Kir-

---

73 Vgl. dazu auch *E. W. Zeeden*, Das Bild Martin Luthers in den Briefen Calvins, ARG 49(1958), 177–195.

74 WA Br 11,(26) 28f.

75 27. 2. 1540, Correspondence des Reformateurs, a. a. O., 5,5.

76 CR 37, Opp. Calvini 9,45–50.

77 WA Br 8,569,30f.

chen, und zwar sowohl was seine ausgleichende Persönlichkeit wie auch was seine Position in den umstrittenen Lehrpunkten anbetrifft. Melanchthons Differenzen gegenüber Luther und dann den Gnesiolutheranern zumal in der Abendmahlslehre schienen Anknüpfungspunkte für eine Verständigung mit den Schweizern. So war es nur folgerichtig, daß Melanchthon in den Abendmahlsstreitigkeiten der fünfziger Jahre von beiden Seiten zu einer umworbenen Persönlichkeit wurde.[78] Als sich allerdings auch dieser Weg als nicht gangbar erwies, brach 1557 die Verbindung ab. Die folgende Entwicklung war nun doch die einer getrennten Konfessionalisierung.

Von größter Bedeutung war das Wirken Calvins für die weitere Ausbreitung und Festigung der Reformation in West- und dann auch Südosteuropa. Als Franzose geboren und stets als Franzose sich fühlend (obwohl er gelegentlich auch seine persönlichen Verbindungen mit den Niederlanden erwähnte[79]), war und blieb er der geheime Leiter der französischen reformatorischen Bewegung. In seiner französischen Muttersprache redete er nicht nur die französischsprachigen Schweizer an, sondern hatte stets und vielleicht noch mehr seine Landsleute jenseits der Grenzen im Auge. Seine engsten Mitarbeiter in der Stadt und ein beträchtlicher Teil seiner Gemeinde waren Glaubensflüchtlinge wie er. Ein hoher Prozentsatz seiner Studenten wurde für den Dienst in Frankreichs evangelischen Gemeinden ausgebildet. Und war ihm auch ein persönliches Erscheinen dort nicht möglich, so wirkte er mit seinen Schriften und Briefen um so nachhaltiger.

Stark berührt von Calvins Theologie und praktischem Wirken, sammelten sich in Genf neben der eigentlichen Stadtgemeinde, in die offenbar die französischsprachigen Flüchtlinge leicht integriert wurden, verschiedene Exulantengemeinden, eine spanische, eine englische und eine italienische, die seinen persönlichen Einsatz erforderten in Fürsorge, Organisation und auch in Lehrfragen.[80] Besonders die italienische Gruppe bereitete Probleme durch antitrinitarische Tendenzen (1557 weilte Georg Biandrata in der Stadt, neben ihm Valentino Gentile[81]).

Kaum zu überblicken ist Calvins Breitenwirkung durch seine Briefe. Mit seinen Schriften, voran der Institutio, wurde er zu einem fast universalen Lehrer der Kirche. Aus seiner Feder stammen die grundlegenden Bekenntnistexte der sich herausbildenden französischen Kirche,[82] seine Genfer Kirchenordnung wurde zum Modell. Über Frankreich wurden die Niederlande erreicht, wodurch es dort nach der Katastrophe des Täufertums zu einem neuen reformatorischen Impuls kam. John Knox, der eigentliche Reformator Schottlands, hatte sogar das Bürgerrecht Genfs. Eine Einladung Calvins nach Polen kam nicht zustande, doch griff mit Laski und anderen calvinistisches

78 Vgl. *W. Neuser*, Die Versuche Bullingers, Calvins und der Straßburger, Melanchthon zum Fortgang von Wittenberg zu bewegen, in: Heinrich Bullinger 1504–1575, a. a. O., 2, 35–55.

79 Vgl. u. 142.

80 *H. Lahr*, Spezielle Beiträge zum Thema: Calvin und die Flüchtlinge in Genf, dargestellt an seiner Korrespondenz, in: Immigration und Emigration – die calvinistische Einwanderung und Auswanderung in Mitteleuropa. Beiträge des II. Kongresses für Calvinforschung in Mittel- und Osteuropa vom 24. bis 26. September 1984 in Berlin, hg. v. *J. Langhoff*/*J. Rogge* (als Manuskript gedruckt 1985), 7–33.

81 Vgl. u. 137.

82 S. u. 141.

Denken auch dort Platz. Und nicht zu vergessen sind die Beziehungen Calvins und auch Bullingers nach Ungarn und Siebenbürgen.[83]
Welches Durchsetzungsvermögen die Theologie Calvins besaß, zeigt die Tatsache, daß noch zu Lebzeiten Calvins eine Reihe lutherisch gewordener deutscher Territorien zum Calvinismus umschwenkten. Am spektakulärsten war der Schritt des Kurfürsten Friedrich III. von der Pfalz (1559–1576). Mit dem auf seine Veranlassung hin erarbeiteten Heidelberger Katechismus (1563)[84] entstand dem reformierten Kirchentum eine ihrer Hauptbekenntnisschriften.
Gegenüber Rom hatte Calvin mit seiner Antwort an Sadolet eindeutig und gründlich Stellung bezogen. Bedeutungsvoll wurde ferner seine Auseinandersetzung mit dem niederländischen Kontroverstheologen Albert Pigge (Pighius) von Kampen 1542/1543 über die Frage der Willensfreiheit und Prädestination,[85] die allerdings nicht zu Ende geführt wurde, da Pigge verstarb. So schwerwiegende Auseinandersetzungen wie Luther oder Zwingli hatte Calvin aber ohnehin nicht mehr zu führen,[86] und die immer neuen Bearbeitungen der Institutio boten ihm Grund und Gelegenheit, die römischen Positionen zu widerlegen.
Es ist nicht leicht, Calvins theologische Position auf einen kurzen Begriff zu bringen. Oft ist bei entsprechenden Versuchen der Gesichtspunkt der Ehre Gottes in den Vordergrund gerückt worden, sicher nicht zu Unrecht.[87] Neuerdings hat *Gottfried W. Locher* besonders „Calvins Verbindung von Rechtfertigung und Heiligung und sein Postulat einer gemeinsamen Lebensordnung, in der die Ehre Christi leuchtet ... als bewußte(n) Theorie-Praxis-Entwurf" herausgestellt, der sich gerade auch im modernen Suchen nach gangbaren Wegen glänzend bestätige.[88] Gepaart mit der grundsätzlichen Einsicht einer „Theologie auf dem Wege", konnte der Einsatz Calvins zu einer Kraft werden, die die reformatorische Bewegung insgesamt in ihrem Ringen um die Wiederherstellung der wahren Kirche zu neuen Ufern führte.

E DIE CONFESSIO HELVETICA POSTERIOR

Was die Confessio Helvetica Prior von 1536 und auch der Consensus Tigurinus von 1549 nicht erreicht hatten, das gelang 1566 dem Zweiten Helvetischen Bekenntnis: die theologische Einigung der verschiedenen Schweizer Kirchen auf einen gemeinsamen Konsens. Die Nötigung dazu kam von zwei Seiten:
1563 hatte der Abschluß des Trienter Konzils den Frontverlauf zwischen den reformatorischen Kirchen und der römischen Kirche noch einmal und nun abschließend mar-

83 Vgl. hierfür zuletzt *M. Bucsay*, Calvins Präsenz in Ungarn, in: Calvinus Ecclesiae Doctor, a. a. O., 209–228.

84 BSRK 682–719; Die Bekenntnisschriften und Kirchenordnungen, a. a. O., 136–218, bringen den Katechismus im Rahmen der Gesamtkirchenordnung.

85 Vgl. zuletzt *L. F. Schulze*, Calvin's Reply to Pighius – a micro and macro view, in: Calvinus Ecclesiae Genevensis Custos, a. a. O., 171–185.

86 Vgl. auch den Bericht von *R. Knust*, Ein Beitrag zu Calvin als Reformator der Ecclesia Catholica, Cath. 22 (1968), 136–146; *H. Schützeichel*, Katholische Calvinstudien, a. a. O.

87 Vgl. die Diskussion der verschiedenen Entwürfe bei *W. Niesel*, Die Theologie Calvins, a. a. O., 12ff.

88 *G. W. Locher*, Reformation als Bewährung und Fortschritt, in: Calvinus Theologus, a. a. O., 9.

kiert. Das erforderte zwar nicht unbedingt eine gesamtreformatorische Antwort. Aber nach dem Scheitern auch der allerletzten Hoffnungen auf eine Überwindung der Glaubensspaltung mußte reformatorischerseits verstärkt die Frage nach der eigenen inneren Einheit gestellt werden. Namentlich Theodor Beza, Calvins Nachfolger in Genf, trat für ein neues gemeinsames Bekenntnis der Schweizer Kirchen ein.
Zum anderen vollzog Kurfürst Friedrich III. von der Pfalz in demselben Jahr, 1563, einen entscheidenden Schritt, indem er sich vom Luthertum zum Calvinismus wendete und dies mit der Veröffentlichung des Heidelberger Katechismus[89] öffentlich bekundete. Er trat damit aus dem Schutz des Augsburger Religionsfriedens heraus und sah sich alsbald in einer bedrohlichen Situation: Kaiser Maximilian II. ließ den Casus – ohne allerdings Namen zu nennen – auf die Tagesordnung des für Januar 1566 ausgeschriebenen Reichstages setzen. In dieser Situation wandte sich Friedrich an die anderen reformierten Kirchen in der Schweiz, speziell auch an Zürich, mit der Bitte um Unterstützung. Daraufhin übersandte Zürich ein bereits 1561 von Heinrich Bullinger verfaßtes (und eigentlich als persönliches Bekenntnis und Bestandteil seines Testaments gedachtes) Bekenntnis nach Heidelberg.[90] Dort fand es ungeteilte Zustimmung und sollte sofort in den Druck gegeben werden. Sehr rasch wurde dazu um Zustimmung der anderen Schweizer reformatorischen Kirchen nachgesucht, die auch durchweg erteilt wurde. Lediglich Bern machte an einigen Punkten Einwendungen, denen mit wenigen Korrekturen Rechnung getragen wurde. Bereits im März 1566 war der Druck abgeschlossen. Das Bekenntnis erschien unter dem Titel „Confessio et expositio simplex orthodoxae fidei et dogmatum Catholicorum syncerae religionis Christianae".[91] Es fand überaus rasch Verbreitung. Noch im selben Jahre folgten eine zweite Ausgabe sowie Übersetzungen ins Deutsche, Französische und Englische. Weitere Übersetzungen erschienen in den folgenden Jahren.[92] Sie dokumentieren zugleich den Anschluß der reformierten Kirchen in den entsprechenden Ländern an diesen Konsens.

Ohne im einzelnen allzu breit zu werden, entfaltet das Bekenntnis in 30 Artikeln die Grundlagen reformierten Glaubens und Kirchentums in ziemlicher Ausführlichkeit. Kein anderes reformiertes Bekenntnis ist so umfangreich. Seine theologische Besonderheit besteht darin, daß ganz bewußt die Einheit und Katholizität der Kirche herausgestellt wird. Die Vorrede bietet im Wortlaut zwei Dokumente aus der frühen Kirche, einen Erlaß der Kaiser Gratian, Valentinian und Theodosius aus dem Jahre 380 sowie das sog. Bekenntnis des Damasus,[93] womit bewußt die gemeinchristliche Grundlage festgestellt werden soll. Die Einheit der Kirche ist aber auch der

89 *W. Heuss*, Der Heidelberger Katechismus im konfessions-politischen Kräftespiel seiner Frühzeit. Historisch-bibliographische Einführung der ersten vollständigen deutschen Fassung der sog. 3. Auflage von 1563 und der dazugehörigen lateinischen Fassung, Zürich 1983.

90 Über die Abfassungszeit des noch in der Urfassung handschriftlich erhaltenen Bekenntnisses s. *E. Koch*, Die Textüberlieferung der Confessio Helvetica Posterior und ihre Vorgeschichte, in: Glauben und Bekennen, a. a. O., 13–40.

91 Text in: BSRK 170–221; Bekenntnisschriften und Kirchenordnungen, a. a. O., 219–275; Reformierte Bekenntnisschriften und Kirchenordnungen, a. a. O., 175–248.

92 Vgl. die Bibliographie von *J. Staedtke* in: Glauben und Bekennen, a. a. O., 41–53.

93 Bekenntnisschriften und Kirchenordnungen, a. a. O., 221f.; vgl. *Denzinger-Schönmetzer*, Enchiridion symbolorum, 71f.

Zweck des Bekenntnisses: „Hanc Confessionem in hoc quoque ediderimus praecipue, ut ecclesiarum pacem concordiamque cum mutua caritate apud Germaniae exterasque ecclesias quaeramus, nobis conciliemus, conciliatamque retineamus."[94] Die nachfolgenden Ausformulierungen der einzelnen Artikel entsprechen ganz diesem Anliegen. Und so war dann auch die Wirkung des Bekenntnisses.

Für Kurfürst Friedrich III. bedeutete es freilich nicht viel mehr als eine moralische Unterstützung. Daß jener Reichstag dann doch nicht zu seiner Verurteilung führte, verdankte er mehr seinem eigenen glaubensstarken Auftreten als dem Nachweis durch ein solches Dokument, daß die reformierte Kirche nicht als „verführerische Sekte" (so das Reichstagsausschreiben) diffamiert und damit außerhalb des Rechts gestellt werden konnte. Seine Bedeutung liegt zuerst in der theologischen Einigung der Schweizer Kirchen, sodann aber darin, daß es damit eine Plattform bot, auf der sich auch die meisten anderen reformierten Kirchen finden konnten.[95] Und im polnischen Consensus von Sendomir von 1570 vermochten sich sogar Lutheraner, Reformierte und Böhmische Brüder auf diesem Boden zu einem gemeinsamen Bekenntnis zu vereinigen.[96]

94 Bekenntnisschriften und Kirchenordnungen, a. a. O., 221.
95 S. die Beiträge über die Wirkungsgeschichte in den einzelnen Ländern, in: Glauben und Bekennen, a. a. O., 81–202, und vgl. die Unterschriftenliste am Ende der Präfatio in der Ausgabe von 1568, in: Bekenntnisschriften und Kirchenordnungen, a. a. O., 219.
96 Vgl. u. 138.

Kapitel 10
Die Ausbreitung der Reformation in Europa

A DIE REFORMATION IN DEN SKANDINAVISCHEN LÄNDERN

In den beiden skandinavischen Reichen, in Dänemark sowohl wie in Schweden, nahm die Reformation nach ihren – gegenüber Mittel- und Westeuropa – ganz eigenen Anfängen auch einen sehr eigen geprägten Verlauf und führte zu besonderen Ergebnissen. Die Verbindung von „Thron und Altar", die Abhängigkeit der Reformation vom Willen und dem Durchsetzungsvermögen der Könige ist hier so stark, daß gelegentlich schon behauptet werden konnte, „diese Reformation entsprang nicht dem religiösen Bedürfnis des Volkes, sondern der Politik der Fürsten, die dem Volke die neue Gestaltung der Kirche aufzwangen"[1]. Damit sind verschiedene Aspekte angesprochen: Einmal gilt ganz allgemein, daß man von einer reformatorischen Bewegung im eigentlichen Sinne hier kaum sprechen kann. Die Reformation wurde eingeführt, verordnet. Zum anderen: Von ausschlaggebender Bedeutung, und zwar nicht nur duldend zulassend, äußerlich ermöglichend und raumgewährend, sondern unmittelbar initiierend, waren die Könige, die dabei auch nicht aus zwingenden Glaubensbekenntnissen heraus handelten, sondern sehr weltliche Herrschaftsinteressen verfochten, um die Kirche unter ihre Gewalt zu bringen und die materiellen Mittel der bestehenden Kirche zur Stabilisierung ihrer Macht zu benutzen. Ermöglicht aber wurde dies alles schließlich dadurch, daß die Auswirkungen der deutschen Reformation in Skandinavien auf eine humanistisch bestimmte Reformbewegung innerhalb der Kirche, einen sog. Bibelhumanismus, trafen und lange Zeit gleichsam unter diesem Vorzeichen weitergetragen wurden, so daß sich allmählich das eigentlich Reformatorische durchzusetzen vermochte.
In beiden skandinavischen Reichen bildete – bei aller sonstigen Disparatheit und durchaus unterschiedlichen Anfängen – das Jahr 1536 ein entscheidendes Datum.
1. In *Dänemark* (das Norwegen völlig einverleibt hatte und durch eine Personalunion auch mit Schleswig und Holstein in engen Beziehungen stand) hatte nach dem gescheiterten Reformationsversuch Christians II. und dessen Vertreibung auch sein Nachfolger auf dem Thron, Friedrich I. (1523–1533), noch keinen allgemeinen Durchbruch erreicht. Es gelang ihm jedoch – selber wohl weniger überzeugter Anhänger Luthers als von dem Ziel bestimmt, die Kirche im humanistischen Sinne zu reformieren[2] –, entscheidende Weichen zu stellen. Dazu gehört, daß sein Sohn Christian, der sich offenbar schon zu Beginn der zwanziger Jahre für Luther entschieden hatte, mit Schleswig belehnt wurde, was zwar noch nicht direkt eine allgemeine Durchführung der Reformation dort zur Folge hatte, aber doch die evangelische Predigt an verschiedenen zentralen Orten ermöglichte und besonders die Einrichtung einer Predigerschule in Ha-

1 *K. Heussi*, Kompendium der Kirchengeschichte, Tübingen [16]1981, 323.
2 Vgl. Luthers Brief an ihn mit der Fürbitte für den gefangenen Christian II., WA Br 12, 488f.

dersleben (1526), die sich zur Pflanzstätte reformatorischer Prediger für ganz Dänemark entwickelte.
Dazu gehört das Duldungsgesetz von 1527 (Herrentag von Odense), das in deutlichem Anschluß an den Reichstagsbeschluß von Speyer 1526 den Anhängern Luthers Freiheit für die Ausübung ihres Glaubens gewährte. Denn begünstigt durch die engen Verbindungen mit den norddeutschen Handelsstädten,[3] wurde vor allem in den größeren Städten schon früh reformatorischer Geist wirksam, der einen durch Reformkatholizismus und Bibelhumanismus[4] gut vorbereiteten Boden fand. Die Bildung und Entfaltung einzelner evangelischer Gemeinden war die Folge. Dazu gehört ferner die Vorlage der Confessio Hafnica auf dem Herrentag von Kopenhagen 1530, parallel zur Übergabe der Confessio Augustana,[5] und nicht zuletzt auch die Annäherung Friedrichs an den Schmalkaldischen Bund. Unter den Personen, die an der Entfaltung reformatorischen Gedankengutes während dieser frühen Phase besonderen Anteil hatten, ragt Hans Tausen (1494–1561) hervor, zuerst Prediger in Viborg, seit dem Sommer in Kopenhagen. In seiner sog. Malmömässan (1528) baute er auf Luthers Deutscher Messe von 1523 auf. Das Bekenntnis von 1530 stammt zu wesentlichen Teilen von ihm.
Der Tod Friedrichs I. 1533 führte zunächst zu einem mehrjährigen Bürgerkrieg, in dem es weniger um religiöse als um soziale, wirtschaftliche und politische Interessen ging, geschürt auch von außen (Lübeck!). Aus ihm ging der älteste Sohn Friedrichs, Christian, der inzwischen vom Adel zum neuen König gewählt worden war, als Sieger hervor. Als Christian III. regierte er von 1536 bis 1559. Als die angeblich Hauptschuldigen der vorhergehenden Wirren wurden als erstes die Bischöfe entmachtet. Das Kirchengut wurde zugunsten der Krone eingezogen, und im Oktober 1536 beschloß dann der Reichstag von Kopenhagen die Einführung der Reformation im Sinne Luthers. Der Entwurf einer Kirchenordnung wurde Luther zur Begutachtung vorgelegt.[6] Von 1537 bis 1539 sorgte Johannes Bugenhagen für eine Kirchenordnung und die Neuordnung des Gottesdienstes.[7] Im Zusammenhang mit der Krönung König Christians wurden eine Reihe von Superintendenten als neue Bischöfe geweiht (der Superintendententitel vermochte sich nie durchzusetzen), ohne auf die Weiterführung der apostolischen Sukzession Wert zu legen. Summus episcopus war der König. Die Kirchenordnung enthielt keine Bekenntnisverpflichtung, obwohl der Hintergrund der Wittenberger Theologie unverkennbar ist und der Anschluß Christians an den Schmalkaldischen Bund 1538 auf der Bekenntnisgrundlage der Confessio Augustana geschah.

3 Vgl. *H. Schlyter*, Die Bedeutung der Rostocker Reformation für die Reformation in Malmö, LuJ 40(1973), 89–106.

4 Vgl. die Rolle von Paulus Helie: *G. Schwaiger*, Der theologische Ausgangspunkt der dänischen Reformatoren, in: Einsicht und Glaube (Gottlieb Söhngen zum 70. Geburtstag), hg. v. *J. Ratzinger* und *H. Fries*, Freiburg/Basel/Wien ²1963, 438–446, bes. 441–443.

5 *N. K. Andersen*, Confessio Hafniensis. Den københavske Bekendelse af 1530, København 1954.

6 Vgl. WA Br 8,(69) 70f. Die Kirchenordnung („Ordinatio Ecclesiastica"), hg. v. *E. Feddersen* in: Die lateinische Kirchenordnung König Christians III. von 1537 nebst anderen Urkunden zur Schleswig-Holsteinischen Reformationsgeschichte, Kiel 1934 = Schriften des Vereins für Schleswig-Holsteinische Kirchengeschichte 1,18,1–93.

7 Vgl. *F. Bertheau*, Bugenhagens Beziehungen zu Schleswig-Holstein und Dänemark, Zeitschrift der Gesellschaft für Schleswig-Holsteinisch-Lauenburgische Geschichte 15, 1885, 189–241, wieder abgedruckt in WDR 493–511.

Führend unter den neuen Bischöfen war Peder Palladius (1503–1560), der mehrere Jahre in Wittenberg studiert hatte. Durch Visitationsreisen und schriftstellerisches Schaffen leistete er Erhebliches für die Integrierung der Geistlichen, die in ihren Ämtern verblieben, in das neue Kirchenwesen sowie für die Unterweisung des Volkes in der reformatorischen Lehre. Sein Visitationsbuch wird zu den bedeutendsten Schriften der dänischen Literatur gerechnet. Seit 1542 bekleidete auch Hans Tausen ein Bischofsamt (Ripen). 1535 hatte er mit der Übersetzung der fünf Bücher Mose ins Dänische die Bibelübersetzung wesentlich gefördert, zwei Jahre später war er an der Ausarbeitung der Kirchenordnung und der dänischen Agende beteiligt und gab auch eine eigene Postille heraus. Aus späterer Zeit ist vor anderen Niels Hemmingsen (1513 bis 1600) zu nennen, der wohl hervorragendste Theologe Dänemarks im Reformationsjahrhundert. Obwohl aus seiner Feder die 25 Artikel stammen, mit denen König Friedrich II. 1569 auf der Grundlage der Confessio Augustana eine Zusammenfassung der Lehre der Kirche gegenüber Katholizismus und Calvinismus beabsichtigte, galt er selber bald als Vertreter des sog. Kryptocalvinismus und ging deshalb 1579 seines Amtes als Universitätsprofessor verlustig.
Nach der Übersetzung des Neuen Testaments ins Dänische durch Christian Petersen 1529 folgte 1550 eine Folio-Ausgabe der ganzen Bibel auf Dänisch, in enger Anlehnung an die Lutherbibel, mit einem Titelholzschnitt von Lukas Cranach. 1569 erschien ein einheitliches autorisiertes Gesangbuch.
In Norwegen drang hingegen die Reformation erst ganz allmählich ein. Zwar verlief die Entwicklung äußerlich nahezu parallel, denn Norwegen war lediglich eine dänische Provinz. Doch war gerade dies ein wesentlicher Grund dafür, daß es noch lange dauerte, bis die neue Form des Glaubens auch die Masse des Volkes ergriff. Denn alles geschah in Abhängigkeit von Dänemark, vor allem auch sprachlich.
2. In *Schweden* hatte der in der Befreiungsbewegung gegen die dänische Herrschaft emporgekommene Gustav Wasa (1521 zuerst zum Reichsvorsteher, 1523 zum König gewählt) zusammen mit den beiden Magistern Olavus Petri (1493–1552) als Prediger in Stockholm und Laurentius Andreae als Kanzler schon in den zwanziger Jahren für die maßgeblichen Veränderungen in Hinblick auf eine schwedische Nationalkirche gesorgt. Das betrifft vor allem die Besetzung der meisten Bischofstühle mit königlichen Kandidaten im Rahmen des Versuchs, die Macht der Bischöfe und ihren u. U. oppositionellen Einfluß zurückzudrängen. Auf eine ordentliche Weihe wurde in dem Zusammenhang bewußt verzichtet, wie auch der König seine eigene Krönung lange hinauszögerte.
Von besonderer Bedeutung wurde der Reichstag von Västerås 1527. „Er wurde der wichtigste der ganzen schwedischen Geschichte" *(Schwaiger)*, denn auf ihm erzwang Gustav Wasa durch einen spektakulären Rücktritt die Entscheidung darüber, daß die Bischöfe künftig nur noch geistliche Befugnisse besitzen sollten, wenn auch unter Beibehaltung der überkommenen kirchlichen Organisation. Ein großer Teil des kirchlichen Besitzes fiel an die Krone. Zur Bekämpfung der inneren Unruhen wie zur Sicherung des Reiches nach außen (gegenüber Dänemark wie gegen den vertriebenen Christian II.) wurde er dringend benötigt. Erst 1528 wurden drei neue Bischöfe geweiht, nach altem Ritus, aber ohne päpstliche Bestätigung sowie unter dem Protest der Weihenden wie der Kandidaten. Die Bischöfe mußten sich eidlich verpflichten, „das Evangelium zu verkünden, sich mit den notwendigen Einkünften zu begnügen, dem König treu zu sein und im übrigen zu handeln, wie es sich für christliche Bischöfe ge-

ziemt"[8]. Eindeutig reformatorisch war das alles aber freilich noch nicht. Breitete sich auch die Evangeliumspredigt im Sinne Luthers in den Städten, besonders im Süden des Landes, immer weiter aus, so entfaltete sich daraus noch keineswegs eine Bewegung. Und auch die neueingesetzten Bischöfe hielten an der Einheit mit dem Papst fest.
Erst die weitere Entwicklung, die z. T. religiös motivierten Aufstände gegen den König, die verschiedene Bischöfe ins Exil trieben, sowie die Wahl des eindeutig lutherisch gesinnten Laurentius Petri (Bruder des Magisters Olavus Petri) zum Erzbischof von Uppsala, der wiederum ohne päpstliche Bestätigung, aber nach herkömmlichem Ritus und im Sinne der apostolischen Sukzession gültig geweiht wurde (1531),[9] brachte dann den endgültigen Bruch mit dem Papsttum. Die letzte Entscheidung zugunsten einer schwedischen evangelischen Landeskirche fiel 1536 auf einer Synode in Uppsala, auf der Beschlüsse über den Gottesdienst, die Verkündigung und die kirchliche Ordnung gefaßt wurden. Die von Olavus Petri verfaßte Agende wurde für die gesamte Kirche obligatorisch. Der Zölibat wurde abgeschafft. „Eine selbständige schwedische reformatorische Nationalkirche trat in Erscheinung."[10] Allerdings war damit noch keineswegs eine kontinuierliche weitere Entwicklung garantiert. Innere Umstände wie äußere Einwirkungen veranlaßten den König, einen noch stärker staatskirchlichen Kurs einzuschlagen. Unter dem Einfluß des Deutschen Georg Normann, der im Dezember 1539 zum Superintendenten eingesetzt wurde, erließ er eigenmächtig eine Verordnung über eine neue Kirchenleitung, an den bisherigen Bischöfen vorbei. In einem förmlichen Prozeß wurden die bisherigen Hauptvertreter der Reformation, Olavus Petri und Laurentius Andreae, die sich seinen Plänen entgegenstellten, sogar zum Tode verurteilt, wenn auch schließlich wieder begnadigt. Mit Hilfe einer großen Visitation sollte die Reformation überall durchgesetzt werden. Zwei Bischöfe, die als letzte noch immer für die Einheit mit Rom eintraten, wurden jetzt abgesetzt. An ihre Stelle traten zwei Senioren ohne Bischofsweihe. Angesichts der breiten Opposition jedoch, in der sich auch neu katholische Elemente bemerkbar machten, und eines neuen Aufstands unter Niels Dacke in Småland (1542/1543) sah sich der König gezwungen, die Visitation abzubrechen. Die begonnene Kirchenordnung wurde nicht zu Ende geführt. Wenigstens teilweise trat Erzbischof Laurentius Petri wieder in die Leitung der Kirche ein. 1557 wurden durch eine neue Diözeseanordnung anstelle der sieben mittelalterlichen Diözesen 15 Bezirke geschaffen. So wurde das bischöfliche System beibehalten, obwohl der König bleibend den Bischöfen mit Mißtrauen begegnete und diese auch nicht den Bischofstitel führten, sondern Ordinarii genannt wurden. Nur der Erzbischof behielt seinen Titel. Erst nach dem Tode Gustav Wasas (1560) gewann der Episkopat allmählich seine frühere Stellung zurück.
Für die Vertiefung des lutherischen Glaubens im Volke sorgte aber nicht nur die hohe Autorität der Bischöfe, sondern darüber hinaus die Behutsamkeit, mit der die Neuerungen in Liturgie und Kalender durchgeführt wurden, und nicht zuletzt auch die Herausgabe der sog. Wasa-Bibel, einer schwedischen reformatorischen Bibelübersetzung der beiden Brüder Petri 1541. Laurentius Petri ist schließlich auch die Vollen-

8 *G. Schwaiger*, Reformation, a. a. O., 133f.
9 Zum Problem der Erhaltung der apostolischen Sukzession in der schwedischen Reformation s. *G. Schwaiger*, Bischofsweihen und Apostolische Sukzession der schwedischen Kirche im 16. Jahrhundert, in: Würzburger Diözesangeschichtsblätter 35/36(1974), 367–380.
10 *R. Murray*, Schwedische Kirche, a. a. O., 32.

dung der Kirchenordnung zu verdanken. Allerdings wurde sie erst im Jahre 1571 durch König Johan III. zum Gesetz erhoben und dann auch gedruckt. Damit hatte die schwedische Staatskirche ihre endgültige Form gefunden.

3. Eine zwar infolge der politischen Abhängigkeit nicht eigenständige, aber, bedingt durch die sprachliche Eigenheit, doch besondere Entwicklung nahm die Reformation in *Finnland*,[11] seit 1323 Teil des schwedischen Reiches und kirchlich als Ganzes ein Bistum der schwedischen Kirchenprovinz Uppsala. Zunächst verlief die Entwicklung ganz analog der in Schweden, nur sehr viel weniger dramatisch. Nach dem Tod von Bischof Kurck von Åbo (Turku) 1522 und einer Übergangszeit unter dem schon nicht mehr päpstlich bestätigten Bischof Svensson wurde nach dem Reichstag von Västerås auch für Åbo ein neuer Bischof geweiht: Mårten Skytte (1528–1550). Dieser, obwohl selber kaum schon Lutheraner, schickte doch junge Männer zum Studium nach Wittenberg und sorgte damit für die entscheidende Voraussetzung für die weitere reformatorische Entwicklung.

Denn unter jenen befand sich auch Michael Agricola (1508–1557), der Sekretär des Bischofs, in Wittenberg von 1536 bis 1539. Schon dort begann er mit der Übersetzung des Neuen Testaments ins Finnische. Nach seiner Rückkehr nach Åbo wurde er Rektor der Kathedralschule und später auch Koadjutor des schon greisen Bischofs. 1542 erschien aus seiner Feder eine finnische Fibel mit einem Gebetbuch, zwei Jahre später ein weiteres Gebetbuch, 1548 das Neue Testament (das Alte Testament übersetzte er nur in einzelnen Teilen). Agricola wurde damit zum Schöpfer einer finnischen Schriftsprache. 1554 wurde er nach vierjähriger Vakanz des Bischofsitzes Nachfolger von M. Skytte in Åbo, doch wurde zugleich das Bistum geteilt. Ein zweites Bistum wurde in Viipuri (Viborg) errichtet und mit Paul Juusten, der ebenfalls in Wittenberg studiert hatte, als Bischof besetzt. Und dieser war auch derjenige, über den die apostolische Sukzession in der Kirche von Schweden weitergegeben worden sein soll, indem er 1575 an der Weihe von drei neuen Bischöfen für Uppsala, Linköping und Västerås beteiligt war. Als Reformator ging Agricola ausgesprochen behutsam vor. Bei möglichster Beibehaltung der überkommenen kirchlichen Organisation wurde die Liturgie nur gering verändert. Besonders auffallend war eigentlich nur die Einführung der finnischen Sprache in den Gottesdienst.

B DIE REFORMATION IN UNGARN UND SIEBENBÜRGEN

Wie schon in Skandinavien waren auch im Königreich Ungarn Ausbreitung und Festigung der Reformation erheblich von den äußeren Umständen abhängig. Einfallstor reformatorischen Glaubens war der hohe Anteil an deutschsprachiger Bevölkerung nicht nur in den nahezu geschlossenen Siedlungsgebieten der Siebenbürger Sachsen und in Oberungarn mit den fünf deutschen königlichen Freistädten Kaschau, Leutschau, Bartfeld, Eperies und Zeben. Die engen wirtschaftlichen und politischen Verbindungen mit dem deutschen Reich begünstigten eine rasche Ausbreitung von reformatorischen Ideen und auch Schriften Luthers besonders eben unter den Deutschen schon zu Beginn der zwanziger Jahre. Zur selben Zeit kam es aber auch bereits zu er-

11 *S. Heininen*, Die finnischen Studenten in Wittenberg 1531–1552, Helsinki 1980 = Schriften der Luther-Agricola-Gesellschaft A 19; *M. Ruokanen*, Luther in Finnland, Helsinki 1984 = Schriften der Luther-Agricola-Gesellschaft A 22.

sten Gegenmaßnahmen, auch zu Blutopfern. Es ergingen verschiedene königliche Edikte. Reichstagsbeschlüsse von 1523 und 1525 bedrohten alle Anhänger Luthers mit dem Feuertod und Einzug des Vermögens.[1] Zu einer umfassenden Verfolgung kam es jedoch nicht. Der Königin Maria wurden sogar offene reformatorische Sympathien nachgesagt.[2]

Die Niederlage und der Tod König Ludwigs in der Schlacht bei Mohács gegen die Türken bedeuteten eine Wende. Sie zogen faktisch eine Dreiteilung des Königreiches nach sich: Im westlichen und nördlichen Teil regierte Ferdinand von Habsburg (1526 bis 1564) und nach diesem Maximilian I. (1564–1576). Im östlichen Teil konnte Johann Szapolyai (1526–1540), der Woiwode Siebenbürgens, seine Ansprüche realisieren, sein Nachfolger war sein Sohn Johann Sigismund (1541–1551, 1556–1571). Der Süden war von den Türken besetzt, 1541 eroberte Sultan Suleiman I. auch Buda und hatte damit das Zentrum Ungarns in seiner Gewalt.

Für die Kirche hatte die Niederlage bei Mohács erhebliche Auswirkungen: Sechs der zwölf Bischöfe hatten auf dem Schlachtfeld den Tod gefunden. Es bestand hinfort keine intakte Hierarchie mehr. Andererseits präsentierte sich gerade angesichts der nationalen Katastrophe die reformatorische Botschaft als wirklich geeignet, zu einer inneren Erneuerung zu führen. Und so konnte es geschehen, daß die Reformation jetzt zu einer Volksbewegung anwuchs, getragen von immer mehr sich ausbreitenden Gemeinden, ausgehend von verschiedenen Zentren, welche sich entweder schon früher herausgebildet hatten oder jetzt neu entstanden durch das Wirken einzelner Prediger, die allen Verfolgungen zum Trotz die Botschaft weitertrugen, teilweise aber auch offen begünstigt durch Duldung oder sogar Förderung von seiten der Magnaten oder Grundbesitzer. Der Einsatz von Schrifttum, Liedern, Gedichten und auch Schulbüchern trug entscheidend zur Ausbreitung und Popularisierung reformatorischen Gedankengutes bei.

Für die Etablierung des Luthertums in den deutschen Gemeinden in West- und Nordungarn wurde das Wirken des Schulrektors in Bartfeld (Bardejov/Bártfa), Leonhard Stöckel (1510–1560), entscheidend. Er hatte bei Luther und Melanchthon in Wittenberg studiert. Jetzt erwarb er sich den Ruf eines „Praeceptor Hungariae". Durch die Gewinnung einer Reihe von Großgrundbesitzern wirkte die Bewegung über die Grenzen der Städte hinaus auch in die ungarischen und slowakischen Dörfer. 1546 schlossen sich die fünf deutschen Städte Kaschau (Košice), Leutschau (Levoča), Bartfeld (Bardejov), Eperies (Prečov) und Zeben (Sabinov) öffentlich der Wittenberger Reformation an und unterschrieben 1549 die Confessio Pentapolitana, die L. Stöckel verfaßt hatte. Zehn Jahre später folgten die sieben oberungarischen Bergstädte (mit Kremnitz [Kremnica], Schemnitz [Banska Stiavnica] und Neusohl [Banska Bystrica]) mit der Confessio Heptapolitana.

War die Ausbreitung der reformatorischen Bewegung unter den Ungarn auch weithin von dem Einfluß der Magnaten abhängig (György und István Báthory, Bálint Török von Enying), indem diese vermöge ihrer Patronatsrechte reformatorisch gesinnte Prediger beriefen und für Druck und Verbreitung von Literatur sorgten (Gesangbücher),

1 S. *M. Bucsay*, Der Protestantismus in Ungarn, a. a. O., 45; *E. Roth*, Die Reformation in Siebenbürgen, a. a. O., 1,13.

2 Vgl. besonders Luthers Schrift „Vier tröstliche Psalmen an die Königin zu Ungarn" (1526), WA 19,(542) 552–615.

so kann doch kaum von einer durch die Obrigkeit eingeführten Reformation gesprochen werden. Unter den Predigern, die hier wirkten, ragen heraus:
Matthias Dévai († 1545) erwarb sich mit seinen Schriften, Predigten und Thesenreihen den Ruf eines „ungarischen Luther". Vor den Nachstellungen kirchlicher Gegner mußte er fast überall bald wieder weichen. Die Hauptorte seines Wirkens lagen in Oberungarn, später auch in Siebenbürgen. Zuletzt weilte er in Debrecen.
Gallus Huszár († 1575) gilt als Reformator Nordwestungarns. Auch er mußte wie so viele andere oftmals schon nach kurzer Tätigkeit an einen anderen Ort fliehen. Beträchtliche Wirksamkeit erreichte er mit seiner Druckerei, die er nach Debrecen mitbrachte und die dort auch nach seinem neuerlichen Wegzug weiterarbeitete.
Stephan Szegedi Kis († 1572) gilt als einer der führenden Theologen. Er verfaßte u. a. eine große Dogmatik, eine Papstgeschichte und homiletische Hilfen, aber auch auf pädagogischem Gebiete leistete er Beträchtliches.
Am stetigsten konnte sich die Reformation in den von den Türken besetzten Gebieten ausbreiten. Es fehlte zwar nicht an Versuchen, die Bevölkerung zu islamisieren, doch herrschte im allgemeinen eine Atmosphäre der Toleranz, wie auch die Möglichkeit freier Bewegung und des Austausches auch mit den nicht besetzten Gebieten bestand. Zuweilen geschah es, daß bei Streitigkeiten die türkische Administration für die reformatorische Seite Partei ergriff. Als Prediger, Verfasser von Liedern und geistlichen Dramen machte sich hier *Michael Sztárai* († 1575) einen Namen. In einem Brief von 1551 berichtete er über die Gründung von 120 reformatorischen Gemeinden.[3] Zur selben Zeit organisierten sich diese Gemeinden zu einem Distrikt unter einem Bischof. Sztárai bekleidete zeitweilig das Amt eines Seniors.
Einen besonderen Charakter hatte die Reformation in *Siebenbürgen*, sowohl unter den Sachsen wie den dort ansässigen Ungarn. Schon vor 1526 waren hier gute Anfänge gemacht worden, doch blieben die kirchlichen Einrichtungen intakt und der Einfluß des Erzbischofs von Esztergom (Gran) erheblich. Erst nach 1541, d. h. nach der Eroberung von Buda durch die Türken und die Trennung Siebenbürgens von der ungarischen Krone durch die Krönung des noch nicht einjährigen Sohnes von Johann Szapolyai, Johann Sigismund, zum Nachfolger und Fürsten bei Unterstellung unter den Schutz des Sultans, konnten durchgreifende Maßnahmen erfolgen. Die Sachsen bildeten eine der drei ständischen „Nationen" mit Sitz und Stimme im Landtag und gehörten durchaus zu den Privilegierten. Von entscheidender Bedeutung war hier das Wirken von Johannes Honterus (1498–1549). Nach längerem Aufenthalt im Ausland mit Studium in Wien und Tätigkeiten in Krakau und Basel war er zunächst seit 1533 in Kronstadt im humanistischen Sinne im Schulwesen tätig (1535[?] richtete auch er eine Druckerei ein). Bald aber strebte er weitergehendere Reformen an. Anfang der vierziger Jahre begann eine deutliche Hinwendung zur Wittenberger Reformation. Im Oktober 1542 wurde in Kronstadt die katholische Messe durch den evangelischen Gottesdienst ersetzt. 1543 erschien das „Reformationsbüchlein".[4] Ein weiteres Jahr später wurde Honterus dann Stadtpfarrer in Kronstadt. Ein Landtag in Weißenburg 1543, für den er eine Apologie verfaßte, vermochte schon nichts mehr gegen die Reformation auszurichten. Über Hermannstadt verbreitete sich die Bewegung schnell über fast

3 S. *M. Bucsay*, Der Protestantismus in Ungarn, a. a. O., 58.

4 „Reformatio ecclesiae Coronensis ac totius Barcensis provinciae." Vgl. die Beurteilung des Buches durch Luther, WA Br 10, (391) 393 (13,318f.).

alle größeren Orte der Sachsen. 1547 erschien die Kirchenordnung in lateinischer und deutscher Sprache,[5] verfaßt von einem Ausschuß der „Nationsuniversität" (d.h. der Ständeversammlung der Sächsischen Nation), ergänzt durch eine Agende und den Kleinen Katechismus Luthers. 1550 wurde die Kirchenordnung durch die „Nationsuniversität" zum Gesetz erklärt, und 1553 wählte die Synode der Geistlichen den Hermannstadter Pfarrer Paul Wieser zum ersten evangelischen Superintendenten.

Von dieser Reformation der deutschen Gemeinden in Siebenbürgen muß die der ungarischen in demselben Territorium unterschieden werden.[6] Möglicherweise unter dem Einfluß von Matthias Dévai (s. o.) versammelten sich im September 1545 in Erdöd 29 Pfarrer der Umgebung, die zwölf Artikel veröffentlichten, mit denen sie sich zur Lehre Luthers und Melanchthons bekannten. Maßgebend waren auch hier diejenigen, die zuvor in Wittenberg studiert hatten. Zu Beginn der fünfziger Jahre wurden dann die beiden Sachsen Kaspar Helth und Franz Davidis, die beide ebenfalls ihre theologische Ausbildung in Wittenberg erhalten hatten, zu den tragenden Personen. Obwohl sich schon bald reformierter Einfluß geltend machte (Martin Kálmáncschi seit 1556 in Klausenburg), bedeutete der Consensus von Klausenburg (13. Juni 1557), das einzige gemeinsame Bekenntnis der ungarischen und der sächsischen „Nation" Siebenbürgens, eine Übereinkunft im Wittenberger, speziell Melanchthonschen Sinne.[7]

Der Ausgang der Reformation in Ungarn war dann aber doch ein anderer. Nach also anfänglicher starker Prägung durch die Wittenberger Reformation besonders im Sinne Melanchthons setzte auch hier ein Prozeß der Konfessionalisierung ein, der nun zu deutlichen Scheidungen führte. Während sich unter den Deutschen sowie den Slowaken in Nordungarn – nationale und reichsrechtliche Gründe spielen dabei auch eine nicht geringe Rolle – schließlich das Luthertum durchsetzte, war es bei den Ungarn der Calvinismus. Es ist immer wieder betont worden, daß dieser der ungarischen Mentalität in einem höheren Maße gerecht würde als das Luthertum. Auf dem Weg wiederum über im Ausland Studierende, über briefliche Verbindungen und gezielt eingeholten Rat breitete sich das helvetische Gedankengut mehr und mehr aus.[8] Als Bahnbrecher reformierten Geistes gilt *Martin Kálmáncschi* († 1558), der Anfang der fünfziger Jahre Stadtpfarrer in Debrecen war und die Liturgie nach reformierten Maßstäben umgestaltete. Neben ihm sind auch hier noch einmal Stephan Szegedi Kis, Gallus Huszár und dann *Peter Melius* (1537–1572) zu nennen. Von Debrecen aus verbreitete sich die Richtung dann ziemlich schnell in die nähere und weitere Umgebung Ostungarns sowie direkt auch nach Siebenbürgen, wo sich ihr auch Franz Davidis anschloß. Als

5 „Reformatio ecclesiarum Saxonicarum in Transsylvania" bzw. „Kirchenordnung aller Deutschen in Sybenbürgen".

6 Im Hinblick auf die rumänische Mehrheit der Landbevölkerung, die der orthodoxen Kirche angehörte, genüge hier der Hinweis, daß es zwar nicht an Versuchen fehlte, auch unter ihr reformatorische Einflüsse geltend zu machen, diese jedoch ohne jeden Erfolg blieben. Vgl. *M. Sesan*, Die siebenbürgische Reformation und die rumänische Orthodoxie, Kirche im Osten 18 (1975), 73–80; *E. Benz*, Wittenberg und Byzanz. Zur Begegnung und Auseinandersetzung der Reformation und der östlich-orthodoxen Kirche, Marburg 1949; *E. C. Suttner*, Der Widerhall von Reformation und Gegenreformation bei den Rumänen Siebenbürgens, Würzburger Diözesangeschichtsblätter 35/36 (1974), 381–401; ferner auch *S. Juhász*, Von Luther zu Bullinger, a. a. O., 322–324.

7 Vgl. das Gutachten Melanchthons vom 16. 1. 1558, CR 9, (429) 430–432.

8 Vgl. *J. Schlégl*, Die Beziehungen Heinrich Bullingers zu Ungarn, a. a. O.

Gründungsdatum der reformierten Kirche Ostungarns gilt die Synode von Neumarkt (Marosvásárhely) vom 1. November 1559 mit ihrem Bekenntnis vom Abendmahl. Seit 1564 gab es einen reformierten Superintendenten, Franz Davidis, ein Jahr später wurde im Kolleg von Klausenburg der Heidelberger Katechismus als Lehrbuch eingeführt. Nach und nach schlossen sich auch andere Bezirke dieser Bewegung an. Am zögerndsten verlief sie in Westungarn, wo Bestimmungen des Augsburger Religionsfriedens lange Zeit als stabilisierender Faktor wirkten.
Schließlich wäre auch hier das Bild der Reformation unvollständig, würde der Unitarismus oder Antitrinitarismus übersehen. Auch er gehört freilich in die spätere Phase der Entwicklung. Von Polen aus kamen Stancaro und Biandrata nach Ungarn und Siebenbürgen. Mitte der sechziger Jahre gelangte derselbe Davidis unter den Einfluß Georg Biandratas.[9] Und er vermochte es tatsächlich, die ungarische reformierte Kirche in Siebenbürgen in diese Wendung mit hineinzuziehen und auch dafür die Duldung durch den jungen Fürsten Johann Sigismund Szapolyai zu erwirken. Auf den Landtagen von 1571 wurde auch das unitarische Bekenntnis als vierte „rezipierte Religion" in Siebenbürgen anerkannt. Und auch in Westungarn und in den von den Türken besetzten Gebieten lösten sich unitarisch gewordene Gemeinden aus der reformierten Kirche.

C DIE ENTWICKLUNG DER REFORMATION IN POLEN

Auch im Königreich Polen waren für den weiteren Fortgang der Reformation die gesellschaftlichen Verhältnisse von ausschlaggebender Bedeutung. Eine Reihe von besonderen Umständen erwies sich als ausgesprochen begünstigend:

- Das Fehlen einer zentralen Gewalt, die die Macht besessen hätte, sich wirklich durchzusetzen. Die Verhältnisse im einzelnen wurden nicht durch den König (einen Wahlkönig) bestimmt, sondern durch einen recht selbständig schaltenden Adel („Adelsrepublik").
- Der Einfluß des schon seit 1525 evangelischen Herzogtums Preußen, des früheren Ordenslandes, das unter polnischer Lehenshoheit stand und insofern dem Gesamtverband des polnischen Königreiches angehörte. Von besonderer Bedeutung war hier die Gründung der Universität Königsberg (1544, Ausbildung von Predigern und die Übernahme des Druckes auch polnischen Schrifttums).
- Ein hoher deutscher Bevölkerungsanteil in den Städten, vor allem in Großpolen und dem königlichen Preußen (Westpreußen).
- Die Tatsache, daß in Polen die Toleranz schon eine lange Tradition besaß und das Land deshalb schon immer Ziel vieler Einwanderer war.
- Der Einfluß des Humanismus (Universität Krakau) mit seiner Kritik an der Lehrautorität und Gestalt der Kirche auf die Herausbildung einer reformatorischen Grundströmung und das Heranwachsen von Persönlichkeiten, die dann für den äußeren Weg und die innere Ausrichtung der Reformation in Polen bestimmend wurden.

Trotzdem dauerte es längere Zeit, bis die Reformation tatsächlich festeren Fuß fassen konnte. Noch 1540 rechnete Luther Polen zu den Ländern, in denen das Evangelium

9 Vgl. Defensio Francisci Davidis und De dualitate tractatus Francisci Davidis (Cracoviae 1582), hg. v. *R. Dán*, Budapest/Utrecht 1984 = Bibliotheca Unitariorum 1.

nicht gepredigt würde.[1] Allerdings hatte es schon frühzeitige Anfänge gegeben. Schon 1520 verbot das Thorner Edikt Einfuhr, Vertrieb und Lesen von Schriften Luthers. In einer Reihe von Städten besonders im Westen und Norden kam es zu Bewegungen, die denen in deutschen Städten durchaus vergleichbar waren. Sie wurden energisch unterdrückt.[2] Aus Krakau, der Hauptstadt, wo die Verhältnisse offenbar besonders günstig waren, kamen Berichte über Gegenmaßnahmen.[3] 1526 bedrohte der Reichstag von Petrikau den Abfall von der katholischen Religion mit der Todesstrafe; 1534 verbot ein königliches Mandat den Besuch ketzerischer Hochschulen bei Androhung des Ausschlusses aus allen öffentlichen Ämtern, doch war es sechs Jahre später notwendig, dasselbe noch einmal einzuschärfen.

Eine entscheidende Wende trat erst ein, als nach dem Tod von König Sigismund I. (1513–1548) mit Sigismund August I. (1548–1572) ein König an die Spitze des Reiches trat, der nicht nur in einem freundschaftlichen Verhältnis zum sächsischen Kurfürsten Johann Friedrich stand, sondern auch mit Melanchthon und Calvin Briefwechsel unterhielt. Der Genfer Reformator widmete ihm z. B. seinen Kommentar zum Hebräerbrief. Das anfängliche Versprechen des Königs, den Protestantismus niederzuhalten, entsprang offenbar mehr taktischen Gründen, um die eigene Anerkennung besonders durch den Episkopat nicht zu gefährden. So wird ihm eine „schwankende, abwartende Haltung in Glaubensdingen“ nachgesagt[4] sowie ein „bereitwilliges Eingehen“ auf die Wünsche des Adels.

1555 erreichten es die Evangelischen unter Vorlage einer formellen Confessio, daß bis zu einem künftigen Nationalkonzil alle Häresieverfahren gegen Adlige und deren Geistliche eingestellt wurden. Das bedeutete die Freigabe der reformatorischen Verkündigung. 1559 schließlich erlaubte der König dem Landtag des königlichen Preußen die Annahme der Confessio Augustana. Protestanten durften nunmehr bis in die höchsten Ämter des Staates aufsteigen. Die geistliche Gerichtsbarkeit wurde eingeschränkt, und die protestantischen Mitglieder des Adels durften in ihren Territorien nach dem Grundsatz des Augsburgischen Friedens verfahren: Cuius regio, eius religio. Trotzdem blieb die Situation weiterhin rechtlich ungeklärt; denn 1564 nahm der König formell die Beschlüsse des Konzils von Trient an.

Im einzelnen weist die polnische Reformationsgeschichte eine Reihe von besonderen Merkmalen auf:

Von einer wirklichen reformatorischen Bewegung kann erst zu einem Zeitpunkt gesprochen werden, als die Reformation in Deutschland bereits mitten in der Krise stand – nach Luthers Tod, nach der Niederlage im Schmalkaldischen Krieg, zur Zeit des Konzils von Trient, das die Gegenreformation einleitete. Auch die Konfessionalisierung innerhalb des Protestantismus war bereits weitgehend abgeschlossen. Das alles war insofern von erheblichem Belang, als die tragenden Personen der polnischen Re-

1 WA TR 5,23, Nr. 5239.

2 Vgl. *G. Schramm*, Danzig, Elbing und Thorn als Beispiele städtischer Reformation (1517 bis 1558), in: Historia integra (Festschrift für E. Hassinger zum 70. Geburtstag), Berlin 1977, 125–154.

3 Vgl. *G. Schramm*, Reformation und Gegenreformation in Krakau. Die Zuspitzung des konfessionellen Kampfes in der polnischen Hauptstadt, Zeitschrift für Ostforschung 19(1970), 1–41.

4 Vgl. *G. Schramm*, Der polnische Adel, a. a. O., 79.

formation aus dem Ausland kamen, aus der Schweiz, aus Italien und Böhmen. Hinzu trat eine Reihe von Polen, die sich in langjähriger Tätigkeit im Ausland schon einen Namen gemacht hatten und jetzt in ihre Heimat zurückgerufen wurden. Die Erfahrungen aber, die sie inzwischen gesammelt hatten, bildeten den Ausgangspunkt für ihr neues Wirken jetzt in Polen.

Hauptträger der Reformation waren die Städte und der Adel, und zwar sowohl der Hochadel (z.B. Andreas Górka, Woiwode in Posen, Graf Stanislaw Ostroróg) wie besonders der Kleinadel, die Schlachta. Dem Adel kam infolge seiner Einflußmöglichkeit eine besondere Rolle zu. Die Kritik an der Praxis der Kirche, an den Privilegien des Klerus, der kirchlichen Gerichtsbarkeit, dem Versagen auch des niederen Klerus, die innerhalb der Gesellschaft schon lange laut geworden war, führte zur Duldung oder direkten Förderung der evangelischen Predigt bis hin zur Gründung eigener evangelischer Gemeinden auf den Besitzungen. 1553 bekannte sich mit dem Woiwoden von Wilna, Nikolaus Radziwill, als Inhaber der drei wichtigsten Staatsämter im Großfürstentum Litauen (außerdem Kanzler und Landesmarschall) einer der einflußreichsten Vertreter des Hochadels zum evangelischen Glauben und wurde richtungweisend für zahlreiche, ihn konfessionell nachahmende Magnaten und Adelsfamilien. Je zurückhaltender und duldsamer sich aber die Zentralgewalt verhielt, um so einflußreicher wurde der Adel, um so offener trat er für die Sache der Reformation ein bis dahin, daß man über die Inanspruchnahme der einfachen Duldung hinaus bald das Ringen um die staatsrechtliche Anerkennung aufnahm und sich sogar anschickte, die gesellschaftliche Mehrheit zu erringen: Mitte der sechziger Jahre verfügten die reformatorisch eingestellten Vertreter über fast die Hälfte der Stimmen in der ersten Kammer des Reichstages, dem Senat.

Daß es trotz dieser ausgesprochen günstigen Entwicklung doch nicht zu einem allgemeinen Anschluß des Landes an die Reformation kam, daß deren Anhänger sowohl unter dem Adel wie in den Städten und auf dem Lande schließlich doch eine Minderheit blieben, ist auf verschiedene Gründe zurückzuführen,[5] die freilich erst in der späteren Entwicklung voll deutlich wurden: effektiver Mangel an wirklich führenden Persönlichkeiten in den sich bildenden reformatorischen Kirchentümern; Mangel an Verwurzelung des reformatorischen Glaubens in der Breite der Bevölkerung; fehlende Durchsetzbarkeit beim König. Und bereits in den Jahren größter Aktivität und Ausbreitung zeigte es sich, daß eines der besonderen Charakteristika des polnischen Protestantismus auch seine Hauptschwäche darstellte: die innere Aufspaltung in vier verschiedene Strömungen, die in Angleichung an die territoriale Gliederung des Landes in der Herausbildung ihrer eigenen territorialen Schwerpunkte praktisch das Land unter sich aufteilten.

In Großpolen und dem königlichen Preußen (Westpreußen) fand über Schlesien und besonders über das Herzogtum Preußen das Luthertum rasch eine ziemliche Verbreitung und erhielt auch aus diesen Ländern sowie durch direkte Verbindungen mit Wittenberg und anderen Zentren der deutschen Reformation ständige Förderung.[6] Ende

5 Siehe *E. Kneifel*, Die Gründe des Verfalls der Reformation in Polen, in: Gestalten und Wege der Kirche im Osten. Festgabe für Arthur Rhode, hg. v. *H. Kruska*, Ulm 1958, 74–84; *G. Schramm*, Lublin und das Scheitern der städtischen Reformation in Polen, Kirche im Osten 12(1969), 33–57.

6 *A. Rhode*, Geschichte der evangelischen Kirche im Posener Land, Würzburg 1956 = Mar-

der fünfziger Jahre bildete sich unter dem Einfluß Melanchthons ein Synodalverband in Großpolen, dessen Lehrgrundlage die veränderte CA darstellte. Die Leitung lag in den Händen eines (anfänglich zwei) Superintendenten, der von den Gemeinden gewählt wurde. Ihm oblagen vor allem die Visitationen von Pfarrern und Lehrern sowie im Zusammenwirken mit den Patronen die Anstellung und Ablösung von Amtsträgern. 1565 bestanden etwa hundert lutherische Gemeinden in Großpolen.
Daneben bildeten sich nach dem Augsburger Interim von 1548 eine Reihe von Gemeinden der Böhmischen Brüder.[7] Ihre Glieder kamen als Exulanten aus Böhmen. Durch Mandat König Ferdinands vom 4. Mai 1548 hatten sie binnen weniger Wochen ihre Heimat verlassen müssen. Sie gewannen bald Anhänger auch aus der deutschen und der polnischen Bevölkerung. Die Gesamtleitung lag in den Händen des Seniors Simon Mach. Von größerer Bedeutung wurde das Wirken von Georg Israel besonders im Gebiet von Posen. 1557 wurde dieser zum Senior der zur eigenen Kirchenprovinz erhobenen polnischen Brüderunität berufen. 1570 zählte diese insgesamt 64 Gemeinden mit eigenen Predigern, die an einem Seminar in Ostroróg bei Posen ausgebildet wurden. Im Grafen Jacob Ostroróg, einem der ersten Magnaten in Großpolen, erhielt die Unität einen einflußreichen Förderer und Beschützer. Hervorzuheben ist das soziale Wirken der Gemeinden in ihrem Einflußbereich. Einen besonderen Akzent setzte die 1555 im Konsens von Koźminek geschlossene Union mit den Protestanten in Kleinpolen. Diese hatte zwar kaum praktische Auswirkungen, doch traten hierin erstmals Kräfte hervor, die ebenfalls zu den beachtlichen Besonderheiten der polnischen Reformationsgeschichte zählen. Außerdem trug die Union nicht unwesentlich dazu bei, daß die protestantischen Gemeinden in Kleinpolen zu einer eigenen konfessionellen Prägung fanden, jedoch nicht durch den Anschluß an die Brüderbewegung, sondern durch die Öffnung für den Calvinismus.
Auch in Kleinpolen begann die reformatorische Bewegung eigentlich erst Anfang der fünfziger Jahre kirchliche Gestalt zu gewinnen. Im November 1554 trat in der Nähe von Krakau eine evangelische Synode zusammen und wählte Felix Cruciger zum Superintendenten. Kurz nach jener Unionssynode 1555 beschloß eine weitere Synode von Pińczów, den seit Jahren in der Schweiz weilenden ehemaligen Minoritenprovinzial Lismanini nach Polen zurückzurufen und um seine Dienste in der Kirche zu bitten. Dieser traf im Frühjahr 1556 in Polen ein. Und Ende desselben Jahres kehrte auch, von einer Synode im April gerufen, Jan Laski (1499–1560) zurück, der nach seiner Erklärung zum Ketzer (1544) in Ostfriesland, London, Dänemark, Emden und Frankfurt (Main) als Reformator und Kirchenorganisator eine breite Wirksamkeit entfaltet hatte. Beide Männer waren wesentlich durch ihre Verbindung mit der Reformation in der Schweiz und besonders mit Johannes Calvin geprägt. Und sosehr sie sich auch bemühten, sowohl mit den Böhmischen Brüdern wie mit den Lutheranern in Großpolen in einem guten Verhältnis zu bleiben – besonders Laski strebte von Anfang an danach, wie er es schon in Westeuropa getan hatte, die divergierenden Richtungen zu vereinigen –, wirkten sie doch für einen engeren Anschluß der Gemeinden in Kleinpolen an den Calvinismus. So bekannte sich 1557 unter dem Einfluß von Laski der schon früher für die Sache der Reformation gewonnene litauische Woiwode Johann Radziwill zum

burger Ostforschungen 4; *H. Neumeyer*, Kirchengeschichte von Danzig und Westpreußen in evangelischer Sicht, Bd. 1., Leer 1971.

7 Siehe *R. Ričan*, Die Böhmischen Brüder. Ihr Ursprung und ihre Geschichte, Berlin 1959.

Calvinismus und zog wiederum viele nach sich, so daß das Luthertum Litauens nur noch in den Städten und unter den ansässigen Deutschen erhalten blieb. Calvin selber nahm lebhaften Anteil an den Vorgängen in Polen, obwohl er sich einer Einladung, in eigener Person nach Polen zu kommen, schließlich doch versagte.[8]
Die sechziger Jahre waren dann bestimmt durch innere Auseinandersetzungen in verschiedenen Richtungen. Sie werden häufig unter den Aspekt von Religionsgesprächen gerückt,[9] wobei dann auch auf das schon früher verbindende Anliegen Jan Laskis verwiesen wird. Allenfalls kann man dabei aber auf die Gespräche mit den Böhmischen Brüdern und den Lutheranern in Großpolen verweisen. Denn die vielfältigen Dispute auf vielen Synoden besonders über christologische Probleme hatten doch einen anderen Charakter. Sie waren keine Religionsgespräche zur Herstellung der Einheit, sondern Auseinandersetzung innerhalb eines Differenzierungsprozesses, der die soeben erst entstandene kleinpolnische reformierte Kirche sogleich wieder an den Rand des Zusammenbruchs drängte. Und das Ergebnis war dann auch die Herausbildung einer vierten reformatorischen Richtung: des Antitrinitarismus oder Unitarismus, der sich bald auch als eine eigene Kirche etablierte.[10]
Seine Anfänge sind in Kleinpolen unter Einwanderern aus Italien zu suchen. Als Wegbereiter gilt besonders Francesco Stancaro,[11] der, über Wien und die Schweiz nach Polen kommend, 1549 Professor für Hebräisch in Krakau wurde, bald auch hier im reformatorischen Sinne zu wirken begann und deswegen schon 1551 wieder weichen mußte. 1553/1554 und endgültig 1559 kehrte er jedoch nach Kleinpolen zurück und trug nun nicht wenig dazu bei, durch christologische Sonderlehren, besonders über das Mittleramt Christi, die Gemeinden zu beunruhigen. 1551 und 1558/1559 hielt sich Lelio Sozzini in Kleinpolen auf, 1558/1559 und 1560–1563 der Arzt Georgio Biandrata, 1563–1565 G. Valentino Gentilis und 1564 noch kurz vor seinem Tode auch Bernardino Ochino. Sie alle fanden nicht geringen Zuspruch unter den reformierten Geistlichen wie auch Gönner unter einflußreichen Persönlichkeiten. Nach langen und zähen Auseinandersetzungen auf vielen Synoden – Lismanini, selber zuletzt dem Unitarismus zuneigend, resignierte darüber und zog sich 1563 nach Königsberg zurück, Laski war bereits 1560 gestorben – gründete schon 1561 Stancaro eine eigene Gemeinde. Faktisch war die Einheit der Kirche bereits 1563 aufgekündigt (doppelte Superintendentenwahl). 1565 kam es dann auch zur definitiven Spaltung der reformierten Kirche in eine „ecclesia maior" Genfer Prägung und eine „ecclesia minor", deren Anhänger sich auch „Polnische Brüder" nannten. Ein großer Teil der Pfarrerschaft schloß sich dieser neuen Kirche an. Unter Leitung des Krakauer Pfarrers Gregor Pauli erhielt sie

8 S. bes. *H. W. Zeeden*, Calvins Einwirken auf die Reformation in Polen-Litauen. Eine Studie über den Reformator Calvin im Spiegel seiner polnischen Korrespondenzen, in: Syntagma Friburgense. Historische Studien (Hermann Aubin dargebracht zum 70. Geburtstag), Lindau/Konstanz 1956, 323–359 = Schriften des Kopernikuskreises 1.

9 *J. Tazbir*, Die Religionsgespräche in Polen, in: RR 127–143; *P. Wrzecionko*, Religionsgespräche in Polen unter dem Aspekt ihrer Unionsbestrebungen, RR 145–152.

10 *D. Cantimori*, Italienische Haeretiker der Spätrenaissance, Basel 1949; *E. Kupsch*, Der polnische Unitarismus (Fratres Polones). Anfänge und Entwicklung des polnischen Unitarismus 1535–1600, Jahrb. f. Gesch. Osteuropas NF 5 (1957), 401–440; *L. Hein*, Italienische Protestanten und ihr Einfluß auf die Reformation in Polen während der beiden Jahrzehnte vor dem Sandomirer Konsens (1570), Leiden 1974.

11 Siehe *L. Hein*, ebd., 66–118.

in der Folgezeit in Rakow bei Sandomir auch ein äußerliches Zentrum. Mit über 170 Gemeinden vorwiegend in Kleinpolen bildete sie eine beachtliche Potenz.
Nur allmählich gelang es der reformierten Kirche, sich wieder zu festigen. Und dann erreichten auch die Bemühungen Laskis um eine Lehreinheit der verschiedenen protestantischen Richtungen noch ein verspätetes Ziel. 1570 kam es in Sandomir zum Abschluß eines speziellen Konsenses zwischen Lutheranern, Reformierten und der Brüderunität,[12] in dem sich die drei Konfessionen unter gegenseitiger Anerkennung zu einem brüderlichen Miteinander bekannten gegenüber der römisch-katholischen Kirche auf der einen und den Radikalen auf der anderen Seite – ein überaus bemerkenswertes Ergebnis zu jener Zeit. Man einigte sich auf der Grundlage einer freien Bearbeitung der Confessio Helvetica Posterior, wobei dem Artikel über das Abendmahl der entsprechende Artikel aus der Confessio Augustana sowie noch je eine Formel von Calvin und Beza hinzugefügt wurden.[13] Drei Jahre später zeitigte dieser Konsens auch noch reichsrechtliche Folgen. Der Warschauer Reichstag von 1573 beschloß die sogenannte „Warschauer Konföderation", wodurch die „pax dissidentium" garantiert wurde, die künftig von allen Königen beschworen werden sollte.

D DER WEG DER REFORMATION IN FRANKREICH SEIT 1530

Die Entwicklung des Protestantismus in Frankreich ist, zumal in ihren Anfängen, in hohem Maße von der Haltung der Regierenden bestimmt. Das für modernes Empfinden kaum zu entwirrende Ineinander von Religion und Politik zur Zeit der Reformation wird gerade hier sehr deutlich. Für König Franz I. (1494–1547, seit 1515 an der Regierung) war es eine Frage der Selbstbehauptung gegenüber der Umklammerungsgefahr durch das übermächtige Habsburg, daß er sich der innerdeutschen Opposition gegen den Kaiser näherte.[1] Und diese hatte seit den Weihnachtstagen 1531 im Schmalkaldischen Bund eine feste Gestalt gewonnen.
Den Anfang bildeten rein politische Bündnisversuche, die zwar kaum mit Leben erfüllt wurden, es aber immerhin 1534 dem hessischen Landgrafen Philipp ermöglichten, Ulrich von Württemberg wieder in den Besitz seines angestammten Territoriums zu bringen und dieses der Reformation zuzuführen.[2]
Sehr viel breiter und grundsätzlicher angelegt war hingegen der Versuch, mit Hilfe eines Religionsgespräches zu einer religiösen Konkordie zu gelangen und auf diese Weise, d. h. durch die Beilegung der religiösen Spaltung in einem separaten Bereich, Raum auch für ein umfassendes antihabsburgisches Bündnis zu schaffen. Erste Ansätze dazu datieren bereits aus dem Jahre 1531. Konkreter wurde es dann aber 1534 in einer weit ausholenden diplomatischen Aktion, in deren Zusammenhang Philipp Me-

---

12 *A. Sames*, Der Vergleich von Sandomierz, ZdZ 24 (1970), 149–151; *O. Bartel*, Der Consensus Sendomiriensis vom Jahre 1570, LuJ 40 (1973), 107–128.

13 S. o. 122f. und vgl. *B. Nagy*, Geschichte und Bedeutung des Zweiten Helvetischen Bekenntnisses in den osteuropäischen Ländern, in: Glauben und Bekennen, a. a. O., 109–202, spez. 142–169.

1 S. *K. J. Seidel*, Frankreich und die deutschen Protestanten. Die Bemühungen um eine religiöse Konkordie und die französische Bündnispolitik in den Jahren 1534/35, Münster 1970 = RST 102.

2 S. o. 27.

lanchthon, Martin Bucer, Caspar Hedio und noch weitere reformatorische Theologen Gutachten abgaben „de pace ecclesiae“[3]. Das „Consilium ad Gallos“ Melanchthons ging dabei bis an die „äußerste Grenze des Verzichts“[4] und erregte deshalb auch bald erheblichen Widerspruch. Und da sich auch die anderen durchaus positiv aussprachen, schienen alle Wege zu weiteren Schritten geebnet.
Da drohte ein innerfranzösisches Ereignis alle Bemühungen fast zunichte zu machen: die „affaire des placards“ – die „Plakat-Affäre“. In der Nacht vom 17. zum 18. Oktober 1534 wurden an zahlreichen Stellen in Paris und verschiedenen weiteren Städten äußerst polemisch gegen die römische Messe (Opferbegriff, Realpräsenz, Transsubstantiation und allgemeine Frucht der Messe) gerichtete Plakate angeschlagen. Ein Exemplar erschien sogar an der Tür des königlichen Schlafzimmers.[5]

„Ich rufe den Himmel und die Erde zum Zeugnis der Wahrheit an“, heißt es in dem Vorspruch, „gegen diese prunkende und stolze Messe des Papstes, durch die die Welt (wenn Gott nicht bald Abhilfe schafft) völlig zugrunde gerichtet, in den Abgrund gestoßen, verloren und verzweifelt ist und sein wird: da in dieser unser Herrgott so schändlich gelästert wird, das Volk verführt und verblendet, was man nicht länger dulden und andauern lassen darf.“[6]

Als Verfasser des Pamphlets gelten die beiden Neuchâteler Prediger Marcourt und Viret. Gedruckt wurden die Plakate ebenfalls in Neuchâtel durch P. de Vingle. Ihre unmittelbare Folge war eine Flut von Verdächtigungen, Verfolgungen und Hinrichtungen nicht nur unmittelbar Beteiligter. Als ihr Höhepunkt fand am 21. Januar 1535 eine große Sakraments- und Sühneprozession, die „Feuerprozession“, statt, in deren Verlauf Franz I. eine Rede hielt und sechs wegen Ketzerei Verurteilte verbrannt wurden, mit ihnen zusammen große Mengen lutherischer Bücher. Zu Hunderten versuchten die Anhänger der Reformation, sich durch die Flucht der drohenden Verhaftung zu entziehen, unter ihnen auch J. Calvin, der nach seinem Untertauchen ein Jahr zuvor immerhin noch im Lande geblieben war.
Trotzdem aber wurden die Bemühungen um die deutschen protestantischen Reichsstände weiter fortgesetzt. Am 1. Februar 1535 schrieb der König einen offenen Brief an die deutschen Reichsstände,[7] in dem er sich gegen drei Vorwürfe verteidigte: der Konspiration mit den Türken, der Hintertreibung des Konzils sowie der Verfolgung von Deutschen im Zusammenhang der Plakataffäre. Dabei beschuldigte er die Anstifter dieser Affäre als Aufwiegler. Und es gelang tatsächlich, die unterbrochenen Verbindungen wieder zu knüpfen. Am 23. Juni erging eine offizielle Einladung des Königs an Melanchthon, nach Paris zu kommen und mit ausgewählten Doktoren der Universität

3 „Sententiae Phil. Melanchthonis, Martini Buceri, Casp. Hedionis et aliorum in Germania theologorum de pace ecclessiae“ (1607). Zu den drei verschiedenen Fassungen von Melanchthons „Consilium ad Gallos“ in CR 2,(741) 743–766 bzw. 765–775, s. *Seidel* (o. Anm. 1), 16 bis 18.

4 *S. Skalweit*, Die „affaire des placards“ und ihr reformationsgeschichtlicher Hintergrund, in: Festgabe für Hubert Jedin, Münster 1965, 1, 445–465, hier 452.

5 Siehe *Skalweit*, ebd.; sowie *Seidel* (o. Anm. 1), 47–76.

6 Nach *Seidel*, ebd., 54f.

7 S. CR 2, 828–835. Melanchthon übersetzte das Schreiben ins Deutsche und ließ es in Wittenberg neu drucken (vgl. WA Br 7,227).

über eine Einigung in der Lehre und über praktische Wege zur Wiederherstellung der kirchlichen Einheit zu sprechen. Doch der Besuch fand nicht statt; denn die Sorbonne hatte sich eindeutig gegen jede Disputation mit den Abtrünnigen ausgesprochen. Des weiteren verweigerte aber auch der sächsische Kurfürst Melanchthon den erforderlichen Urlaub, obwohl selbst Luther den Antrag Melanchthons unterstützt hatte.[8] Damit war das Konkordienunternehmen gescheitert, und genauso scheiterte auch ein neuer Versuch auf dem Bundestag von Schmalkalden im Dezember 1535, evangelische Theologen nach Frankreich einzuladen,[9] und damit der ganze Plan, durch eine Glaubenskonkordie ein Bündnis zwischen Frankreich und dem Schmalkaldischen Bund auf eine tragfähige Grundlage zu stellen.

Die folgende Entwicklung bestätigte dann die Tatsache, daß Franz I. in alledem ausschließlich unter politischen Gesichtspunkten gehandelt hatte; denn an seiner Ablehnung der „Häresie" hat er nie Zweifel gelassen. Und dies wurde dann in der Folgezeit mehr und mehr bestimmend. 1539 wurden die bürgerlichen Gerichte dazu ermächtigt, von sich aus gegen die Ketzerei vorzugehen, geistliche Gerichte durften fortan die Prozesse selbständig führen. Das Edikt von Fontainebleau (1. Juni 1540) brachte eine weitere Verschärfung. Und den Schlußpunkt hinter diese Entwicklung setzte dann der geheime Zusatzvertrag zum Frieden von Crépy, der den vierten Krieg zwischen Franz und dem Kaiser abschloß.[10] Eine französische Beteiligung am Schmalkaldischen Kriege fand freilich nicht statt. 1547 starb Franz I., noch vor der entscheidenden Schlacht bei Mühlberg. Sein Nachfolger aber, Heinrich II. (1547–1559), näherte sich erneut den Schmalkaldenern. Jetzt ohne Rücksicht auf religiöse Fragen, schloß er ein streng geheimes Abkommen mit Moritz von Sachsen (1551) und erhielt im Vertrag von Chambord (15. Januar 1552) gegen reiche Hilfsgelder die Städte Metz, Toul, Verdun und Cambrai, die zum Reiche gehörten, zugesprochen. Während Moritz den Kaiser überrumpelte, fielen die Städte leicht in die Hände des französischen Königs.

Diese neuerliche politische Konspiration hinderte Heinrich jedoch nicht daran, seinerseits entschieden gegen die reformatorisch Gesinnten im eigenen Lande vorzugehen. Noch im Jahr 1548 wurde der Sondergerichtshof der „Chambre ardente" eingesetzt. 1551 radikalisierte das Edikt von Chateaubriant noch die Verfolgung, der auch angesehene Mitglieder des Parlaments (= Gerichtshofes) zum Opfer fielen. Die Fluchtbewegung aus Frankreich verschärfte sich. 1559, nach dem Frieden von Câteau-Cambrésis, der den wiederum erfolglosen Krieg gegen Philipp II. von Spanien abschloß, erreichte sie ihren Höhepunkt. Und doch waren gerade die fünfziger Jahre für die Ausbreitung der reformatorischen Bewegung in Frankreich von besonderer Bedeutung: Trotz aller Verfolgungen breitete sich die Bewegung enorm aus. Dabei gewann sie immer festere Formen nach außen und eine deutliche innere Prägung.

Von einer reformatorischen Kirche in Frankreich läßt sich freilich in jener Zeit noch nicht reden. Es waren kleine Gruppen, die relativ unverbunden nebeneinander existierten, „églises plantées", oft durch Wanderprediger besucht. Aus ihnen entwickelten sich erst im Laufe der Zeit regelrechte Gemeinden, Anfänge der „églises dressées". Die bekanntesten waren die von Meaux, von Paris und Poitiers. Unverkennbar war

8 S. WA Br 7,(227) 229f.; CR 2,879f.; 903–914 und vgl. *P. Meinhold*, Philipp Melanchthon, der Lehrer der Kirche, Berlin 1960, 96–99.

9 Vgl. *Seidel* (o. Anm. 1), 166–178.

10 S. o. 87.

zunächst der Einfluß des lutherischen Schrifttums. Doch allmählich traten andere Kräfte in den Vordergrund, vor allem von der Schweiz her, wohin sich viele der Verfolgten geflüchtet hatten: An erster Stelle steht Genf, wo Calvin 1541 seine bleibende Wirkungsstätte gefunden hatte. Begünstigt durch die gemeinsame Sprache, durch viele persönliche Verbindungen (Schüler Calvins kehrten als Prediger nach Frankreich zurück) und zunehmend auch durch die Übernahme theologischen Schrifttums (s. u.) wurde der Anschluß an den Calvinismus gewonnen. Ende der fünfziger Jahre rechnete man mit etwa 2000 evangelischen Gemeinden in fast allen Teilen des Landes, organisiert nach dem Vorbild der französischen Flüchtlingsgemeinde in Straßburg (Calvin 1538–1541) bzw. nach dem von Genf. Schon jetzt begegnet die Selbstbezeichnung „Hugenotten“ (Eidgenossen).

Die eigentliche Geburtsstunde der französischen reformierten Kirche schlug im Jahre 1559, mitten in der härtesten Verfolgung. Vom 25. bis 29. Mai versammelten sich etwa 70 Abgeordnete von 12 evangelischen Kirchen (= Gemeinden) aus verschiedenen Teilen Frankreichs in einem Privathaus im Quartier Saint-Germain-des-Prés in Paris zur ersten Nationalsynode. Diese beschloß ein ausführliches Bekenntnis, die „Confession de foi“, später „Confessio Gallicana“ genannt,[11] gegliedert in 40 Artikel, sowie eine ebenfalls 40 Artikel umfassende Kirchenordnung, die „Discipline ecclésiastique“.[12] Der Entwurf für die Confession stammt von Calvin,[13] der seinerseits wiederum das Bekenntnis der Pariser Gemeinde zur Vorlage hatte, von dieser formuliert, als im September 1557 ein Gottesdienst polizeilich aufgelöst wurde und sich daraufhin eine neue Verfolgungswelle erhob. Bald darauf erschien das Bekenntnis auch im Druck. Und damit verfügte die sich nun etablierende Kirche über einen soliden Grundstock. Denn außer diesem Bekenntnis und der Kirchenordnung stand ihr in der sog. Genfer Bibel (in französischer Übersetzung von P. R. Olivétan, einem Vetter Calvins, gedruckt bei P. de Vingle in Neuchâtel 1535) ein der Lutherbibel vergleichbares Rüstzeug zur Verfügung, oft mit Anhängen versehen für den gottesdienstlichen und häuslichen Gebrauch. Und von größter Bedeutung war das nahezu gleichzeitige Entstehen eines einheitlichen Gesangbuches der Psalmen, des sog. Hugenottischen Psalters (Marot).

Für das Jahr 1561 wurden 2150 evangelische Gemeinden gezählt mit etwa 3 Millionen Seelen bei einer Gesamtbevölkerung von 20 Millionen.[14] „Zu Beginn der sechziger Jahre schien Frankreich zum evangelischen Glauben übergehen zu wollen.“[15] Der bemerkenswerte Anteil von Angehörigen des hohen Adels unter den Hugenotten bildete ein zusätzliches richtungweisendes Element, zumal nach dem plötzlichen Tod König Heinrichs II. 1559 nach einer Verwundung im Turnier sich auch die innenpolitische Situation deutlich verschob.

11 Text in: Bekenntnisschriften und Kirchenordnungen der nach Gottes Wort reformierten Kirche, a. a. O., 65–75, deutsch in: Reformierte Bekenntnisschriften und Kirchenordnungen, a. a. O., 109–121; Bekenntnisse der Kirche, Bekenntnistexte aus zwanzig Jahrhunderten, hg. v. *H. Steubing*, Wuppertal 1970, 123–133. S. ferner: *H. Jahr*, Studien zur Überlieferungsgeschichte der confession de foi von 1559, Neukirchen 1964 = Beiträge zur Geschichte und Lehre der reformierten Kirche 16.

12 Text in: Bekenntnisschriften und Kirchenordnungen, a. a. O., 75–79; deutsch in: Reformierte Bekenntnisschriften und Kirchenordnungen, a. a. O., 122–126.

13 Siehe CR 37, Opp. Calvini 9, 731–752.

14 S. ARG 62(1971), 249.

15 *O. E. Strasser-Bertrand*, Die evangelische Kirche in Frankreich, a. a. O., 143.

E DER FORTGANG DER REFORMATION IN DEN NIEDERLANDEN

Trotz der frühen Anfänge einer reformatorischen Bewegung in den Niederlanden kam es doch erst verhältnismäßig spät zur Herausbildung eines reformatorischen Kirchenwesens. Das hat verschiedene Gründe. Die frühen Anfänge[1] mit den ersten Märtyrern auf reformatorischer Seite, den Augustiner-Mönchen Voss und Esch (am 1. Juni 1523 in Brüssel verbrannt), waren Einzelaktionen und noch ohne größere Ausstrahlung. Einzelne entzogen sich der Verfolgung durch die Flucht. Zu Gemeindebildungen kam es nicht. Außerdem zeigten sich schon sehr bald dogmatisch abweichende Tendenzen (Cornelius Hoen). 1529 stellte ein kaiserlicher Erlaß – die Niederlande waren seit 1478 durch Heirat Eigentum der Habsburger, Karl V. war hier aufgewachsen – das Verbreiten und Lesen reformatorischer Schriften sowie die Teilnahme an evangelischen Versammlungen unter Todesstrafe.

Zu einer wirklichen Bewegung kam es erst im Zusammenhang mit der täuferischen Bewegung (Melchior Hoffman)[2]. Dieser gelang es ziemlich schnell, einzelne Gruppen zu bilden, die dann an den Ereignissen in Münster einen hohen Anteil hatten: Jan Matthys kam aus Haarlem, Jan Bockelson aus Leiden. Ganze Gruppen niederländischer Täufer füllten die Lücken, die durch den Wegzug von Gegnern der Täufer aus der Stadt dort entstanden waren. Die Belagerung Münsters fand in den Niederlanden in erregten Bewegungen (Zug der „3000 Kinder Israels" über den Zuidersee) ein besonderes Echo. Nach der Katastrophe von Münster 1535 traten neue Persönlichkeiten in den Vordergrund: David Joris und Menno Simons (1492–1559), denen es gelang, die Täuferbewegung durch die fortdauernden Verfolgungen hindurchzusteuern. Simons verkündete das Ideal einer an biblischen Vorbildern ausgerichteten Gemeinde, geleitet vom Heiligen Geist, wehrlos und abgewandt von der Welt ein einfaches Leben führend.

Erst in den vierziger und fünfziger Jahren begann sich das Bild unter dem Einfluß unterschiedlicher Kräfte neu zu beleben. Einerseits drang von Frankreich her, wiederum begünstigt durch die mit den südlichen niederländischen Regionen gemeinsame Sprache, allmählich calvinistisches Gedankengut auch in den niederländischen Raum ein und fand in den durch die täuferischen Einflüsse vorgeprägten Kreisen einen guten Nährboden. Calvin selber wandte sich an seine „Landsleute"[3] mit verschiedenen Schriften gegen die Täufer, die „Libertiner" und die „Nikodemiten".[4] 1545 wurde Pierre Brully, der im Jahr zuvor aus Straßburg nach Tournai gekommen war, verbrannt. Von besonderer Bedeutung wurde das Wirken Guy de Brés' als Prediger u. a.

---

1 Vgl. Luthers „Sendbrief an die Christen in den Niederlanden" (1523), WA 12,(73)77–80, sowie sein Lied „Ein neues Lied wir heben an", WA 35,(91)411–415.

2 Zu Melchior Hoffman s. o. 65f.

3 Calvin bezeichnete sich selber gelegentlich als Belgier, obwohl er in Noyon, nördlich von Paris, geboren war. Seine Mutter aber stammte aus Cambrai, und seine Frau war in Lüttich geboren.

4 Excuse à messieurs les Nicodemites sur la complaincte qu'ilz font de sa trop grand rigueur (1544), CR 34, Opp. Calvini 6, 589–614; Brieve instruction pour armer tous bons fideles contre les erreurs de la secte commune des Anabaptistes (1544), CR 35, Opp. Calvini 7, 45 bis 142; Contre la secte phantastique et furieuse des Libertins qui es nomment spirituelz (1545), ebd. 145–248, vgl. ebd., 341–364.

in Lille, Antwerpen und Tournai. Auch er hatte längere Zeit bei Calvin in Genf geweilt. Er war der Hauptverfasser der sog. Confessio Belgica, die 1561 in starker Anlehnung an die Confession de foi von 1559 entstand zur Verteidigung gegenüber dem Verdacht umstürzlerischer und täuferischer Tätigkeit. Wenig später erschien bereits eine holländische Übersetzung,[5] 1563 auch eine Übersetzung des Heidelberger Katechismus.

Die inquisitorischen Maßnahmen vermochten, je länger, um so weniger dagegen auszurichten. 1550 wurde der Erlaß von 1529 erneuert, doch trat jetzt eine zweite Kraft wirksam in Erscheinung, die der reformatorischen Bewegung in den Niederlanden ihr eigentümliches Gepräge gab: die politische Opposition. Auf dem Augsburger Reichstag 1548 hatte Karl V. es durchgesetzt, daß die Niederlande als „burgundischer Kreis" einen selbständigen Status erhielten, jedoch mit dem Ziel, sie dadurch noch enger an das spanische Staatswesen anzugliedern. Sein Nachfolger Philipp II. (1556–1598, seit 1555 schon Statthalter der Niederlande) fügte dem eine neue Kirchenverfassung hinzu (1559), die ihm selber ein hohes Maß an Mitsprache auch in kirchlichen Angelegenheiten, besonders in der Stellenbesetzung, einräumte. Gegen die sich darin aussprechenden Hegemoniebestrebungen und weitere Versuche einer politischen Zentralisation bildete sich bald eine breite Oppositionsbewegung aus allen Ständen, die jene politischen Maßnahmen ebenso ablehnten wie die scharfe Verfolgung der reformatorischen Bewegung. So kam es schnell zu einer charakteristischen Verquickung reformatorischer und patriotischer Ziele, zumal sich der hohe Klerus als ein gefügiges Werkzeug in der Hand der Regenten erwies.

1559 hatte Philipp II. seiner Halbschwester Margarete von Parma die Statthalterschaft übertragen. Ihr erster Berater war der Erzbischof von Mecheln, Kardinal Granvella. Ihnen standen gegenüber vor allem der Provinzialstatthalter von Holland, Seeland und Utrecht, Wilhelm von Nassau-Oranien, ferner der Statthalter von Flandern, Graf Lamoral von Egmont, sowie der Admiral Philipp Graf von Hoorne. Sie erreichten zwar, daß Granvella 1564 gestürzt wurde, doch wurden im Oktober 1565 in neuen königlichen Edikten die Ketzergesetze noch verschärft, und zugleich wurde die Durchsetzung der Beschlüsse des Trienter Konzils mit Hilfe der Inquisition angeordnet.

Erst jetzt kam es zu einer eigentlichen Bewegung. Als Antwort auf die neuen königlichen Gesetze bildete sich im Oktober 1565 ein Adelsbund (Philipp von Marnix, Ludwig von Nassau). Im April 1566 zogen etwa 600 Edelleute vor das Schloß der Statthalterin, um eine Bittschrift zu übergeben. Durch das Tragen von Bettlerkleidung sollte die Eindringlichkeit ihres Verlangens noch besonders unterstrichen werden, und das gab ihnen im Munde ihrer Gegner auch sogleich einen Namen: „Geusen" (= Bettler). Konkrete Ergebnisse wurden freilich nicht erzielt, dennoch griff die Bewegung um sich. Viele Flüchtlinge kehrten jetzt aus ihrem Exil zurück.[6] Offen wurde im reformatorischen Sinne gepredigt („Heckenpredigten" unter freiem Himmel). Schon im

5 Ecclesiarum Belgicarum Christiana atque Orthodoxa Confessio, Summam doctrinae de Deo, et aeterna animarum salute, complectens. Text (in der lateinischen Form der Dortrechter Synode von 1619, woher auch dieser Titel stammt) in: Bekenntnisschriften und Kirchenordnungen, a. a. O., 119–136. Der originale Titel war französisch: La confession de Foy.

6 Vgl. dazu zuletzt *H. Schilling*, Niederländische Exulanten im 16. Jahrhundert, Gütersloh 1972 = SVRG 187 (Lit.).

August setzte ein Bildersturm ein. Gewaltsam wurden katholische Kirchen für den calvinistischen Gottesdienst „gereinigt".
Damit zerbrach jedoch die aus so verschiedenen Elementen sich zusammensetzende Opposition. Nicht nur die Katholiken rückten jetzt von ihren bisherigen Bundesgenossen ab, auch die mehr lutherisch Bestimmten protestierten. Wilhelm von Oranien zog sich zurück. Der Bund der Geusen bestand nicht mehr. Eine neue Welle der Verfolgung setzte ein. In Valenciennes erlitt der Prediger de Brés den Märtyrertod. Im Sommer 1567 zog Herzog Alba als Generalbevollmächtigter des Königs in Brüssel ein.

F DIE REFORMATION IN ENGLAND UND SCHOTTLAND

Die Reformation in *England* unterscheidet sich grundlegend von der in allen anderen europäischen Ländern:
Sie stellte einen Prozeß dar, der sich über mehrere Jahrzehnte erstreckte. Bei großzügiger Rechnung werden sogar die drei Jahrhunderte zwischen dem Auftreten John Wyclifs (1378) und der Wiedererrichtung der Bischöflichen Kirche 1662 genannt. Im engeren Sinne muß immerhin noch der Zeitraum von 1530–1571 einbezogen werden. Ausschlaggebender Faktor war nicht eine religiöse Bewegung, sondern der Wille des Königs Heinrich VIII., der aus persönlichen Interessen den Bruch mit Rom vollzog. Dadurch, daß er die Kirche an sein königliches Amt band, stellte er die Weichen für die weitere Entwicklung von vornherein in Richtung auf eine Staatskirche, deren Charakter wesentlich vom König abhängen mußte.
Die Kirche, die daraus und dann freilich nicht ohne Zusammenhang mit der Reformation auf dem europäischen Festland hervorging, behielt ein völlig anderes Gesicht als die reformatorischen Kirchen dort.
Im einzelnen lassen sich in den engen Grenzen der eigentlichen Reformation deutlich mehrere Phasen unterscheiden, die jeweils durch den Wechsel auf dem Königsthron bestimmt werden.
Die erste Phase ist die der Maßnahmen König Heinrichs VIII. (1509–1547). Im Jahre 1521 hatte er sich persönlich im Kampf gegen Luther engagiert. Mit seinem Buch „Assertio Septem Sacramentorum" (gegen Luthers „De captivitate Babylonica praeludium"), das Luther mit der polemischen Antwort „Contra Henricum Regem Angliae" bedachte,[1] verdiente er sich die päpstliche Auszeichnung als „Defensor fidei". Nichtsdestoweniger aber drang auch in seinem Reich Luthers Gedankengut vor, wie auch sonst nicht zuletzt begünstigt durch Vertreter des humanistisch aufgeklärten Reformkatholizismus sowie durch Nachkommen bzw. Überlebende der englischen Lollarden, die in der Nachfolge John Wyclifs standen.[2] Lutherische Schriften gelangten schon vor 1520 nach England. Es bildeten sich Gruppen von Geistlichen, von denen die in Cambridge am bekanntesten wurde besonders dadurch, daß dieser Kreis bereits in der ersten Hälfte der zwanziger Jahre maßgeblich an der Schaffung einer englischen Bibelübersetzung – z. T. in Anlehnung an Luther und unter Zugrundelegung des griechischen Neuen Testaments von Erasmus – beteiligt war (Tyndale 1524 in Wittenberg, erster Druck seiner Übersetzung des NT 1525 in Köln und Worms).

1 Siehe WA 6,494f.; 10 II,(175)180–222 (lateinisch), (222) 227–262 (deutsch).
2 Vgl. *M. Kaňák*, Der Ketzer von Oxford. Leben und Wirkungen John Wiclifs, Berlin 1977, bes. 65–78.

Der eigentliche Anstoß für eine Umgestaltung der Kirche, wie sehr diese auch von jenen durchaus lutherisch zu nennenden Strömungen unterschieden werden muß, erfolgte jedoch vom König selber. Wiederum begünstigt durch eine vorwiegend beim Adel und in den Städten nachweisbare antiklerikale Grundströmung, benutzte Heinrich die Ablehnung seines Wunsches, von seiner Frau Katharina von Aragon, einer Tante Kaiser Karls V., nach zweiundzwanzigjähriger Ehe geschieden zu werden, dazu, die englische Kirche von Rom zu trennen und sich selber durch die Geistlichkeit und danach mit einer Reihe von Parlamentsbeschlüssen an die Spitze einer englischen Nationalkirche setzen zu lassen: 1531 erreichte er die Anerkennung als „Schutzherr und Oberstes Haupt der englischen Kirche und Geistlichkeit". Die „Act of Supremacy" von 1534 unterstrich ausdrücklich die Vollmacht des Königs, Lehre zu definieren und Irrlehren zu bestrafen.[3] 1535 wurden zwei prominente Gegner des königlichen Vorgehens, Bischof J. Fisher und Lordkanzler Thomas More[4], hingerichtet. Zwischen 1535 und 1539 wurden darüber hinaus mehr als 2000 Klöster aufgelöst, ihre Güter zugunsten der Krone und des Adels eingezogen. Eigentlich reformatorisch im theologischen Sinne waren alle diese Maßnahmen jedoch nicht, obwohl die beiden reformatorisch gesinnten engsten Mitarbeiter Heinrichs, der neue Minister Thomas Cromwell und Erzbischof Cranmer[5], darum bemüht waren, Brücken zu schlagen.

So blieben auch die schon 1531 aufgenommenen Verbindungen mit dem Schmalkaldischen Bund und Wittenberg im politisch-theologischen Zwielicht. Das betrifft schon die mehrmalige, aber freilich erfolglose Einladung an Melanchthon zu einem Besuch in England. Das betrifft ferner die Verhandlungen englischer Gesandter (Barnes, Mont und Vaughan) in nordischen Hansestädten sowie auch in Wittenberg und mit führenden Vertretern des Schmalkaldischen Bundes ebenfalls seit 1531. Das betrifft vor allem aber auch die theologischen Verhandlungen einer offiziellen englischen Delegation (Bischof Fox, Archdeacon N. Heyth und Barnes) in Wittenberg 1535/1536, die zur Abfassung der sog. Wittenberger Artikel von 1536 führten.[6] Denn diese Artikel erlangten ebensowenig Bedeutung wie das Ergebnis der wenig später folgenden Verhandlungen einer Wittenberger theologischen Gesandtschaft (Myconius) in England noch einmal über diese Artikel und die Confessio Augustana, die „Dreizehn Artikel" von 1538, denen der König ebenfalls seine Zustimmung verweigerte. Nur indirekt konnten sich diese Bemühungen doch auswirken: In den „Zehn Artikeln" der „Convocation", der Synode der Bischöfe und Vertreter der Geistlichkeit, von Canterbury 1536, dem ersten „offiziellen Lehrdokument der Heinrichs Suprematie unterstellten

3 S. KTGQ 3, 260f.

4 *G. R. Elton*, Thomas More, GKG 5,89–103.

5 *G. R. Elton*, Art. „Cranmer, Thomas (1489–1556)", TRE 8 (1981), 226–229.

6 Die Wittenberger Artikel von 1536, lateinisch und deutsch zum ersten Male herausgegeben von *G. Mentz*, Leipzig 1905, repr. Darmstadt 1968 = Quellenschriften zur Geschichte des Protestantismus 2; *M. Keller-Hüschemenger*, Eine lutherisch-anglikanische Konkordie: Die Wittenberger Artikel von 1536, KuD 22(1976), 149–161. Zur besonderen Rolle, die Robert Barnes in dieser Phase innehatte, siehe besonders: The Reformation Essays of Dr. Robert Barnes, ed. by *N. S. Tjernagel*, St. Louis 1963; *C. S. Anderson*, The person and position of Dr. Robert Barnes, 1495–1540. A study in the relationship between the English and the German reformations, City of New York, Union Theol. Seminary, theol. Diss. 1962; *R. Glen Eaves*, The reformation thought of Dr. Robert Barnes, Lutheran chaplain and ambassador for Henry VIII., Lutheran Quarterly 28(1976), 156–165.

englischen Kirche"[7], und dann auch in dem katechismusartigen Glaubensbuch, dem sog. „Bishop Book" von 1537, das zwar gedruckt wurde, doch ohne königliche Billigung blieb.
Denn während die Kontakte zum Schmalkaldischen Bund – zumindest partiell mit dem Ziel unterhalten, sich direkt dem Bündnis anzuschließen – schließlich doch nur dazu dienten, sich außenpolitisch abzusichern, versuchte der König zugleich, theologisch alles beim alten zu lassen. Dazu dienten 1539 die „Act of Six Articles", die die traditionelle Lehre von der Transsubstantiation, der Communio sub una specie, dem Zölibat, den Keuschheitsgelübden, Privatmessen und der Ohrenbeichte neu und unter Androhung von Strafen einschärfte, sowie 1543 das „King's Book", das dieselbe Linie noch weiter auszog, z. B. in der Rechtfertigungslehre. Zu den Opfern, die das weitere Vorgehen des Königs forderte, gehörte auch Robert Barnes, der 1540 als Ketzer verbrannt wurde.[8]
Die zweite Phase der englischen Reformation begann mit der Thronbesteigung des jungen Eduard VI. (1547–1553) und brachte jetzt sehr bald weitreichende reformatorische Maßnahmen. An ihrer Spitze steht, auch zeitlich, das Erscheinen des „Book of Common Prayer", Pfingsten 1549, geschaffen von Cranmer unter Mitarbeit zahlreicher ausländischer Reformatoren (Bucer, Vermigli, Laski), die der unglückliche Ausgang des Schmalkaldischen Krieges vom Festland vertrieben hatte und die nun wesentlich dazu beitrugen, daß sich im Gesicht der sich herausbildenden anglikanischen Kirche deutlichere Züge der oberdeutschen Reformation abzeichneten als der Luthers.[9] Mit diesem Buch sollten auf einmal und sofort sämtliche Gottesdienstordnungen im reformatorischen Sinne neu geregelt werden. Doch gelang es erst in der zweiten Ausgabe von 1552, besonders in der Abendmahlsliturgie, noch bestehende Zweideutigkeiten auszumerzen. Diese Reform des Gottesdienstes wurde auf dem Gebiet der Lehre ergänzt durch die „Zweiundvierzig Artikel" von 1553, welche die „Dreizehn Artikel" von 1538 wieder aufnahmen. „Über diese Brücke fanden die Inhalte fast aller Lehrartikel der ‚Confessio Augustana' Eingang in die Formulierungen der 42 Artikel."[10]
Eduards früher Tod brachte jedoch einen schweren Rückschlag: eine dritte Phase. Denn die Thronnachfolge trat die Tochter Heinrichs und der Katharina, Maria, an (1553–1558), die im Gegensatz zu ihrem Bruder eindeutig katholisch eingestellt war und, diesen Standpunkt gleichsam bekräftigend, ein Jahr nach der Thronbesteigung den spanischen Thronfolger Philipp II. heiratete. In raschem Zugriff hob sie die bisherigen reformatorischen Maßnahmen auf, führte die Messe wieder ein und stellte die Einheit der Kirche mit Rom wieder her. Das Parlament erneuerte die alten Ketzergesetze. Erzbischof Cranmer, an dessen Stelle R. Pole trat (der nun auch wieder als Legat des Papstes fungierte), wurde zusammen mit fast 300 weiteren Märtyrern hingerichtet, eine weitaus größere Anzahl prominenter Vertreter der Reformation flüchtete auf das europäische Festland. Doch konnten in den lediglich fünf Jahren der Regierung Marias keine durchgreifenden gegenreformatorischen Wirkungen erzielt werden. Als Maria bereits im November 1558 starb, hinterließ sie im Grunde wenig mehr als Trümmer. Ihre anfängliche Popularität war schnell zerronnen.

---

7 *G. Gassmann*, Die Lehrentwicklung im Anglikanismus, a. a. O., 358.
8 Vgl. die Vorrede Luthers zu seinem Bekenntnis, WA 51, (445) 449–451.
9 Vgl. *G. R. Elton*, England und die oberdeutsche Reform, ZKG 89(1978), 3–11.
10 *G. Gassmann*, Die Lehrentwicklung im Anglikanismus, a. a. O., 370.

Der endgültige Durchbruch der Reformation in einer vierten Phase geschah dann unter der Regentschaft Elisabeths I. (1558–1603), einer Halbschwester Marias, der Tochter Heinrichs VIII. aus seiner Ehe mit Anna Boleyn (geboren 1533). Das Parlament stellte im wesentlichen wieder die Verhältnisse her, wie sie unter Eduard VI. bestanden hatten: Es erging eine neue Suprematsakte, das Book of Common Prayer von 1552 wurde wieder eingeführt, die Bischofstühle wurden neu besetzt und mit ähnlichen Methoden, wie vordem unter Maria das katholische, jetzt das anglikanische Bekenntnis durchgedrückt, wozu freilich auch Einwirkungen von außen beitrugen (Bulle Pius' V. „Regnans in Excelsis" 1570, welche die Regierung Elisabeths für ungültig erklärte und die Untertanen von ihrer Treuepflicht entband). Von abschließender Bedeutung war die Überarbeitung der „Zweiundvierzig Artikel" zu den nun 39 „Articles of Religion" 1571, womit dann auch die Lehrentwicklung des Anglikanismus zu einem gewissen Höhepunkt gelangt war.[11]

Die reformatorische Bewegung in *Schottland*[12] begann nach einer verhältnismäßig langen Zeit der Vorbereitung durch Infiltrierung lutherischen Schrifttums (über Aberdeen, St. Andrews, Leith, vgl. die Verbote des Parlaments 1525, 1527, 1535 und noch einmal 1543) mit dem Märtyrertod des jungen Gelehrten Patrick Hamilton in St. Andrews am 29. Februar 1528. Nach Studien in Paris und Löwen hatte er 1525 erstmalig in St. Andrews im Sinne Luthers zu lehren begonnen, sich aber bald den Nachstellungen durch die Flucht auf den Kontinent entziehen müssen. Er besuchte Wittenberg, begab sich an die Universität Marburg und kehrte 1527 nach Schottland zurück, um wiederum Luthers Lehre zu verbreiten. Sein Tod konnte jedoch die beginnende Bewegung nicht mehr aufhalten. Besonders unter Angehörigen des niederen Adels, den Grundbesitzern, unter Juristen und Kaufleuten gewann sie rasch eine einflußreiche Anhängerschaft und erst über diese dann auch in weiteren Kreisen der Bevölkerung (drei Brüder Wedderburn in Dundee).

Mit dem Anschwellen der Bewegung wuchs aber auch die Verfolgung. Zahlreiche Anhänger wandten sich nach Deutschland, wo eine Reihe von ihnen an einflußreicher Stelle dem Reformationswerk Luthers dienten: Alexander Alesius (1500–1565), früher Domherr in St. Andrews, der nach zeitweiligem Aufenthalt in Wittenberg alte Sprachen in Cambridge lehrte, dann aber Professor in Frankfurt (Oder) wurde und schließlich in Leipzig lebte. Durch einen der Brüder Wedderburn wurde eine Sammlung von Psalmen, Liedern und religiösen Gedichten veröffentlicht, teilweise direkte Übersetzungen von Gedichten und Liedern Luthers.

Die Notwendigkeit einer größeren Geschlossenheit angesichts der strengen Verfolgung bewirkte dann den Übergang vom Luthertum zum Calvinismus. An dessen Anfang steht Georg Wishart. Nach Aufenthalt in der Schweiz und in Straßburg lehrte er zwei Jahre in Schottland, bis er 1546 den Märtyrertod erlitt. Er gründete sich auf das Lehrgut, das er in der Schweiz gelernt hatte (Römerbriefkommentar Calvins). Sein direkter Schüler war John Knox (um 1505–1572), der eigentliche Reformator Schottlands. Seine führende Rolle in der schottischen Reformation begann damit, daß er sich

11 Corpus Confessionum XVII,1,1937,374–403, danach auch in: Bekenntnisse der Kirche, Bekenntnistexte aus zwanzig Jahrhunderten, hg. v. *H. Steubing*, Wuppertal 1970,(238) 239 bis 248; auch in: KTGQ 3,262–265 (Auszüge).

12 Vgl. auch *J. H. Baxter*, Luthers Einfluß in Schottland im 16. Jahrhundert, LuJ 25(1958), 99 bis 109.

den adligen Verschworenen anschloß, die noch 1546 den Kardinal-Primas Beaton ermordet und sich in dessen Schloß St. Andrews verschanzt hatten, und von ihnen als einer Gemeinde zum Prediger wählen ließ. Doch nach einem Jahr erlag der Widerstand den französischen Hilfstruppen. Knox wurde zusammen mit anderen auf eine französische Galeere gebracht. Erst 1549 erlangte er die Freiheit zurück und kam nach England, wo er an verschiedenen Orten im Dienste der Reformation wirkte. Nach der Thronbesteigung Marias „der Katholischen" wich er 1554 nach Genf aus und wurde Prediger der englisch-französischen Flüchtlingsgemeinde in Frankfurt (Main). Obwohl er diesen Dienst nur wenige Monate versehen konnte (vor den Nachstellungen Karls V. mußte er schon im März 1555 die Stadt wieder verlassen), reichte die Zeit doch aus, um seine besondere puritanische Prägung, die später dann im englischen Raum zur direkten konfessionellen Spaltung führen sollte, schon deutlich werden zu lassen. Von Frankfurt aus wandte er sich wieder nach Genf und kehrte von dort nach Schottland zurück, wo er in Adelskreisen für die Reformation tätig wurde. Doch bereits nach knapp einem Jahr, im Spätsommer 1556, ging er noch einmal nach Genf, wo ihn die englische Flüchtlingsgemeinde zum Prediger gewählt hatte. Dort verfaßte er seine scharfe Streitschrift gegen die Regentschaft der zwei Marias in England und Schottland, „Trompetenstoß gegen das monströse Weiberregiment" (1558). 1559 kehrte er dann aber endgültig nach Schottland zurück.

Dort hatten sich, nicht ohne Einwirkung von Knox, die evangelischen Adligen 1557 zu einem formellen Bund zusammengeschlossen, der ihn vor den Nachstellungen der Regentin, Maria von Guise, der Mutter von Maria Stuart, zu schützen wußte. Unter Einwirkung der Predigt von Knox und anderer kam es verbreitet zum Sturm auf die Kirchen sowie zu einem regelrechten Aufstand des Adels gegen die Regentin. Mit Hilfe englischer Unterstützung wurde sie für abgesetzt erklärt. Die in Schottland stehenden Truppen Franz' II. von Frankreich (des Gatten von Maria Stuart) wurden zum Abzug gezwungen, und die französischen Unterhändler auf seiten der Regentin, die kurz zuvor gestorben war, willigten am 8. Juli 1560 in einen Vertrag, nach dem am 1. August das Parlament in Edinburgh neu zusammentreten und auch über Religionsfragen entscheiden sollte. Dies geschah am 17. August durch die Annahme einer Bekenntnisschrift, die als „Confessio Scoticana" zur Grundlage der jetzt durchgreifenden Reformation in Schottland wurde.[13] Knox – inzwischen Prediger an St. Giles in Edinburgh – hatte entscheidenden Anteil an ihrer Abfassung. Er entwarf auch die Kirchenordnung, das „Book of Disciplin", die von der Generalsynode im Dezember beschlossen wurde. Obwohl die Königin Maria Stuart, die nach dem Tod ihrer Mutter und ihres Gatten Franz II. (Dezember 1560) im Sommer 1561 nach Schottland zurückgekehrt war, dem allen nicht zustimmte, mußte sie doch die Reformation gewähren lassen.

13 „Confessio fidei et doctrinae", englisch und lateinisch in: Bekenntnisse und Kirchenordnungen der nach Gottes Wort reformierten Kirchen, a. a. O., (79) 82/83—116/117; deutsch in: Reformierte Bekenntnisschriften und Kirchenordnungen, a. a. O., (127) 129–151 (mit dem Nachtrag der sog. Confessio negativa von 1581).

Kapitel 11
Die katholische Reform und das Konzil von Trient

Die früheste und wichtigste Erfahrung der beginnenden reformatorischen Bewegung war, daß sich ihr sofort und kompromißlos fast übermächtige Gegenkräfte in den Weg stellten. Diese verhinderten, daß die Bewegung zum Anliegen der Kirche als ganzer wurde, das heißt, zu ihrem eigentlichen Ziel der Reformation der gesamten Kirche an Haupt und Gliedern führte, und bewirkten, daß die ganze Epoche zu einem „Zeitalter der Glaubenskämpfe" wurde. Päpste, Bischöfe und Theologen, Reichsstände, Magistrate und Universitäten bildeten oft eine unheilige Allianz des theologischen Unverständnisses, der Uneinsichtigkeit und des bloßen Sichklammerns an die Macht. Und nach altem Ketzerrecht folgte der theologischen Bestreitung und kirchlichen Verurteilung oft der Einsatz weltlicher Machtinstrumente, um das Überkommene zu konservieren. 1523 brannten die ersten Scheiterhaufen.

Trotzdem wäre es ein zu einfaches Schema, die kirchengeschichtliche Situation lediglich durch das Gegeneinander von „Reformation" und „Gegenreformation" bestimmt zu sehen. Mit Recht wurde darauf hingewiesen, daß daneben in derselben Kirche Kräfte am Werk waren, die nicht nur beharrend offenbar Überlebtes und sogar Verdorbenes bewahren und verteidigen wollten, sondern positiv auf Erneuerung ausgerichtet waren, die in ihrem Grundanliegen also durchaus der reformatorischen Bewegung vergleichbar waren, um ihres eigenständigen Weges aber auch schon terminologisch von der „Reformation" einerseits und der „Gegenreformation" andererseits abgehoben zu werden verdienen. Für sie hat sich seit geraumer Zeit die Bezeichnung „katholische Reform" durchgesetzt.[1]

A KRÄFTE UND ANSTÖSSE EINER KATHOLISCHEN REFORM

1. Die Reformbedürftigkeit der Kirche

Daß die Kirche zu Beginn des 16. Jahrhunderts in einem bisher nie dagewesenen Maße reformbedürftig war an Haupt und Gliedern, war nicht nur eine Erkenntnis Martin Luthers und der anderen späteren Reformatoren und der Kräfte, die sich ihrer Predigt öffneten und ihrer Bewegung anschlossen.[2] Papst Hadrian VI. sprach es in seiner berühmten Instruktion an den Legaten Chieregati für den Nürnberger Reichstag von 1522 unumwunden aus:

---

1 Vgl. *H. Jedin*, Katholische Reform oder Gegenreformation?, Luzern 1946, gekürzt auch in: Concilium Tridentinum, a. a. O., 46–81; *K. D. Schmidt*, Katholische Reformation oder Gegenreformation, Lüneburg 1957, sowie die Diskussion der verschiedenen Ansätze bei *K. D. Schmidt*, Die katholische Reform und die Gegenreformation, a. a. O., 4–6.

2 Einen guten Überblick bietet *E. Iserloh*, Luther und die Reformation, Beiträge zu einem ökumenischen Lutherverständnis, Aschaffenburg 1974 = Der Christ in der Welt, Reihe 11, Bd. 4, bes. Kap. 1: Die Ursachen der Reformation, 7–27.

„Nos ingenue fateri, quod Deus hanc persecutionem ecclesiae suae inferri permittit propter peccata hominum, maxime Sacerdotum et Ecclesiae Praelatorum ... Scimus in hac sancta sede aliquot iam annis multa abominanda fuisse, abusus in spiritualibus, excessus in mandatis, et omnia denique in perversum mutata. Nec mirum si aegritudo a capiti in membra, a summis Pontificibus in alios inferiores Praelatos descenderit. Omnes nos (id est Praelati) et Ecclesiastici declinavimus, unusquisque in vias suas, nec fuit iamdiu, qui faceret bonum ...“[3]

15 Jahre später, 1537, bekräftigte und explizierte eine Kardinalskommission im Hinblick auf die Konzilsausschreibung nach Mantua dasselbe auf ihre Weise in einer langen Liste von Mißbräuchen.[4]
Das Verlangen nach einer Reform war auch längst nicht mehr neu. Das 15. Jahrhundert war die Ära der Reformkonzile. Als ihr letztes hatte auch das von 1512 bis 1517 in Rom als V. Laterankonzil tagende 18. Allgemeine Konzil die Reform der Kirche zum Hauptthema. Dafür gab es genügend Anregungen und Ansätze, und es wurden auch Reformdekrete erlassen. Sie betrafen fast durchweg disziplinarische Angelegenheiten und blieben ohnehin ohne praktische Bedeutung. Die eigentlichen Probleme, die theologischen Grundfragen, wurden nicht aufgegriffen, geschweige denn gelöst, wahrscheinlich nicht einmal gesehen.[5] Dazu bedurfte es einer Reform von innen, getragen von Kräften, die nicht in gleicher Weise kompromittiert waren wie die Träger dieser Erlasse, sondern eine innere Substanz aufwiesen und auch neu zu formulieren vermochten, worum es eigentlich gehen mußte in Glauben und Kirche.
Über die Wurzeln und Quellen, aus denen sich die katholische Reform dann – neben der reformatorischen Bewegung – speiste, besteht noch keine letzte Klarheit.[6] Hingewiesen wird auch hierfür auf die beiden großen geistigen Bewegungen der Zeit, die Devotio moderna und den Humanismus, auf Strömungen also, die auch für Luther und die Reformation von grundlegender Bedeutung waren, sich dort aber in anderer Weise auswirkten und die Kräfte in andere Richtungen lenkten als hier. Und als ein drittes, zumindest verstärkendes Element tritt dann natürlich die Nötigung von seiten der Reformation hinzu, nicht bei der bloßen Abwehr stehenzubleiben, sondern selber aus eigener Kraft, aus eigenen Möglichkeiten und mit eigenen Mitteln der alten Forderung nach der Reform der Kirche nachzukommen, nicht zuletzt auch, um der Reformation eine gleichsam positive Antwort entgegenzustellen.

2. *Italien, Spanien, Deutschland*

In *Italien* entstand unter deutlich humanistischem Einfluß ein ganzes Netz einflußreicher Persönlichkeiten, die in bewußter Besinnung einerseits auf die Grundlagen in der Bibel und auf die Kirchenväter (Augustin) und andererseits auf die Aufgaben der Kirche in Diakonie, Seelsorge und Liturgie in ihren Bereichen für erste Erneuerungen sorgten, teilweise auch schon in Wahrnehmung übergreifender Funktionen für eine größere Ausbreitung der Reformarbeit wirkten.

Dazu gehörte der Laie, spätere Kardinal und päpstliche Nuntius *Contarini* († 1542), „unter Paul III. die Seele und das Gewissen der katholischen Reform“ *(H. Jedin)*. Er gehörte zu der

3 *C. Mirbt/K. Aland*, Quellen 1,516.
4 Ebd., 530–537.
5 Vgl. *H. Jedin*, Geschichte des Konzils von Trient, a. a. O., 1,93–110.
6 Vgl. *K. D. Schmidt*, Die katholische Reform und die Gegenreformation, a. a. O., 8–10.

Kommission, die 1537 das „Consilium de emendanda ecclesia" vorlegte. Als Legat des Papstes auf dem Religionsgespräch in Regensburg war er ehrlich darum bemüht, zu einer theologischen Verständigung mit den Vertretern der Reformation zu gelangen. Aus seiner Feder stammt (1517!) ein „Bischofsspiegel", dessen Leitbild schon bald in verschiedenen Persönlichkeiten Wirklichkeit werden sollte.[7]

Dazu gehörte der Bischof von Verona, *Giberti* († 1543), Berater der Päpste Clemens VII. und Paul III., von diesem auch in jene Kardinalskommission berufen. Er wird als der „erste große Seelsorgsbischof der neuen Zeit" gerühmt, dessen „Wirken das Modell der Trienter Reform" bildete.[8] Seine Reformarbeit galt vornehmlich der Hebung des Niveaus unter dem Klerus (Sonntagspredigt!) und in den Klöstern bei gleichzeitiger sozialer Tätigkeit.

Mitglied der Kommission de emendanda ecclesia war auch der Bischof von Carpentras (bei Avignon), *Sadoleto* († 1547), der sich um Melanchthon und dann auch um Calvin bemühte, wegen seiner irenischen Einstellung aber freilich nicht nur Lob erntete.

Hier zu nennen ist ferner Giampietro *Carafa*, der spätere Papst Paul IV. (1476/1555–1559), zumal wegen seines frühen Eintretens für die Kirchenreform, seines in jener Zeit unerhörten Verzichts auf mehrere Bistümer, einer Reformdenkschrift und nicht zuletzt seines Anteils an der Gründung des Theatiner-Ordens.

Schließlich gehörte auch Gaetano di *Thiene* († 1547) in diesen Kreis, der sich u. a. schon durch besondere sozialdiakonische Aktivitäten einen Namen gemacht hatte, bevor er 1524 den Theatiner-Orden gründete.

Es scheint bezeichnend, daß fast alle hier Genannten direkt oder indirekt der Sphäre des „Oratoriums der Göttlichen Liebe" entstammten, einer von persönlicher Frömmigkeit bestimmten, vornehmlich karitativ wirkenden Bruderschaft, die auf ihre Weise zur Reform der Kirche beitragen wollte.

Damit ist ein Weiteres schon angedeutet: Zeugen eines in der Kirche sich ausbreitenden neuen Geistes und – zumindest teilweise – bald auch Instrumente der weiteren Reform der Kirche waren neben Reformmaßnahmen, die in den schon bestehenden Orden vorangetrieben wurden, eine Reihe von *Orden*, die in der ersten Hälfte des 16. Jahrhunderts neu gegründet wurden.

Aus dem „Oratorium der Göttlichen Liebe" ging 1524 auf Initiative Gaetano di Thienes der Orden der *Theatiner* hervor, so genannt nach Theate (= Chieti), dem Bistum Caraffas, der wesentlichen Anteil an der Gründung hatte. Sein Hauptziel war die religiöse Erneuerung des Klerus. Er wurde zu einer „Pflanzstätte guter Bischöfe" *(Jedin)*.

Wenige Jahre später, 1528, folgte die päpstliche Bestätigung eines dritten autonomen Zweiges der Franziskaner, die *Kapuziner*, denen ihre äußere Erscheinung den Namen gab: Tragen von Kapuze und Bart waren Vorschrift. Eigentlich wollten sie eine Einsiedlergenossenschaft sein unter strenger Bewahrung franziskanischer Traditionen. Selbstheiligung und Apostolat waren die Kennzeichen ihres Wirkens. Aufgrund der großen Resonanz jedoch, die ihnen zuteil wurde, erfolgte schon Mitte der dreißiger Jahre eine Neuorientierung mit besonderer Betonung der Predigt (und entsprechender Studien), wodurch der spätere Einsatz der Ordensmitglieder in der Seelsorge ermöglicht wurde. Neben den Jesuiten spielten die Kapuziner im gegenreformatorischen Einsatz eine besondere Rolle.

Zum „bedeutendsten Männerorden für die Krankenpflege" entwickelten sich die *Barmherzigen Brüder vom Heiligen Johannes von Gott*, gegründet 1540 durch Johannes de Deo in Granada als eine Genossenschaft von Laien.

7 Vgl. *H. Jedin*, Das Bischofsideal der Katholischen Reformation, in: Kirche des Glaubens – Kirche der Geschichte, a. a. O., 2,75–117.

8 Ebd., 87.

Alle diese (und weitere) Gründungen aber werden in den Schatten gestellt durch die Gesellschaft Jesu des Ignatius von Loyola. Mit ihm gewann auch die spezifisch spanische Form der katholischen Reform ein Instrument, das für die Erneuerung der gesamten Kirche von größter Bedeutung werden sollte.

Allerdings waren bereits sehr viel früher wesentliche Impulse für die Reform der Kirche von *Spanien* ausgegangen. Der Befreiungskampf gegen die Mauren (1492 Eroberung von Granada) bewirkte u. a. auch, daß eine sehr viel größere Übereinstimmung zwischen Kirche und Krone hergestellt werden konnte als anderswo, auch darüber, daß die Reform der Kirche ein gemeinsames Anliegen sein müsse (Ferdinand von Aragon, genannt „der Katholische", † 1516, und Isabella von Kastilien, die Großeltern Karls V.). Für das V. Laterankonzil entwickelte eine Kommission, die der König berufen hatte, ein Reformprogramm, das vor allem auf die „reformatio capitis" drängte.

Als maßgebliche Persönlichkeiten ragen zwei Erzbischöfe hervor: Kardinal Francisco Ximenes de *Cisneros* († 1517), Franziskanermönch, Beichtvater und Berater der Königin, dann Erzbischof von Toledo und damit Primas der spanischen Kirche, wird direkt als „Reformator der spanischen Kirche" gerühmt. Er reformierte den Welt- und Ordensklerus, förderte die Wissenschaften (Gründung der Universität Alcalá), die Öffnung für den Humanismus und andererseits auch für die Devotio moderna. Er veranlaßte die Erarbeitung der „Complutenser Polyglotte" der Bibel wie die Übersetzung der „Nachfolge Christi" des Thomas a Kempis ins Spanische.

Ihm zur Seite stand der nach der Rückeroberung des Königreiches erste Erzbischof von Granada, Fernando de *Talavera y Mendoza* († 1507), auch er ein Mönch (Hieronymit) und zeitweilig Beichtvater der Königin. Durch seinen Einsatz (Predigt und Seelsorge, Einrichtungen für die Mission, Volksunterweisung und Priesterausbildung) wurde er „geradezu Vorläufer und Vorbild eines Bischofs der katholischen Reform"[9].

Neben der Universität von Alcalá wurde eine Reihe weiterer Ausbildungsstätten gegründet (Sevilla, Granada, Toledo), bestehende wurden reformiert. Salamanca wurde durch den Dominikaner Francisco de Vitoria († 1546) zum Ausgangspunkt für eine breite Thomas-Renaissance. Vitoria wurde zusammen mit Domingo de Soto zum Begründer der Schule der Salmantizenser, deren Mitglieder auf dem Konzil von Trient Maßgebliches beisteuerten.

Aus dem *deutschen Raume* sind derart markante Persönlichkeiten nicht zu nennen. An reformbedachten Bischöfen (z. B. Bischof Stadion von Augsburg) und Theologen (Cochläus, Witzel, Gropper) hat es freilich auch hier nicht gefehlt, doch war es hier besonders schwer, die eigenen Ansätze einer katholischen Reform so durchzuhalten, daß sie nicht in den Sog der reformatorischen Bewegung gerieten. In den Zusammenhang der katholischen Reform gehört hier – mit einer deutlichen zeitlichen Verzögerung – eine Reihe von Ansätzen zu Teilreformen. In größerer Anzahl fanden Provinzialkonzilien und Diözesansynoden statt.[10] Ihre disziplinären und lehrmäßigen Beschlüsse wurden zwar dann weithin durch die des Trienter Konzils überholt. Sie bereiteten aber den Boden für Weiteres vor, und auf liturgischem Gebiet geschah schon hier

9 *H. Jedin*, Reformation, Katholische Reform und Gegenreformation, Handbuch der Kirchengeschichte 4, a. a. O., 462.

10 S. die Sammlung Concilia Germaniae, ed. *J. F. Schannat*, *J. Hartzheim* et *H. Scholl*, tom. VI, Köln 1765.

Entscheidendes für die Zukunft.[11] Unter den besonders hervorragenden Provinzialkonzilien steht zeitlich wie der Bedeutung nach das von Köln 1536 an der Spitze, für das einer der ersten deutschen Reformtheologen, Johannes Gropper, die Entwürfe lieferte.[12] Hinzuweisen ist ferner auf die Salzburger Provinzialsynode vom Mai 1537[13] sowie dann auf eine Serie ähnlicher Unternehmen aus einer Zeit, als schon das Generalkonzil von Trient eröffnet war, u. a. Salzburg, Mainz und Trier 1549, hinter denen aber nicht zuletzt die kaiserliche Reformnotel von 1548 sowie die Verlegung des Trienter Konzils nach Bologna stand.[14] Der jeweilige praktische Erfolg war jedoch gering. Die beschlossenen Reformmaßnahmen erwiesen sich weithin als undurchführbar.

3. *Ignatius von Loyola und die Gesellschaft Jesu*

Mit dem Orden der *Gesellschaft Jesu* erstand der römischen Kirche das wohl wichtigste Werkzeug ihrer inneren Reform wie dann auch der Gegenreformation. Auf ihn, seine Entstehung und sein Wirken ist auch die freilich allzu formelhafte These zurückzuführen, daß der Geist der katholischen Reform und dann der Gegenreformation kein anderer sei als der Geist Spaniens, der in der ganzen Kirche zur Herrschaft gekommen wäre.

In Gestalt und innerer Struktur war der Orden völlig das Werk eines einzelnen Menschen, Inigo de Onaz y Loyola, der sich später *Ignatius de Loyola* nannte. Ignatius, geboren am 31. Mai 1491 (obwohl einige Quellen auch auf das Jahr 1495 weisen) entstammte einem alten baskischen Geschlecht. Er wurde zunächst Page am Hof des Großschatzmeisters der Königin Isabella, Don Juan Velázquez de Cuéllar, und hat wahrscheinlich auch schon in jungen Jahren die sog. erste Tonsur eines Geistlichen empfangen. Dennoch schlug er einen gänzlich anderen Weg ein. Er wurde Soldat, Offizier, und führte als solcher auch ein standesüblich lockeres Leben. Bei der Verteidigung der Festung Pamplona im ersten Kriege Karls V. gegen Franz I. von Frankreich wurde er 1521 schwer verwundet. Während des langen Krankenlagers auf dem heimatlichen Schloß[15] erlebte er eine regelrechte Bekehrung bei der Lektüre des Lebens Christi und einer Sammlung von Heiligenlegenden, möglicherweise der Vita Christi Ludolfs von Sachsen (spanisch 1502/1503) und der Legenda aurea. Er begann über sein vergangenes Leben nachzudenken und erkannte die Notwendigkeit, dafür Buße zu tun. Er erkannte zudem, daß ihm seine umherschweifenden Gedanken auf die Dauer Mißvergnügen bereiteten, hingegen geistliche Gedanken ihn tröstlich und fröhlich stimmten. Und es erschien ihm, als stünde hinter den einen der Teufel selber, hinter den anderen aber der Geist Gottes. So beschloß er, fortan die Heiligen nachzuahmen, zunächst aber erst einmal eine Wallfahrt nach Jerusalem anzutreten.

Noch bevor seine Verletzungen ganz ausgeheilt waren, machte er sich im Februar 1522 auf den Weg. Im Benediktinerkloster auf dem Montserrat legte er eine Generalbeichte ab, entledigte sich seiner ritterlichen Gewandung und bekleidete sich statt dessen mit

---

11 Vgl. *J. Beumer*, Die Provinzialkonzilien von Mainz und Trier aus dem Jahre 1549 und ihre Bedeutung für die liturgische Reform, Trierer Theol. Zeitschr. 82(1973), 293–303.

12 S. o. 34.

13 S. ARC 2,319–506.

14 S. o. 91, ferner: *J. Beumer*, Das Mainzer Provinzialkonzil aus dem Jahre 1549 und seine Beziehungen zu dem Trienter Konzil, AHC 5(1973), 118–133.

15 Vgl. die Schilderung im „Bericht des Pilgers“, 5–12, a. a. O., 43–49.

einem groben Pilgerrock. Auf Umwegen wollte er nach Barcelona gelangen und von dort auf dem Seewege in das Heilige Land. Doch in Barcelona herrschte die Pest. Unfreiwillig mußte er mehrere Monate in Manresa warten, eine für ihn heilsame Zeit, in seiner Autobiographie überschrieben: „In der Schule Gottes". Denn jetzt galt es, die Bekehrung erstmalig wirklich zu bewähren. Askese, Beichte und Kommunionsempfang halfen ihm doch nicht über Zweifel und Gewissensängste hinweg, so daß er nahe daran war, Selbstmord zu begehen oder aber in sein früheres Leben zurückzukehren. Doch endlich erkannte er in jenen Skrupeln und Anfechtungen ein Werk des Versuchers und beschloß, sich künftig durch nichts mehr irremachen zu lassen. Von Bedeutung war, daß Ignatius in Manresa mit weiteren Werken der spätmittelalterlichen Mystik bekannt wurde, besonders der Nachfolge Christi des Thomas a Kempis. „Unter ihrem Einfluß ließ er die äußeren Kraftleistungen der Askese zurücktreten zugunsten der anbetenden Betrachtung der Geheimnisse Gottes, der Reinigung des Herzens von allen unordentlichen Trieben, der demütigen Gelassenheit in Gottes Willen und einem Wirken zu Gottes Ehre. Erst damit ist seine ‚Bekehrung' beendet."[16] Sogleich aber wurde sie fruchtbar auch für andere. Einige fromme Frauen, die sich für den sonderlichen Büßer interessierten, empfingen durch ihn seelsorgerliche Betreuung. Die Ordnung des inneren Lebens, die Ignatius für sich gewonnen hatte, suchte er an sie weiterzugeben. Und sogleich auch machte er sich daran, seine Erfahrungen schriftlich festzuhalten und anderen zu vermitteln. So entstanden schon hier, noch ganz am Anfang eines Weges, dessen Ziele noch überhaupt nicht absehbar waren, die Grundzüge des Werkes, das neben seinem Orden zu dem Wichtigsten gehören sollte, das Ignatius der Nachwelt überlieferte: die Exerzitien.

Es sind dies Anleitungen zu einem Zyklus von Meditationsübungen über vier Wochen hinweg, in denen sich Schriftbetrachtungen, Gewissenserforschung und Beichte abwechseln. Das formal Wichtigste dabei ist die Begleitung durch einen Seelenführer, der den einzelnen von Stufe zu Stufe weitergeleitet zu dem Ziele, „die Seele darauf vorzubereiten und einzustellen, alle ungeordneten Anhänglichkeiten von sich zu entfernen und, nachdem sie entfernt sind, den göttlichen Willen in der Einstellung des eigenen Lebens zum Heil der Seele zu suchen und zu finden"[17].

Im Frühjahr 1523 gelang endlich die Überfahrt von Barcelona nach Italien und über Rom und von Venedig aus die Fortsetzung der Reise nach Jerusalem, wo er im September eintraf. Aber die Absicht, für immer dort zu bleiben zur Seelsorge an Pilgern, an Christen, Juden und Muslimen, ließ sich nicht verwirklichen. Er mußte zurückkehren.

Zur Gewinnung neuer Ziele widmete sich Ignatius in den folgenden Jahren intensiven theologischen Studien. Zwei Jahre blieb er in Barcelona, dann bezog er die Universität Alcalá, ein Jahr später, 1527, für wenige Monate die von Salamanca. Es waren nicht

16 *K. D. Schmidt*, Die katholische Reform und die Gegenreformation, a. a. O., 19. *H. Böhmer*, Ignatius von Loyola, a. a. O., 40: „Was für Luther die Bibel war, das ward für Loyola schon in Manresa die ‚Nachfolge Christi', das Buch, das seine religiösen Anschauungen und sein inneres Leben bestimmte, das er in seinem Wandel gewissermaßen darzustellen sich bemühte und dessen Verbreitung er daher später ebenso eifrig sich angelegen sein ließ wie Luther die Verbreitung der Bibel."

17 *K. Rahner*, Die Vision des heiligen Ignatius in der Kapelle von La Storta, in: *ders.*, Ignatius von Loyola als Mensch und Theologe, a. a. O., 53–108.

nur Studien, die ihn an diesen Orten beschäftigten. Wie schon zuvor in Manresa scharte sich jetzt auch hier sehr bald ein ganzer Kreis um ihn, der sich seiner Seelenführung anvertraute. In Barcelona hatte er zudem auch schon einen kleinen Freundeskreis Gleichgesinnter gefunden, die mit ihm zusammen in Alcalá eine regelrechte Gemeinschaft bildeten, auch äußerlich schon durch besondere Tracht auffallend. Auffallend war dieses Tun und Treiben jedoch vor allem auch der Inquisition, die alle Konventikel verbot und den jungen Leuten befahl, ihr Äußeres den allgemeinen Gepflogenheiten anzugleichen. Da sich Ignatius und seine Gefährten daran nicht hielten, sondern in Salamanca wie vordem in Alcalá zu wirken begannen, wurden sie schon nach wenigen Wochen verhaftet, ohne daß ihnen allerdings ernsthaft etwas zur Last gelegt werden konnte. Daraufhin begab sich Ignatius nach Paris (1528), wo er nach anfänglichen großen materiellen Schwierigkeiten endlich dank großzügiger Zuwendungen von verschiedenen Seiten zielstrebig studieren konnte und 1534 die Magisterwürde erwarb.
Daneben bemühte sich Ignatius – selbstverständlich – auch hier um die Seelen anderer. Nach und nach schlossen sich ihm eine Reihe anderer Studenten an: Pierre Lefevre, Franz de Jassu y Javier (Xaver), Simão Rodriguez, Diego Lainez, Alonso Salmeron, Nicolás Alfonso de Bobadilla. Am 15. August 1534, dem Festtag der leiblichen Aufnahme Marias in den Himmel, leisteten die sieben Verbündeten in der Marienkirche auf dem Montmartre ein gemeinsames Gelübde zu Armut, Keuschheit und auf die Verpflichtung einer Wallfahrt nach Jerusalem, um dort den Seelen zu dienen bzw. sich dem Papst zur Verfügung zu stellen. Eine Ordensgründung war das noch keineswegs, lediglich eine persönliche Bindung. Noch blieb man in Paris. Erst ein Jahr später kehrte Ignatius wegen einer Erkrankung nach Spanien zurück. Kurz zuvor hatte er sich sogar noch von dem Verdacht, ein verkappter Lutheraner zu sein, befreien müssen. Anfang des Jahres 1536 traf er sich dann in Venedig mit seinen Gefährten – inzwischen waren noch drei weitere hinzugekommen – wieder, um gemeinsam die gelobte Fahrt nach Jerusalem anzutreten. Da sich dieser Weg jedoch versperrt zeigte, wendeten sie sich an verschiedenen Orten (Padua, Ferrara, Bologna, Siena, Rom) seelsorgerlich-karitativen Aufgaben zu. Ignatius und die übrigen, die noch nicht Priester waren, empfingen die Weihe. Auf dem Wege nach Rom, im November 1538, hatte dann Ignatius in der kleinen Kapelle von La Storta eine entscheidende Vision (visionäre und mystische Erlebnisse hatte er bereits seit Beginn seines geistlichen Weges): Er sah, wie Gott Vater ihn und seine Gefährten seinem göttlichen Sohne Jesus Christus befahl und sie seinem Schutz und seiner Führung anvertraute. Äußerlicher Niederschlag dieser Vision ist der Name, den sich die Genossenschaft dann gab, als man sich im Frühjahr 1539 entschloß, einen eigenen Orden zu gründen: Gesellschaft Jesu. Die dem Papst eingereichte Formula Instituti enthält neben dem Gelübde der Armut und Keuschheit als Besonderheit das des Gehorsams gegenüber dem Papst.
Allerdings mußten auf diesem Wege noch erhebliche Schwierigkeiten überwunden werden. Die allgemeinen Spannungen der Zeit ließen nur wenig Raum für neue und bisher unerprobte und etwas ungewöhnliche Wege. Das Mißtrauen gegenüber „Neuerungen" war übergroß, und Denunziationen waren an der Tagesordnung. Auch in Italien hatte sich Ignatius (als Spanier!) noch einmal des Verdachts, ein verborgener Anhänger Luthers zu sein, zu erwehren. Und dann gab es auch an der Kurie eine nicht geringe Opposition gegen die Gründung des neuen Ordens, so daß es unverhältnismäßig lange dauerte, bis sich Ignatius und seine Gefährten am Ziel ihrer Wünsche sehen konnten. Erst am 27. September 1540 erhielt der Orden durch die Bulle „Regimini mi-

litantes Ecclesiae" die nötige päpstliche Approbation.[18] Im April 1541 wurde Ignatius zum ersten Generaloberen gewählt, und die feierlichen Gelübde wurden abgelegt. Zu den drei üblichen trat ein viertes, jedem Befehl des Papstes ohne Zögern zu folgen. Danach arbeitete Ignatius die Constitutiones aus,[19] die allerdings nach mehrfachen Redaktionen erst nach dem Tode des Stifters 1558 in Kraft gesetzt wurden.
Strenge Auswahl und vieljährige intensive Schulung in verschiedenen Stufen schufen die Voraussetzungen für eine überaus einsatzfähige Kerntruppe, die durch den gelobten Gehorsam eine besondere Schlagkraft erhielt. Von vornherein öffneten sich ihnen ganz unterschiedliche Arbeitsfelder: Erhalten blieb – selbstverständlich – die seelsorgerliche Arbeit, vor allem auch durch die Exerzitien. Einen besonderen Akzent erhielt dieses Arbeitsfeld durch die bald erfolgende Berufung der ersten Jesuiten zu Beichtvätern an Fürstenhöfen. An die Stelle der früheren Sozialarbeit trat der Unterricht an höheren Schulen und Universitäten, auch dies praktisch eine Ausweitung der seelsorgerlichen Tätigkeit. Neu war der Einsatz in der Mission (Franz Xavier 1542 nach Ostindien). Auf Ignatius geht die Gründung des Collegium Germanicum in Rom zurück (1552), das die Besetzung der Domkapitel mit gut ausgebildeten und der Kirche treuen Theologen sicherstellen sollte.[20] Auch die Gründung des Sanctum Officium, der zentralen Inquisitionsbehörde, schon 1542 geht auf Ignatius zurück.[21] Der Orden breitete sich sehr rasch aus, obwohl Ignatius die Bedingungen äußerst streng auslegte und oft aus geringen Gründen bewährte Mitglieder wieder ausschloß. Und auch Krisen ließen sich nicht vermeiden. Ganze Regionen verschlossen sich ihrem Wirken. Eine ernste Infragestellung bedeutete 1555, ein Jahr vor dem Tod des Stifters (31. 7. 1556) die Wahl Giampietro Carafas zum Papst Paul IV., denn diesen hatte Ignatius seinerzeit in Venedig durch einen ermahnenden Brief schwer beleidigt. Wieder kam es zu schweren Verdächtigungen (auch im politischen Bereich) gerade auch seitens des Papstes, dem der Orden doch vorzüglich zu dienen gelobt hatte. Daß dieser trotz aller Hindernisse doch zu solchen Wirkungen kam, beweist erneut, welche Potenzen in ihm ruhten.
Nach Deutschland kamen die Jesuiten schon Anfang der vierziger Jahre. 1542 wurde Peter Faber, der schon ein Jahr zuvor am Religionsgespräch in Worms teilgenommen hatte, von Erzbischof Albrecht nach Mainz gerufen. Dort nahm ein Jahr später der junge Magister Peter Canisius an seinen Exerzitien teil und wurde als erster Deutscher dadurch für den Orden gewonnen.[22] Canisius spielte dann schon in den Auseinandersetzungen um die Reformationspläne des Kölner Erzbischofs Hermann von Wied eine maßgebliche Rolle. Er wurde einer der Vorkämpfer der Gegenreformation in Deutschland. Das erste wichtige Betätigungsfeld des Ordens in Deutschland waren die Universitäten (Köln, Ingolstadt). *Lortz* rühmt sie direkt als „Retter verschiedener katholisch-theologischer Universitätsfakultäten"[23].
Zuweilen wurde von Ignatius direkt als von einem „Antiluther" gesprochen. Das ist in dieser Form nicht gerechtfertigt. Die Gesellschaft Jesu ist nicht als eine spezielle ge-

18 *C. Mirbt/K. Aland*, Quellen 1,539–542.
19 Eine Probe daraus ebd., 542f.
20 *K. Rahner*, Ignatius und das Germanicum, in: *ders.*, Ignatius von Loyola als Mensch und Theologe, a. a. O., 168–187.
21 Bulle „Licet ab initio" vom 21. Juli 1542, bei *C. Mirbt/K. Aland*, Quellen 1,537–539.
22 Vgl. Briefe des hl. Petrus Canisius, ausgewählt und bearb. v. *S. Seifert*, Leipzig 1983.
23 *J. Lortz*, Die Reformation in Deutschland, a. a. O., 2,150.

genreformatorische Schöpfung zu verstehen. Sicher erhielt ihr Wirken für die Erneuerung der römischen Kirche im Sinne des Papstes durch das damit gegebene Gegenüber zur Reformation einen entsprechenden Akzent, und das bereits in den frühen Jahren des Ignatius. In Paris erlebte er die „Affaires des Placards" und die daraufhin einsetzenden grausamen Verfolgungen und Hinrichtungen mit.[24] Wohl entwarf auch Ignatius 1554 ein Programm für die Gegenreformation in Deutschland.[25] Und auf dem Trienter Konzil spielten Theologen der Gesellschaft Jesu eine wesentliche Rolle.[26] Der Papst selbst entsandte Lainez und Salmeron. Trotzdem ist der Charakter des Ordens und das Ziel seines Wirkens nicht aus der Opposition gegen die Reformation heraus zu verstehen, sondern nur aus dem positiven Einsatz für die Kirche und ihre Erneuerung angesichts einer Situation, die mit dem Auftreten der Reformation nicht hinreichend beschrieben ist. Insofern gehören Ignatius und sein Orden zuerst in die Geschichte der katholischen Reform und erst in zweiter Linie dann auch in die der Gegenreformation.

4. Reform und Gegenreformation

H. Jedin spricht, alle diese Initiativen zu einer Reform der Kirche zusammenfassend, von vielen „Rinnsalen", die aber „nicht zu einem machtvollen Strome" zusammenkamen. Viel zu spät erst habe die „Selbstreform" auch das Papsttum erobert, und erst dann konnte sie „für das Ganze wirksam werden".[27] Es führte aber ohnehin von jenen verschiedenen Ansätzen her kein direkter, bruchloser Weg zum Konzil von Trient als zu einem Konzil im Sinne solcher Reform.[28] Die meisten Versuche blieben doch örtlich oder regional eingeschränkt. Beschlüsse von Synoden, Appelle und Mahnungen verhallten ungehört, ohne praktische Auswirkungen. Zuweilen gerieten die Mahner und Träger solcher Reform zwischen die Fronten der sehr viel tiefer ansetzenden reformatorischen Bewegung einerseits und andererseits der Kräfte in der Kirche, die, nur auf Abwehr ausgerichtet, allen Neuerungen mit tiefstem Mißtrauen begegneten. Das Pontifikat Hadrians VI. (1521/1522) blieb eine Episode. Der Papst stand allein der geschlossenen Kurie gegenüber. Paul III. (1534–1549) ging zwar erste Schritte. Er erneuerte das Kardinalskollegium durch die Berufung einer Reihe der eifrigsten Befürworter der Reform (Caraffa, Contarini, Sadoleto u. a.) und ließ dann ja auch tatsächlich das Konzil zusammentreten nach mehrfach vergeblichen Ansätzen. Er war aber auch der Gründer der römischen Inquisition (1542), auf deren scharfes Vorgehen gegen alles Verdächtige es wiederum zurückzuführen ist, daß einige angesehene Mahner zur Reform förmlich der Reformation in die Arme getrieben wurden, so der Bußprediger und Generalvikar der Kapuziner, Bernardino Ochino, und der Volksprediger und Ordensvisitator der Augustiner, Pietro Vermigli. Anderes wurde gewaltsam unterdrückt.[29] Ein Reformpapst war Paul III. keineswegs. Dazu hätte er auch bei sich sel-

24 S. o. 139.

25 *C. Mirbt/K. Aland*, Quellen 1,554f.

26 Vgl. *H. Jedin*, Geschichte des Konzils von Trient, a. a. O., passim, sowie *H. Böhmer*, Die Jesuiten, a. a. O., 79–81.

27 *H. Jedin*, Katholische Reformation oder Gegenreformation?, a. a. O., 69.

28 Vgl. *G. Maron*, Das Schicksal der katholischen Reform im 16. Jahrhundert, ZKG 88(1977), 218–229.

29 Ob die spanische Übersetzung des Enchiridion des Erasmus und das Buch „Von der Wohltat Christi" tatsächlich zu einer „Gefahr für die kirchliche Frömmigkeit" wurde, wie *H. Jedin*, a. a. O., 70, meint?

ber und seiner eigenen Amtsführung anzusetzen gehabt, denn gerade diese unterliegt schwerer Kritik. Aber auch unter seinen Nachfolgern kann kaum die Rede davon sein, daß die „Selbstreform" „das Papsttum eroberte". Die Wahl Carafas zum Papst Paul IV. 1555 ließ sogar einen Ignatius von Loyola erzittern. Gerade Carafa, der Vertreter der Reform auf dem Stuhle Petri, wurde – und das wirft doch noch einmal ein deutliches Licht auf den Charakter solcher Reform – ein Exponent der Gegenreformation finsterster Art, der andere Vertreter der Reform (z. B. den päpstlichen Legaten, Bischof und Kardinal Morone, 1557–1559 wegen Häresieverdacht in der Engelsburg inhaftiert) verfolgte.
Nur sehr bedingt läßt sich also, was den Ansatz angeht, das Trienter Konzil als ein Reformkonzil ansprechen und insofern in Kontinuität mit diesen verschiedenen Reformansätzen sehen. Jene Kräfte drängten dahin. Sie gaben ihm dann auch auf manchen Strecken ihr Gepräge, zumal in seiner ersten Periode. Daß es aber tatsächlich einberufen wurde und seine Arbeit aufnehmen konnte, war mehr ein Akt der Selbsterhaltung und der Verteidigung gegenüber der Reformation, nicht zuletzt auch ein Akt der Furcht, daß schließlich noch andere Kräfte, z. B. der Kaiser, selbständig handeln könnten. Und die Wendung, die es dann nahm, unterstreicht noch einmal die Notwendigkeit, doch sehr genau zu differenzieren. Es war ein Konzil mit mehreren Gesichtern, der Reform und der Gegenreformation, die sich beide wechselseitig durchdrangen und dadurch auch dazu beitrugen, daß das Konzil letztlich doch manche Erwartungen unbefriedigt ließ.

B DAS KONZIL VON TRIENT, VERLAUF UND ERGEBNISSE

1. Äußere und innere Voraussetzungen

Als am 13. Dezember 1545 das Konzil in Trient tatsächlich eröffnet wurde, waren seit der ersten Appellation Luthers an ein allgemeines Konzil mehr als 25 Jahre vergangen. Unzählige ähnliche Appellationen hatte es seither gegeben. Theologen, Reichstage und der Kaiser selber hatten die Einberufung einer allgemeinen Kirchenversammlung gefordert. Es hatte ja schon verschiedene Anläufe gegeben, die erste Ausschreibung nach Mantua 1537, aber immer wieder ohne den ersehnten Erfolg. Die Päpste fürchteten es offen oder doch insgeheim. Die politischen Verhältnisse durchkreuzten es. Schließlich widersetzten sich auch die Protestanten, da von einem „freien Konzil" keine Rede mehr sein konnte.[30]
Als es nun doch zusammentrat, waren seine äußeren und inneren Voraussetzungen keineswegs grundsätzlich günstiger als in den Jahren oder Jahrzehnten zuvor. Die Spannungen zwischen dem Papst, dem Kaiser und dem französischen König als den tragenden Repräsentanten der politischen Szene im katholischen Bereich waren trotz der Übereinkunft zwischen Papst und Kaiser und auch trotz des neuerlichen Friedens zwischen Frankreich und dem Reich nicht geringer geworden. In den Versuchen des Papstes, das Konzil dem Einfluß des Kaisers zu entziehen und eigene Konzepte zu verwirklichen, mußte dieser ein neues Ausweichen sehen und eine Verweigerung der Zusammenarbeit bei der Rückführung der Protestanten in die Botmäßigkeit der Kirche. Die Folge davon waren Verwicklungen, die fast zum totalen Scheitern geführt hätten. Andererseits betrachtete Franz I. die Verpflichtungen des Friedens von Crépy, das

30 Vgl. o. 75.

Konzil zu beschicken, keineswegs als wörtlich bindend. Da er vom Konzil offensichtlich politische Rückschläge befürchtete, befleißigte er sich einer Verschleppungstaktik, indem er die französische Kirche nur symbolisch vertreten sein ließ, zugleich aber ständig Forderungen anmeldete.
Einen ziemlich deutlichen Ausdruck fand diese durchaus schwierige Anfangssituation des Konzils schon in seiner äußeren Zusammensetzung. Eingeladen waren durch die Bulle „Laetare Hierusalem" vom 19. November 1544[31] alle Patriarchen, Erzbischöfe, Bischöfe, Äbte und die anderen, denen nach Recht und Privileg Sitz und Stimme auf den allgemeinen Konzilien zusteht, sowie der Kaiser, der König von Frankreich und die weiteren Könige und Fürsten.[32] Aber es war keineswegs selbstverständlich, dieser Einladung tatsächlich nachzukommen, auch nicht für die Bischöfe. Maßgeblich war in jedem Falle die Entscheidung der Krone. Und so war die überwiegende Mehrheit italienisch. Aus Spanien waren bei der Eröffnung lediglich fünf Bischöfe anwesend, aus Frankreich gar nur zwei.[33] Und in der Folgezeit verstärkte sich die Präsenz auch nur langsam.
Eine besondere Frage war die Beteiligung der Protestanten.[34] Von reformatorischer Seite war die neuerliche Ausschreibung des Konzils zunächst wenig ernst genommen worden. Zu oft waren die Erwartungen enttäuscht worden. Zu deutlich war inzwischen auch, daß dieses Konzil nicht das sein konnte, was seit so langer Zeit gefordert worden war.[35] Luther reagierte noch einmal mit einer grundsätzlichen Kritik des Papsttums, die auch seine Ablehnung des Konzils begründete.[36] Melanchthon schrieb verschiedene „Bedenken" zur Konzilsfrage. Anfang Januar verfaßten die Wittenberger Theologen ein gemeinsames Gutachten, das sich noch einmal gegen das Konzil aussprach,[37] offenbar noch nicht in Kenntnis darüber, daß es inzwischen tatsächlich eröffnet worden war. Als das bekannt wurde, votierte zunächst ein Gutachten vom 11. Februar,[38] unterzeichnet von Bugenhagen, Cruciger und Melanchthon, dafür „so wir von dem Kaiser erfordert würden und der Kaiser uns vertröstet, daß man uns hören sollt, im concilio zu erscheinen, Grund unsrer Lehre anzuzeigen"[39]. Ausführlicher noch antwortete Melanchthon in einer speziellen Schrift, verfaßt angesichts der ersten Trienter Dekrete kurz vor Ausbruch des Schmalkaldischen Krieges, „Ursach, Warumb die Stende, so der Augspurgischen Confession anhangen, Christliche Leer erstlich angenommen und endtlich auch darbey zuverharren gedencken. Auch, Warumb das vermeinte Trientische Concilium weder zubesuchen noch darein zu willigen sey."[40] Hier kam er erneut zu dem Schluß: „Das wir aber in dises Concilium zu Trient nit willigen, da nicht allein wir nicht gehört werden, Sonder auch andern gelerten und

31 CT 4,385–387.
32 Ebd., 387,12–14, 21f.
33 Vgl. die Liste der Teilnehmer, ebd., 529–532.
34 *R. Stupperich*, Die Reformatoren und das Tridentinum, a. a. O.
35 Vgl. o. 24.
36 „Wider das Papsttum zu Rom vom Teuffel gestifft", 1545, WA 54, (195) 206–299.
37 CR 6,7–10.
38 Ebd., 43–46.
39 Ebd., 45.
40 Die deutsche Fassung in: Melanchthons Werke in Auswahl, hg. v. *R. Stupperich*, 1, 1951, 411–448, lateinisch in: Ph. Melanchthonis epistolae, iudicia, consilia (etc.), ed. *H. E. Bindseil*, Halle 1874, 241ff.

Gottförchtigen freyheit genommen ist, die warheit zu erkennen, Seind wir genugsam, wie gesagt ist, entschuldigt."[41] Das inzwischen vorliegende Dekret über die Heilige Schrift und die Tradition[42] bewies ihm zur Genüge, daß man nicht bereit war, die traditionellen Maßstäbe anfechten zu lassen. Deshalb erwartete er auch in der Grundfrage der Rechtfertigung eine Verwerfung.[43] Ganz ähnlich votierten u. a. die Straßburger Theologen (Bucer: „De concilio et legitime iudicandis controversis religionis", August 1545) wie auch Calvin.[44] Auch angesichts der Eröffnung verharrte man also bei der Ablehnung, die seitens der reformatorischen Reichsstände auf dem Wormser Reichstage 1545 ausgesprochen worden war.

Zu den Anfangsschwierigkeiten des Konzils gehört auch, daß es offensichtlich „schlecht oder gar nicht vorbereitet" war.[45] Es gab keine Geschäftsordnung und nicht einmal Klarheit über das Programm. Infolgedessen dauerte es geraume Zeit, ehe mit der eigentlichen Arbeit begonnen werden konnte. Aber auch eine klare theologische Linie mußte erst im Verlauf der Beratungen gefunden werden. Die verschiedenen theologischen Schulen (Thomisten, Skotisten), repräsentiert durch die Ordenstheologen, meldeten sich deutlich zu Wort.

Zeitlich gliedert sich das Konzil in drei so scharf voneinander abgehobene Perioden, daß gelegentlich schon einmal von „drei große(n) Reformkonzile(n) in Trient" gesprochen worden ist.[46] 1. Die erste Tagungsperiode in Trient, Dezember 1545 bis März 1547 und die Tagung in Bologna 1547/1548; 2. die zweite Trienter Periode 1551/1552; 3. die dritte Trienter Periode 1561–1563.

2. *Die erste Sitzungsperiode (1545–1547) und die Verlegung des Konzils nach Bologna*

Der Beginn des Konzils war ausgesprochen ernüchternd. An der Eröffnung nahmen weniger als 30 Bischöfe teil, und auch später erhöhte sich die Zahl der stimmberechtigten Mitglieder auf nicht mehr als 50 bis 70. Aus Deutschland waren nach anfänglicher Teilnahme wenigstens eines Weihbischofs (Helding aus Mainz) nur noch zwei Prokuratoren (Mainz und Trier) anwesend.

Als päpstliche Legaten präsidierten die drei Kardinäle Del Monte (Papst Julius III., 1550–1555), Cervini (Papst Marcellus II., 1555) und Pole.

Den ersten Aufgabenbereich, der von den Konzilsvätern zu bewältigen war, bildete eine Reihe formaler Grundentscheidungen, die im einzelnen aber durchaus wichtig waren, über das Stimmrecht, den Abstimmungsmodus und das Programm, die Reihenfolge der zu behandelnden Materien. Hinsichtlich des Stimmrechts wurde beschlossen, daß lediglich die anwesenden Bischöfe und Generaloberen der Orden beschließendes Stimmrecht haben sollten, nicht auch Prokuratoren Abwesender. Damit verbunden war, daß nach Personen abgestimmt wurde. Das zahlenmäßige Übergewicht der Italiener, besonders gegenüber den Spaniern, mußte also bei kirchenpolitischen Kontroversabstimmungen sofort zu Buche schlagen. Die Verhandlungen über

41 Melanchthons Werke in Auswahl, ebd., 1,446,10–13.
42 S. u. 161.
43 Melanchthons Werke in Auswahl, ebd., 1,442,25ff.
44 CR 63, Opp. Calvini 35,253–288.
45 *J. Beumer*, Die Geschäftsordnung des Trienter Konzils, in: Franziskanische Studien 53(1971), 289–306, danach auch in Concilium Tridentinum, a. a. O., 113–140, das Zitat 113.
46 *F. Gontard*, Die Päpste und die Konzilien, Wien/München/Basel 1963, 387.

das Programm aber führten dann zu einer ersten gewissen Krise. Zwei Hauptaufgaben standen von vornherein fest: Reform der Kirche und Entscheidungen über die Lehre. Umstritten war die Reihenfolge der Behandlung. Während aus Rom verfügt wurde, mit der Behandlung der Lehrfragen zu beginnen, trat die Mehrheit der Teilnehmer dafür ein, die Beratung der Reform vorzuziehen. Die endliche Entscheidung, gleichzeitig über die Lehre und die Reform zu verhandeln, weil beides eigentlich nicht zu trennen sei, wurde zwar vom Papst verworfen, praktisch dann aber doch realisiert. Die Folge davon war, daß ein allgemeines Dekret über die Reform der Kirche erst verhältnismäßig spät verabschiedet werden konnte, sich aber dafür das Reformanliegen wie ein gewisser roter Faden durch alle Sitzungen hindurchzieht.
Die Behandlung der Sachfragen begann in der Sessio III am 4. Februar 1546 mit einer feierlichen Bekräftigung des Nicäno-Konstantinopolitanums als „principium illud, in quo omnes, qui fidem Christi profitentur, necessario conveniunt".[47]
Erstes Thema war die ja auch nach reformatorischen Gesichtspunkten grundlegende Frage nach der Heiligen Schrift. Bereits am 8. April wurden dazu zwei Dekrete verabschiedet: über Schrift und Tradition und über die Vulgata.[48] Hinsichtlich der Heiligen Schrift wurde der Umfang festgestellt (kanonische Bücher incl. der sog. Apokryphen) und die Zuordnung der Hl. Schrift und der apostolischen Überlieferung. Beide sind vom Heiligen Geist inspiriert und werden insofern mit der gleichen frommen Bereitschaft und Ehrfurcht angenommen.
Das Dekret über die Vulgata erklärt diese lateinische Übersetzung als für alle öffentlichen Vorlesungen, wissenschaftlichen Auseinandersetzungen, Predigten usw. maßgebend. Authentische Auslegerin der Schrift ist die Kirche, der allein das Recht zusteht, über ihren wahren Sinn zu urteilen. Ausdrücklich wird eine Auslegung gegen die Auffassungen der Väter verworfen. Die von vielen für notwendig erachtete Revision der Vulgata wurde nicht im Dekret verankert. Die biblischen Ursprachen blieben ohne Erwähnung.
Im Anschluß daran wurde über Schriftstudium und Predigt beraten. Damit wurden Themen aufgenommen, die seitens der Reformation deutliche Akzente erhalten hatten. Betont wurde besonders die Verpflichtung des Bischofs zur Predigt sowie seine Residenzpflicht. Daneben stand als nächster theologischer Sachpunkt die Erbsünde auf der Tagesordnung. Beide Dekrete, über die Erbsünde und über Schriftstudium und Predigt, datieren vom 17. Juni 1546.[49]
Die Vorlage über Bibelstudium und Predigt war im Grunde schon ein Teil des Reformprogramms, denn hier ging es einerseits um die Hebung des Bildungsniveaus der Geistlichen, zum anderen aber direkt auch schon um die Gemeinde. Das Dekret über die Erbsünde aber präludierte bereits dem großen folgenden Thema, der Rechtferti-

47 CT 4,580,13f.
48 CT 5,91f. = *C. Mirbt/K. Aland*, Quellen 1, 591–593, die Texte jeweils auch in: Conciliorum Oecumenicorum Decreta, a. a. O., 633–775 sowie, teilweise im Auszug, in: Enchiridion symbolorum, definitionum et declarationum de rebus fidei et morum, ed. *H. Denzinger* et *A. Schönmetzer*, Freiburg u. a. [36]1976, deutsch in Auszügen in: Der Glaube der Kirche in den Urkunden der Lehrverkündigung, v. *J. Neuner* u. *H. Roos*, neu bearbeitet v. *K. Rahner* u. *K. H. Weger*, Leipzig 1982 (Nachdruck der 10. Aufl.) bzw. Regensburg [11]1983.
49 CT 5,238–240 bzw. 241–243 = *C. Mirbt/K. Aland*, Quellen 1, 593 bzw. 594–596 (gekürzt).

gungslehre. Es überdenkt noch einmal den gesamten Komplex der Lehre und verurteilt in den ersten vier Canones die Irrtümer der Pelagianer und verwandter Irrlehrer. Erst Can. 5 wendet sich gegen die Reformation und definiert, daß durch die Taufe die ganze Erbschuld vergeben werde. Die zurückbleibende Begierde (concupiscentia) sei nicht eigentlich Sünde zu nennen. Ob damit allerdings das reformatorische Anliegen verstanden und zurückgewiesen worden ist, haben neuere Untersuchungen bestritten, die zu dem Ergebnis kommen, daß das tridentinische Erbsündendekret „am lutherischen Konkupiszenzverständnis vorbei" trifft, weil „Tridentinum und lutherisches Bekenntnis unter demselben Begriff concupiscentia etwas je Verschiedenes fassen"[50]. In einem Zusatz zu dem Dekret wurde die Gottesmutter Maria ausdrücklich aus allen Erwägungen ausgenommen, ohne jedoch – wie in der Debatte schon beantragt – die Immaculata conceptio bereits zu definieren.

Bis in den Januar 1547 hinein, d. h. länger als ein halbes Jahr (allerdings im Sommer für einige Zeit unterbrochen wegen des Ausbruchs des Schmalkaldischen Krieges und der drohenden Annäherung einer Heeresgruppe der Schmalkaldener, weswegen bereits die Verlegung des Konzils nach Bologna erwogen wurde) arbeitete das Konzil sodann an dem Dekret über die Rechtfertigung, dem „articulus stantis et cadentis ecclesiae" der Reformation.

Das Ergebnis war ein umfangreiches Dokument De iustificatione, das in 33 dogmatisierende Canones mündet, die sich zum größten Teil gegen Luther und weitere Vertreter der Reformation richten, ohne diese freilich namentlich zu nennen oder gar persönlich zu verurteilen.[51] Allerdings machten es sich die Konzilstheologen und -väter verhältnismäßig leicht. Eine direkte Auseinandersetzung mit dem reformatorischen Schrifttum fand kaum statt. Es wurde offensichtlich auch nicht gesucht. Die Kenntnis der primären reformatorischen Quellen bei den Konzilsvätern war ausgesprochen mangelhaft. Man begnügte sich damit, Exzerpte aus zweiter oder dritter Hand zu verwenden, die oft Zitate aus dem Zusammenhang rissen und so ihren eigentlichen Sinn

50 *H. G. Pöhlmann*, Das Konkupiszenzverständnis der Confessio Augustana, der Confutatio und des Konzils von Trient, CAC 389–395. *Pöhlmann* faßt zusammen: „Luther und das lutherische Bekenntnis sahen in der Konkupiszenz ein gesamtmenschliches, persönliches und dadurch immer sündhaftes Phänomen, das Tridentinum nur einen Teil am Menschen, seine dunkle, subpersonale Unterzone, aus der er sich heraushalten und in die er sich hineinbegeben kann, einen vormoralischen Rohstoff der Sünde, nicht die Sünde selbst wie bei Paulus" (394). Der Sache nach würde sogar das lutherische Verständnis – freilich unter anderen Begriffen – seitens des Tridentinums bejaht (ebd.).

51 CT 5,791–799 = *C. Mirbt/K. Aland*, Quellen 1,596–605. Zur Diskussion über dieses Dekret s. *H. Rückert*, Die Rechtfertigungslehre auf dem tridentinischen Konzil, Bonn 1925 = Arbeiten zur Kirchengeschichte 3; *P. Brunner*, Die Rechtfertigungslehre des Konzils von Trient, in: Pro veritate. Festgabe für Lorenz Kardinal Jäger und Wilhelm Stählin, Kassel 1963, 59–96; *H. A. Oberman*, Das tridentinische Rechtfertigungsdekret im Lichte spätmittelalterlicher Theologie, ZThK 61(1964), 251–282, danach in: Concilium Tridentinum, a. a. O., 301–340; *E. Schillebeeckx*, Das tridentinische Rechtfertigungsdekret in neuer Sicht, Concilium 1(1965), 452–454; *H. Rückert*, Promereri. Eine Studie zum tridentinischen Rechtfertigungsdekret als Antwort an H. A. Oberman, ZThK 68(1971), 162–194, danach in: *ders.*, Vorträge und Aufsätze zur historischen Theologie, Tübingen 1972, 264–294; *V. Pfnür*, Zur Verurteilung der reformatorischen Rechtfertigungslehre auf dem Konzil von Trient, AHC 8(1976), 407–428.

nicht mehr erkennen ließen.[52] Und mehr noch: Man begnügte sich damit, abweichende Meinungen zurückzuweisen ohne Rücksicht darauf, wer sie in dieser Form vertrat, nur mit dem einen Ziel, vor diesem Hintergrund genau zu bestimmen, was katholische Lehre sei und was Irrtum im Glauben.[53]
Die Aussagen des Dekrets, zumal die gegen die reformatorischen Lehren, lassen sich in folgenden Punkten zusammenfassen:

a) Die Gerechtigkeit Gottes definiert das Dekret als Gerechtigkeit, „durch die er uns gerecht macht, mit der wir von ihm beschenkt im innern Geist erneuert werden und nicht nur als gerecht gelten, sondern wirklich gerecht heißen und es sind" (cap. 7). Entsprechend wird ein Verständnis der Gnade, durch die der Mensch gerechtfertigt wird, lediglich als „Gunst Gottes" zurückgewiesen (can. 11).
b) Das „sola fide" der Reformation wird nicht direkt verworfen. Im Anschluß an Röm 3,22–24 wird betont, daß „der Glaube Beginn des Heils für den Menschen, Grundlage und Wurzel jeder Rechtfertigung ist", „nichts von dem, was der Rechtfertigung vorausgeht, weder Glaube noch Werke, die Gnade der Rechtfertigung verdient" (cap. 8); zugleich wird jedoch die Notwendigkeit behauptet, „sich durch eigene Willenstätigkeit zuzurüsten und zu bereiten" (can. 9). Selbstverständlich ist zudem die Verbindung der Rechtfertigung mit den Sakramenten, der Taufe und der Buße, als „werkzeugliche Ursachen" der Rechtfertigung (cap. 7).
c) Zur Bereitung und Zurüstung wirkt der freie Wille des Menschen im Sinne der Zustimmung zum weckenden und rufenden Gott mit (can. 4).
d) Ein Verständnis des Glaubens als Vertrauen auf die göttliche Barmherzigkeit wird ausdrücklich zurückgewiesen (cap. 9/can. 12) und damit zugleich die reformatorische Verbindung von Glaube und Heilsgewißheit.
e) Das Wesen der Rechtfertigung besteht nicht in der „bloßen Anrechnung der Gerechtigkeit Christi" oder in der „bloßen Vergebung der Sünden" (can. 11). Sie ist zugleich „Heiligung und Erneuerung des inneren Menschen durch die freiwillige Annahme der Gnade und der Gaben" (cap. 7, vgl. o. unter a).
f) Die guten Werke des Menschen sind nicht die Frucht der Rechtfertigung. Sie sind zugleich auch verdienstlich in dem Sinne, daß sie die empfangene Gerechtigkeit vor Gott mehren (can. 24).

Damit blieben wichtige Kontroverspunkte gegenüber der Reformation erhalten und wurden nun sogar kanonisiert. Daneben trug das Dekret jedoch auch deutliche Kennzeichen eines Kompromisses. Die allzu spitzen Thesen eines nominalistischen Pelagianismus, der sogar mit der Möglichkeit eines meritum de condigno (eines menschlichen Verdienstes im vollen Sinne des Wortes) rechnete, wurden verworfen. Ein meritum de congruo, ein „Angemessenheitsverdienst" (Gott wird seine Gnade dem nicht verweigern, der aus eigenen Kräften das Beste zu leisten trachtet) jedoch nicht abgelehnt.[54] Das Konzil folgte damit doch mehr der franziskanisch-skotistischen Tradition als den Intentionen der Thomisten und blieb so den reformatorischen Ansprüchen gegenüber auf halbem Wege stehen.

52 Vgl. bes. *T. Freudenberger*, Zur Benützung des reformatorischen Schrifttums im Konzil von Trient, in: Von Konstanz nach Trient (August Franzen zum 60. Geburtstag), hg. v. *R. Bäumer*, Paderborn 1972, 577–601, sowie die Untersuchungen von *V. Pfnür* (s. vorige Anm.).
53 Vgl. *A. Hasler*, Luther in der katholischen Dogmatik, a. a. O., 275.
54 Vgl. die Diskussion zwischen *Oberman* und *Rückert* über den Gebrauch der Vokabeln mereri bzw. promereri im Dekret De iustificatione, o. Anm. 51.

Abgewiesen wurde die These von der doppelten Gerechtigkeit, die seinerzeit auf dem Religionsgespräch von Regensburg eine so maßgebliche Rolle gespielt hatte als Versuch, eine Brücke zur reformatorischen Rechtfertigungslehre zu schlagen.[55] Im General der Augustiner-Eremiten, Kardinal und Erzbischof von Salerno, Girolamo Seripando,[56] hatte sie einen hochgeachteten und auf dem Konzil überaus engagierten Befürworter gefunden. Die Mehrzahl der Theologen jedoch, in deren Kongregation die Diskussion darüber geführt wurde, sprach sich – unter Führung des Jesuiten Lainez – gegen diese Lehre als in mehrfacher Hinsicht im Widerspruch zum katholischen Dogma stehend aus.[57]

Ebenfalls noch in der Sessio VI, am 13. Januar 1547, wurde über das Dekret über die Residenzpflicht der Bischöfe, einem für die Reform der Kirche ebenso wichtigen wie schwierigen Thema, abgestimmt.[58] Die rechtlichen und praktischen Probleme erwiesen sich hier jedoch als so groß, daß lediglich eine „kleine Lösung" beschlossen wurde, welche den unbegründeten Aufenthalt außerhalb der Diözese einfach unter gewisse Strafen stellte, ohne aber das ganze System, das für den Schaden verantwortlich war, anzutasten. Und da selbst das nur mit ausgesprochen problematischen Mehrheitsverhältnissen zustande kam, mußte das Thema in der dritten Konzilsperiode noch einmal und dann sehr viel grundsätzlicher aufgegriffen werden.[59]

Im Anschluß an das Dekret über die Rechtfertigung wendete sich das Konzil der Lehre von den Sakramenten zu. Noch im Frühjahr 1547 wurden die Dekrete über die allgemeine Sakramentslehre, über die Taufe und über die Firmung fertiggestellt und erlassen,[60] dabei durchaus die traditionelle Lehre aufnehmend und erneut verpflichtend (Sessio VII, 3. März 1547). Gegen den Einspruch der Reformation wurde festgestellt, daß die Sakramente kraft ihres Vollzuges, ex opere operato, die Gnade bewirken, dazu die Siebenzahl, die vollzählige Einsetzung durch Christus und ihre Heilsnotwendigkeit. Danach ging man zum Sakrament der Eucharistie über, kam damit jedoch nicht weit. Denn der Tod eines Bischofs und die Erkrankung anderer Konzilsteilnehmer führten zu einem überraschenden Einschnitt.

Nach dem Urteil des Konzilsarztes war Flecktyphus ausgebrochen, eingeschleppt wahrscheinlich durch aus Deutschland zurückkehrende päpstliche Truppen. Gegen den Protest einer Minderheit vor allem der kaiserlich eingestellten Bischöfe kam es daraufhin zur Translation des Konzils in eine Stadt des Kirchenstaates, Bologna. Hinter diesem Beschluß stand offensichtlich einer der Konzilspräsidenten, Cervini, der das Auftreten der Krankheit dazu benutzte, durch die Translation einem drohenden Zerbröckeln des Konzils entgegenzuwirken, es im Gegenteil sogar in absehbarer Zeit

---

55 S. o. 82.

56 *H. Jedin*, Girolamo Seripando, 2 Bde., Würzburg 1937; *E. Stakemeier*, Der Kampf um Augustin auf dem Tridentinum, Paderborn 1937; *P. Schäfer*, Hoffnungsgestalt und Gegenwart des Heils. Zur Diskussion um die doppelte Gerechtigkeit auf dem Konzil von Trient, Theologie und Philosophie 55(1980), 204–229, ausführlich auch bei *Rückert* (o. Anm. 51), 217 bis 256.

57 Die Votierung der Theologen CT 5,632f., die große Rede von Lainez vom 26. Oktober 1546, ebd., 612–629.

58 CT 5,802–804, vgl. *C. Mirbt/K. Aland*, Quellen 1,605. Vgl. *H. Jedin*, Der Kampf um die bischöfliche Residenzpflicht 1562/63, Concilium Tridentinum, a. a. O., 408–431.

59 S. u. 168f.

60 CT 5,994–996 = *C. Mirbt/K. Aland*, Quellen 1,605–608.

zu einem positiven Abschluß zu bringen, aber freilich ohne Rücksicht auf die Situation in Deutschland und überhaupt auf die allgemeine politische Lage. Denn die oppositionelle Minderheit, die unter allen Umständen an Trient als Tagungsort festhielt und nicht nach Bologna reiste, hatte wohl recht mit der Feststellung: „Die Translation gefährdet die Rückkehr der im Irrtum befindlichen Deutschen, den Frieden und die Einheit der Kirche."[61]
Sie sprach damit die Befürchtung des Kaisers aus, der sich soeben anschickte, im Schmalkaldischen Kriege den entscheidenden Schlag gegen Sachsen und Hessen zu führen. Schon die zügige Verabschiedung der ersten großen Lehrdekrete hatte eigentlich nicht in sein Konzept gepaßt, das zunächst die militärische Unterwerfung der Protestanten vorsah, damit diese dann um so leichter vor das Konzil zitiert und zur Annahme seiner Beschlüsse gezwungen werden konnten. Eine im Kirchenstaat tagende Synode jedoch hatte kaum noch Chancen, von den Protestanten beschickt und akzeptiert zu werden. Deutschland schien von Rom bereits abgeschrieben. Ein neues schweres Zerwürfnis zwischen Kaiser und Papst war die Folge, denn Paul III. approbierte nachträglich die Translation und verweigerte die Rückführung nach Trient – um der Freiheit des Konzils keine Gewalt anzutun! Der Kaiser jedoch, der sich im entscheidenden Augenblick vom Papst im Stich gelassen fühlte, sah sich, nachdem auch ein formeller Protest gegen die Translation (Januar 1548) päpstlicherseits zurückgewiesen worden war, erneut gezwungen, nach eigenen Wegen zur Lösung des Religionsproblems Ausschau zu halten. Er fand sie in der Zwischenlösung des Augsburger Interims.[62]
Ungeachtet dessen nahmen die Beratungen des Rumpfkonzils in Bologna ihren Fortgang. Nacheinander behandelte man die einzelnen Sakramente, die Eucharistie, Buße, Letzte Ölung, Ehe und Priesterweihe, ohne aber entsprechende Dekrete zu publizieren.[63] Dann aber löste sich, in der zweiten Hälfte des Jahres 1548, das Bologneser Konzil praktisch selber auf. Im September 1549 erhielten endlich die noch anwesenden Bischöfe die Erlaubnis, auch in ihre Diözesen zurückzukehren.[64] Formell suspendiert wurde das Konzil nicht. Die Reformnotel des Kaisers vom 14. Juni 1548[65] beantwortete Rom noch mit dem Plan, einen allgemeinen Reformkonvent in Rom durchzuführen. Er kam jedoch nicht zustande. Am 10. November 1549 starb der Papst.

3. *Die zweite Sitzungsperiode in Trient (1551–1552)*

Als Nachfolger Pauls III. ging aus einem langen Konklave (bis zum 7. Februar 1550) der erste päpstliche Legat für das Konzil, der Kardinal Del Monte, hervor, der sich als Papst Julius III. nannte. Dieser fand sich nun doch bald bereit, die Rückführung des Konzils nach Trient anzuordnen.[66] Termingemäß erfolgte die Eröffnung dieser zweiten Periode am 1. Mai 1551; anwesend waren aber lediglich 15 Bischöfe! Frankreich (König Heinrich II.) lehnte das neu eröffnete Konzil überhaupt ab. Die Beratungen

61 Bei *H. Jedin*, Geschichte des Konzils von Trient, a. a. O., 2,367.
62 S. o. 90f.
63 Die Akten der Bologneser Periode in CT 6.
64 Mit Schreiben an den Präsidenten Del Monte vom 13. Sept. 1549, das aber nicht erhalten ist, vgl. CT 6,1,833, 14–23 und Anm. 1.
65 S. o. 91.
66 Rückführungsbulle vom 14. Nov. 1550, CT 7,1,6f.

begannen auch erst Anfang September, gingen dann jedoch zügig voran, da man auf die Vorarbeiten von Bologna zurückgreifen konnte. Noch im Oktober wurde das Dekret über die Eucharistie verabschiedet,[67] im November folgten die Dekrete über die Buße und die Letzte Ölung.[68] Auch hierbei ging es jeweils nicht nur um die Abwehr reformatorischer Einsprüche (Realpräsenz, Transsubstantiation, die unbedingte Verpflichtung zur Beichte, Sakramentalität der Letzten Ölung), sondern um eine generelle dogmatische Fixierung der Lehre. Das gleichzeitig angenommene Reformdekret[69] beschränkte sich darauf, Einzelheiten der bischöflichen Amtsführung zu regeln und in besonderen Fällen ihre Position zu stärken.

Einen besonderen Akzent erhielt die zweite Trienter Sitzungsperiode dadurch, daß auf ihr Vertreter der reformatorischen Stände erschienen.[70] Die Niederlage des Schmalkaldischen Bundes hatte dazu geführt, daß die Stände auf dem Augsburger Reichstag 1547/1548 versprechen mußten, sich einem Konzil zu unterwerfen. Der Reichstagsabschied vom 13. Februar 1551 erneuerte diese Verpflichtung, ohne freilich den schon bekannten protestantischen Vorbehalt zu beseitigen: Lösung des Konzils aus der Oberhoheit des Papstes, denn dieser sei nicht Schiedsrichter, sondern Partei. Hinzu trat jetzt die Forderung, daß die bisherigen Dekrete noch einmal zur Debatte gestellt werden müßten. Auf der Sitzung am 11. Oktober beschloß das Konzil das Freigeleit für die Protestanten mit Garantien für die Sicherheit und die Redefreiheit.[71] Daraufhin erschienen nach und nach Delegationen aus Württemberg, Straßburg und zuletzt aus Sachsen, allerdings noch ohne die Theologen. Eine brandenburgische Abordnung befand sich bereits seit Anfang Oktober in der Stadt, um das Doppelspiel des Kurfürsten Joachim II. in Verhandlungen über die Konfirmation des Prinzen Friedrich zum Erzbischof von Magdeburg und Bischof von Halberstadt weiterzutreiben.[72] Dazu unterwarf man sich auch bereits am 11. Oktober dem Konzil[73] und erreichte dann auch prompt die entsprechenden Beschlüsse, wenn auch unter gewissen Bedingungen, die später jedoch nicht mehr erfüllt werden konnten.[74]

Evangelischerseits hatte man sich ausführlich auf das Auftreten in Trient vorbereitet.[75] Eine gemeinsame Positionsbestimmung war allerdings aus politischen Gründen nicht

---

67 CT 7,1,200–204 = *C. Mirbt/K. Aland*, Quellen 1,608–613.

68 CT 7,1,343–359 = *C. Mirbt/K. Aland*, Quellen 1,614–623.

69 CT 7,1,359–363.

70 *H. Jedin*, Die Deutschen am Trienter Konzil 1551/52, in: Concilium Tridentinum, a. a. O., 141–160; *M. Brecht*, Abgrenzung oder Verständigung. Was wollten die Protestanten in Trient?, ebd., 161–195; *R. Stupperich*, Die Reformatoren und das Tridentinum, a. a. O.; *H. Meyer*, Die deutschen Protestanten an der zweiten Tagungsperiode des Konzils von Trient, ARG 56(1965), 166–209; *W. Delius*, Kurfürst Joachim II. von Brandenburg und das Konzil von Trient, in: Reformation und Humanismus (R. Stupperich zum 65. Geburtstag), Witten 1969, 195–211; vgl. auch *R. Kolb*, The German Lutheran Reaction to the Third Period of the Council of Trent, LuJ 51(1984), 63–95.

71 CT 7,1,207f. = *C. Mirbt/K. Aland*, Quellen 1,614.

72 Vgl. o. 31.

73 Vgl. CT 7,1,197–200.

74 CT 7,1,461–464; 469f.

75 S. Die Einleitung zu Confessio Virtembergica. Das württembergische Bekenntnis von 1551, hg. v. *E. Bizer*, Stuttgart 1952 = Blätter für Württembergische Kirchengeschichte, Sonderheft 7.

zustande gekommen. Herzog Christoph von Württemberg hatte durch Brenz die Confessio Virttembergica erarbeiten lassen. Auf sächsischer Seite entsprach dieser die Confessio Saxonica.[76] Praktisch geschah aber zunächst sehr wenig, während die Position des ganzen Konzils einerseits angesichts der Gerüchte über neue Bündnisverhandlungen des sächsischen Kurfürsten Moritz, andererseits auch durch innere Spannungen (schwere Kritik an der Leitung) immer unsicherer wurde. In ermüdenden Erörterungen von Verfahrensfragen ging es Kurfürst Moritz offenbar darum, Zeit zu gewinnen bis zum Losschlagen der von ihm betriebenen Fürstenverschwörung.[77] Erst am 24. Januar wurden die Gesandten aus Württemberg und Sachsen – nacheinander – in einer Generalkongregation (nicht einer Session!) vorgelassen, wo sie ihre Schriftstücke überreichten und mündliche Erklärungen abgeben konnten.[78] Von seiten Württembergs wurden unparteiische Richter über die Glaubenskontroversen gefordert sowie die Neubehandlung der Materien, über die schon Dekrete vorlagen, weil diese der Heiligen Schrift entgegen und voller Irrtümer seien. Sächsischerseits forderte man des weiteren einen Aufschub der Sachverhandlungen bis zur Ankunft der eigenen Theologen sowie die Erklärung, daß das Konzil über dem Papste stehe und die Bischöfe in Konzilsangelegenheiten nicht an ihren dem Papst geleisteten Eid gebunden seien. Das bisherige Konzil könne nicht die Bezeichnung eines Allgemeinen Konzils für sich beanspruchen, weil viele Nationen nicht vertreten seien und zumal die deutsche Beteiligung ausgesprochen mangelhaft gewesen sei. Das waren Grundsatzerklärungen, die eigentlich nur dazu geeignet waren, die totale Ausweglosigkeit der Situation zu demonstrieren. Daß dann auch keine theologischen Verhandlungen mehr stattfanden – teilweise erreichten die Delegationen (die sächsische mit Melanchthon) die Stadt gar nicht mehr –, lag zwar vordergründig an den politischen Verwirrungen. Es war aber auch kaum vorstellbar, wie das Konzil nach dem bisherigen Verlauf und mit einem solchen Selbstverständnis (bei aller Unterschiedlichkeit der Zusammensetzung) einerseits und die reformatorischen Theologen, die nur unter solchen Voraussetzungen in das Gespräch einzutreten bereit waren, andererseits zu einem Konsens gelangen sollten. Im März befand sich das Konzil dann auch schon angesichts des weiteren Ausbleibens der sächsischen Theologen und der undurchsichtigen Situation in Deutschland in Auflösung. Zumal die deutschen Teilnehmer reisten überstürzt ab. Am 1. April standen die verbündeten protestantischen Heere vor Augsburg. Am 28. April beschloß das Konzil seine Suspension. Das „Unionskonzil“ war, noch ehe es hatte beginnen können, gescheitert.

4. *Die dritte Sitzungsperiode (1561–1563)*

Es sollte zehn Jahre dauern, bis daran gedacht werden konnte, den Torso des Konzils doch noch zur Vollendung zu bringen. Zwischenzeitliche Versuche der Päpste, wenigstens das Reformwerk zu einem gewissen formellen Abschluß zu führen, scheiterten. Der Nachfolger Julius' III., Marcellus II. (Cervini), starb bereits nach wenig mehr als drei Wochen Amtszeit. Dann wurde Paul IV. (Carafa) Papst (1555–1559), begrüßt von vielen als Vertreter der katholischen Reform. Jedoch seit 1542 an der Spitze der neugeordneten Inquisition stehend, führte er einen unnachgiebigen Kampf gegen alle

76 CR 28,481–566.
77 S. o. 94.
78 CT 7,1,467–475.

Häresie bei jedem auch nur leisen Verdacht, dem selbst verdienstvolle Prälaten zum Opfer fielen. Zum ersten Mal erschien ein förmlicher Index der verbotenen Bücher. Seine Ideale der Reform suchte er auf eigenen Wegen durchzusetzen, dies mit einigem Erfolg (Dispenspraxis!). Er berief eine Reformkommission ein und plante sogar deren Umwandlung in ein römisches Konzil nach dem Vorbild des V. Laterankonzils, an dem er selber schon teilgenommen hatte. Sein Pontifikat wurde zur Enttäuschung. Kennzeichnend für die Sicht, aus der er selber sein Amt sah, zugleich aber auch für seine Realitätsferne ist die Bulle „Cum ex apostolatus officio",[79] durch die er erneut die Macht des Papstes über alle Völker und Reiche proklamierte und alle vom katholischen Glauben Abgefallenen, Kleriker und Laien, Herrscher und Untertanen, aller ihrer Würden und ihres Besitzes für verlustig erklärte. Erst Papst Pius IV. (Medici, 1559–1565), der vierte Papst seit der Eröffnung des Konzils durch Paul III., konnte das Werk dann doch noch vollenden.
Die Berufungsbulle für die Neueröffnung des Konzils datiert vom 29. November 1560[80] und berief die Prälaten zu Ostern 1561 wieder nach Trient, und zwar nicht zu einem neuen Konzil, wie es von verschiedener Seite (Kaiser Ferdinand, Frankreich) gewünscht worden war, sondern zur Fortsetzung des schon so lange Zeit unterbrochenen alten. Es wurde aber doch Januar 1562, bis die Eröffnungssitzung stattfinden konnte. Obwohl weder deutsche noch französische Prälaten teilnahmen, war die Beteiligung (Italien und Spanien) so, daß alle bisherigen Zahlen überboten wurden. Frankreich schickte sich sogar an, gänzlich eigene Wege zu gehen. Die Ausbreitung der Reformation Genfer Prägung (Confessio Gallicana, 1559)[81] und die zunehmende Politisierung der Religionsstreitigkeiten hatte die Gefahr eines Bürgerkrieges heraufbeschworen. Um dem zuvorzukommen, erließ der königliche Rat im März 1560 das Edikt von Amboise, das jede Verfolgung um des Glaubens willen verbot sowie für das Vergangene Amnestie gewährte. Wenig später erfolgte die Ankündigung eines Nationalkonzils, das einen Weg zur Wiederherstellung der kirchlichen Einheit im Lande finden sollte. Sicher wirkte diese für die römische Kurie alarmierende Entwicklung[82] beschleunigend auf die Wiedereröffnung des Trienter Konzils. Trotzdem fand das Nationalkonzil statt (August bis Oktober 1561) mit Beratung einer Kirchenreform sowie einem offiziellen Religionsgespräch. Zu einer Übereinkunft kam es freilich auch hier nicht. Nicht zuletzt verweigerten sich die Bischöfe der eigenmächtigen königlichen Religionspolitik. Die Reformbeschlüsse wurden korrekt nach Rom weitergeleitet, Lehrfragen aber wurden an Papst und Konzil zurückverwiesen.
Die Verhandlungen des Konzils sollten dort wieder aufgenommen werden, wo sie vor zehn Jahren unterbrochen worden waren. Dazu gehörte in erster Linie die Reform. Schon in der ersten Periode diskutiert worden, aber ohne Entscheidung geblieben war die Frage der Residenzpflicht der Bischöfe. Sie kam jetzt neu auf die Tagesordnung unter der Fragestellung, ob diese „de iure divino" zu verstehen sei („Spanische Reformartikel"). Sofort spitzte sich die Situation krisenhaft zu, denn die kurial gesinnten Kräfte

79 *C. Mirbt/K. Aland*, Quellen 1,587–591.
80 CT 8,104–107.
81 S. o. 141.
82 Vgl. *W. Fischer*, Frankreich und die Wiedereröffnung des Konzils von Trient 1559–1562, Münster 1972 = RST 106; *R. Bäumer*, Konziliarismus auf dem Tridentinum? Die Hintergründe der Trienter Konzilskrise, ThRv 72(1976), 351–362.

erkannten darin einen Eingriff in die Primatialgewalt des Papstes. Nur dadurch, daß der Papst vorerst jede weitere Debatte untersagte, wurden ernstliche Schwierigkeiten schon in dieser Anlaufphase verhindert.
Ziemlich schnell bewältigte das Konzil dann die weiteren Aufgaben auf dem Gebiet der Lehrentfaltung. Im Juli wurde das Dekret über die Kommunion unter beiden Gestalten beschlossen,[83] im September das über die Messe, d. h. über den Opfercharakter, die Messe ohne Volk, die Verwendung der Landessprache,[84] alles Themen, die während der zweiten Sitzungsperiode nicht mehr hatten erledigt werden können, nun aber eine Behandlung gänzlich ohne Berücksichtigung der reformatorischen Einsprüche erfuhren. Dann folgte jedoch wieder eine Unterbrechung – die große Konzilskrise.
Im November erschien nun doch eine starke französische Bischofsdelegation unter Führung des Kardinals Guise. Damit verhärteten sich die Fronten, zumal nun bei der Diskussion des Weihesakraments wieder das Problem der bischöflichen Residenzpflicht zur Debatte stand. Die schon bekannten Streitfragen nach dem Verhältnis von päpstlicher und bischöflicher Gewalt brachen mit neuer Heftigkeit auf, so daß man lange Zeit auf der Stelle trat und sogar weltliche Instanzen sich einschalteten. Böse Gerüchte über die unmittelbare Lenkung des Konzils durch den Papst, über seine Unfreiheit und über Stimmenkauf vergifteten die Atmosphäre.
In dieser Situation war es der Kardinal Morone, den Pius IV. nach dem Tode der Legaten Gonzaga und Seripando zusammen mit dem Kardinal Navagero zum Legaten erhoben hatte, der praktisch das Konzil rettete. Er erreichte die Einigung auf einen Kompromiß, der darin bestand, daß sich das im Juli 1563 beschlossene Weihedekret[85] darauf konzentrierte, die bisherige Lehre gegenüber der reformatorischen Position zu behaupten,[86] in dem besonders umstrittenen can. 7 jedoch die Begründung der bischöflichen Gewalt durch den Hinweis auf das ius divinum fallenließ.[87] Ein gleichzeitiges ausführliches Reformdekret[88] beschloß eine Reihe von wichtigen Maßnahmen, regelte nun vor allem die umstrittene Residenzfrage (can. 1), ohne freilich auch hier das ius divinum ins Spiel zu bringen, und veranlaßte die Einrichtung bischöflicher Priesterseminare (can. 18).
Damit waren nun die Türen für den Abschluß des gesamten Konzilsunternehmens geöffnet. Auf der nächsten Sessio im November wurden das Dekret über das Sakrament der Ehe sowie spezielle Reformcanones verabschiedet, das „Decretum Tametsi“, das über die Form der Eheschließung entschied und von größter Bedeutung für die weitere Entwicklung des katholischen (aber auch säkularen) Eherechts wurde.[89] In schneller Folge schlossen sich zwei weitere Sitzungen an mit Dekreten über Fegefeuer, Heili-

83 CT 8,698–700 = *C. Mirbt/K. Aland*, Quellen 1,625–627.
84 CT 8,959–962 = *C. Mirbt/K. Aland*, Quellen 1,627–630.
85 CT 9,620–622 = *C. Mirbt/K. Aland*, Quellen 1,632–634.
86 *G. Fahrnberger*, Amt und Eucharistie auf dem Konzil von Trient, in: Amt und Eucharistie, Paderborn 1973 = Konfessionskundliche Schriften des J.-A.-Möhler-Instituts 10, 174–207.
87 Vgl. *ders.*, Bischofsamt und Priestertum in den Diskussionen des Konzils von Trient, Wien 1970 = Wiener Beiträge zur Theologie 30; *ders.*, Episkopat und Presbyterat in den Diskussionen des Konzils von Trient, Cath 30(1976), 119–152.
88 CT 9, 623–630.
89 CT 9, 966–971 = *C. Mirbt/K. Aland*, Quellen 1,634–640.

gen- und Bilderverehrung,[90] über die Reform religiöser Orden[91] sowie über Ablaß, Fastengebote und Index.[92] Von besonderer Wichtigkeit aber war die Verabschiedung der großen Reformvorlage Morones,[93] durch die das Motiv aller Reformen auch entsprechend deutlich wurde: das Heil der Seelen, die Seelsorge. *H. Jedin* urteilt über die Reform: „Sie blieb weit zurück hinter den Zielvorstellungen nicht nur konziliaristischer und gallikanischer Reformer, sondern auch der Führer der katholischen Reformbewegung des Jahrhunderts ... auch der Reformdenkschriften, die dem Konzil vorgelegen hatten ... Sie begnügte sich mit kurzen Schritten, solchen, die eben noch gangbar schienen, in der stillen Hoffnung, daß ein neuer Geist in die Kirche einkehren und weitere Schritte ermöglichen werde. Sie selbst schuf auch noch keine Tatsachen, erst die Durchführung der Dekrete vermochte sie zu schaffen. Was man gewöhnlich ‚Tridentinische Reform' nennt, war vorerst nur eine Chance, noch keine Wirklichkeit."[94]
Am selben Tage noch, dem 4. Dezember 1563, leisteten die Konzilsväter ihre Unterschrift unter die Dokumente und erbaten vom Papst die Schließung des Konzils.
Reformatorischerseits hatte man an der letzten Sitzungsperiode keinen Anteil mehr genommen. War schon die erste Periode von z. T. heftiger Polemik begleitet worden, die auch dann nicht verstummt war, als während der zweiten protestantische Abordnungen in Trient weilten, so nahm die Kritik während der dritten Periode nur noch zu.[95]

Daß das Konzil Beträchtliches zu einer Reform der Kirche getan hat, soll und kann nicht bestritten werden. Aber es blieb doch, ganz im Sinne der schon vorhergehenden Reformbewegung, allzusehr eine Reform der Form, der Disziplin, der Rechtsgestalt. Sein größter Mangel war es, zuwenig von einer theologischen Neubesinnung und wirklichen Rückbesinnung begründet und begleitet zu sein. Dem Rufe der Reformation gerade dazu hat man sich verschlossen. Und so konnte auch das, was auf dem Gebiet der Lehre immerhin geschah, z. B. in der Rechtfertigungslehre, im Grunde jeweils nur ein Abschneiden von Auswüchsen sein oder eine korrigierende Klarstellung dort, wo bisher noch manches offen gewesen war, aber stets doch unter strikter Wahrung überkommener Grundentscheidungen. Damit aber waren die politischen Entscheidungen des Augsburger Reichstages durch das Konzil gleichsam auf dem religiösen Gebiet bestätigt worden: die Einheit war aufgegeben. Auch die römische Kirche hatte sich als eine Konfessionskirche etabliert.

Sichtbarer Ausdruck dafür waren drei Dokumente, die im Anschluß an das Konzil erschienen, im Grunde schon zu seiner Wirkungsgeschichte gehören, seine Beschlüsse aber eigentlich erst abrunden:

Das erste ist die sog. Professio fidei Tridentinae, veröffentlicht durch die Bulle „Iniunctum nobis" vom 13. November 1564,[96] angeregt aber schon durch das Konzil. Alle Bischöfe, Äbte, Prioren und Pfarrer hatten sich in Zukunft vor der Übernahme ihrer Ämter darauf zu verpflichten.

---

90 CT 9, 1077–1079 = *C. Mirbt/K. Aland*, Quellen 1,641–643.
91 CT 9, 1079–1085.
92 CT 9, 1105f. = *C. Mirbt/K. Aland*, Quellen 1,646f.
93 CT 9, 1085–1094 = *C. Mirbt/K. Aland*, Quellen 1,644–646.
94 *H. Jedin*, Geschichte des Konzils von Trient, a. a. O., 4,2,185.
95 Vgl. *R. Kolb*, (o. Anm. 70).
96 *C. Mirbt/K. Aland*, Quellen 1,649–651; vgl. *H. Jedin*, Zur Entstehung der Professio fidei

Das zweite bildete die ebenfalls noch durch das Konzil gestellte Aufgabe einer Revision des Index der verbotenen Bücher (dem auch viele gut katholische Schriften zum Opfer fielen!).[97]

Das dritte schließlich ist der erst einige Jahre nach dem Konzil und – trotz gewisser Vorarbeiten – nicht mehr in direkter Verbindung damit stehende sog. Catechismus Romanus,[98] oder „Catechismus ex decreto Concilii Tridentini ad parochos Pii V iussu ed." (1566). Aber obwohl er als „katholischer Normalkatechismus" gedacht war, erlangte er doch nicht die Bedeutung wie andere Katechismen, z. B. die des Petrus Canisius.

Tridentina, in: AHC 6 (1974), 369–375; *V. Pfnür*, Das tridentinische und die nachtridentinischen Bekenntnisse der römisch-katholischen Kirche und die Confessio Augustana, in: Studien zur Bekenntnisbildung, hg. v. *P. Meinhold*, Wiesbaden 1980, 84–98 = Veröffentlichungen des Instituts für europäische Geschichte Mainz 103.

97 *C. Mirbt/K. Aland*, Quellen 1,651–655, die Regeln dafür und die Bestätigungsbulle des Papstes.

98 Auszüge, ebd., 655–693; *G. Bellinger*, Der Catechismus Romanus und die Reformation. Die katechetische Antwort des Trienter Konzils auf die Hauptkatechismen der Reformatoren, Paderborn 1970 = Konfessionskundliche und kontroverstheologische Studien 27.

Zeittafel

1523–1534	Papst Clemens VII.
Dez. 1531	Heinrich Bullinger in Zürich
1532	Reichstag in Regensburg
	Nürnberger Anstand
	Reformation in Münster
1534–1549	Papst Paul III.
1534	Reformation von Württemberg
	Anhalt
	Pommern
	erste vollständige Bibel in der Luther-Übersetzung
	„Act of Supremacy" in England
Febr. 1534	Jan Matthys in Münster
April/Mai 1534	Kolloquium in Leipzig
Okt. 1534	Affaire des placards
1535	Joachim II. von Brandenburg gestorben
	Reformation in Genf
25. 6. 1535	Ende des Täuferreiches von Münster
1536–1538	3. Französischer Krieg
1536	Beginn der Mission Menno Simons'
Frühjahr 1536	Calvins Institutio
29. 5. 1536	Wittenberger Concordie
Juli 1536	Calvin in Genf
	Erasmus von Rotterdam gestorben
Okt. 1536	Einführung der Reformation in Dänemark (Reichstag von Kopenhagen)
	Umwandlung der schwedischen Kirche in eine lutherische Landeskirche (Synode in Uppsala)
Febr. 1537	Tagung des Schmalkaldischen Bundes in Schmalkalden
	Luthers „Schmalkaldische Artikel"
	Ablehnung des Konzils von Mantua
23. 4. 1538	Farel und Calvin aus Genf ausgewiesen
10. 6. 1538	„Christliche Einung" (Nürnberger Bund)
1539	Einrichtung des Wittenberger Konsistoriums
Jan. 1539	Religionsgespräch von Leipzig
17. 4. 1539	Georg von Sachsen gestorben
	Reformation des Herzogtums
19. 4. 1539	Frankfurter Anstand
1540	Johann Zapolya von Ungarn gestorben
	Brandenburgische Kirchenordnung
4. 3. 1540	Doppelehe Philipps von Hessen

Juni/Juli 1540	Religionsgespräch von Hagenau
	Confessio Augustana variata
Sept. 1540	Approbation des Jesuitenordens
Nov. 1540–Jan. 1541	Religionsgespräch von Worms
1541	Besetzung weiterer Teile Ungarns durch die Türken (Provinz Buda, Hauptstadt Ofen)
April/Juli 1541	Reichstag von Regensburg
	Religionsgespräch von Regensburg
Sept. 1541	Rückkehr Calvins nach Genf
1542–1544	4. Französischer Krieg
1542	Gründung des Hl. Officiums, Erneuerung der Inquisition
20. 1. 1542	Amsdorf Bischof von Naumburg
Sommer 1542	Reformation in Braunschweig
	Reichstag von Nürnberg
Jahreswende 1542/1543	Reichstag von Nürnberg
1543	Canisius erster deutscher Jesuit
Febr./Juni 1544	Reichstag von Speyer
19. 11. 1544	Ausschreibung des Konzils von Trient
Frühjahr 1545	Reichstag von Speyer
13. 12. 1545	Eröffnung des Konzils von Trient
1546	Reformation der Kurpfalz
Jan. 1546	Religionsgespräch von Regensburg
18. 2. 1546	Martin Luther in Eisleben gestorben
16. 4. 1546	Erzbischof Hermann von Wied (Köln) exkommuniziert
Juni 1546	Reichstag von Regensburg
Juli 1546	Beginn des Schmalkaldischen Krieges
März 1547	Verlegung des Trienter Konzils nach Bologna
1547	Heinrich VIII. von England gestorben
1547–1553	Eduard VI. von England
1547	Franz I. von Frankreich gestorben
1547–1559	Heinrich II. von Frankreich
24. 4. 1547	Schlacht bei Mühlberg
19. 5. 1547	Kapitulation Wittenbergs
Sept. 1547–Juni 1548	„Geharnischter Reichstag" von Augsburg
	Augsburger Interim
Herbst 1548	Auflösung des Restkonzils von Bologna
Dez. 1548	Leipziger Interim
Mai 1549	Consensus Tigurinus
Pfingsten 1549	Book of Common Prayer
1550–1555	Papst Julius III.
Febr. 1550	Königsberger Fürstenbund
1551–1552	Konzil von Trient, 2. Sitzungsperiode
1551	Edikt von Chateaubriant
28. 2. 1551	Martin Bucer in Cambridge gestorben
Okt. 1551	Protestantische Vertreter in Trient

März 1552	Fürstenrevolution
15. 8. 1552	Passauer Vertrag
1552–1558	„Zweiter Abendmahlsstreit“ (Calvin–Westphal)
1553–1558	Maria „die Katholische“ von England
27. 10. 1553	Servet in Genf verbrannt
Febr./Sept. 1555	Augsburger Reichstag
	Augsburger Religionsfriede
1555	Freigabe der reformatorischen Verkündigung in Polen
	Konsens von Koźminek
April 1555	Papst Marcellus II.
1555–1559	Papst Paul IV.
1556	Abdankung Karls V.
1556–1564	Kaiser Ferdinand I.
1556–1598	Philipp II. von Spanien
31. 7. 1556	Ignatius von Loyola gestorben
Aug. 1557	Confessio Scoticana (John Knox)
1558–1603	Elisabeth von England
1559–1565	Papst Pius IV.
1559	Gründung der Genfer Akademie
	Reformierte Kirche in Ostungarn
Mai 1559	1. Nationalsynode der evang. Kirche in Frankreich: Confessio Gallicana
19. 4. 1560	Philipp Melanchthon gestorben
1561–1563	Konzil von Trient, 3. Sitzungsperiode
1563	Heidelberger Katechismus
1564	Index librorum prohibitorum
	Professio fidei Tridentinae
1564–1576	Kaiser Maximilian II.
24. 5. 1564	Johannes Calvin in Genf gestorben
1566	Confessio Helvetica posterior
	Beginn des Aufstandes der Niederlande
	Catechismus Romanus
1567	Herzog Alba in den Niederlanden
1570	Consensus von Sendomir
1571	39 Articles of Religion

Personenregister